GARANTIERT AKUSTIK BLUESGITARRE LERNEN

Andi Saitenhieb

Der ultimative Kurs für Akustik- und Fingerstyle-Blues

MIT DEN ORIGINAL BLUES-KLASSIKERN:
Kind Hearted Woman Blues
Sweet Home Chicago
Nobody Knows You When You're Down And Out
Step It Up & Go

Moderations-CD im MP3-Format. Erhältlich auch als ONLINE DOWNLOADS

Noten & Tabulatur

Standard Riffs, Licks und Songs von Big Bill Broonzy | Eric Clapton | Blind Boy Fuller | John Lee Hooker | Robert Johnson | Tommy Johnson | Muddy Waters | Howlin' Wolf u.v.a.

Ragtime | Boogie | Shuffle | Fingerstyle
Intros | Endings | Fills | Turnarounds
Steady Bass | Wechselbass | Walking Bass
Standardstimmung | Dropped D | u.v.m.

Impressum

Danke!

Zu Beginn möchte ich mich bei einigen Menschen bedanken, die mir sehr bei der Arbeit an diesem Buch geholfen haben:

Bei meiner Seelengefährtin **Anja** für alles Mögliche (wer mit einem Musiker zusammenlebt, der weiß, was sie mitmacht ☺) und **bei Nico, Lisa & Felix** für das größte Glück, das man sich vorstellen kann.

Für die konstruktiven Korrektur- & Ergänzungsvorschläge zum *Kapitel „CD-Empfehlungen"* bei **Klaus Mojo Kilian** (www.matchbox-bluesband.de), **Rainer Wöffler** (www.sons-of-the-desert.de) und **Stefan Wirz** (www.wirz.de/music/american.htm) und zum *Kapitel „Wie du deine persönliche Gitarre findest"* bei **Helmut Grahl**.

Larrivée für großartige Gitarren und **Frank Fügner** von **Musik Wein** für die tollen Fotos im Anhang *„Wie du deine persönliche Gitarre findest"*.

Für die Unterstützung, den Glauben an mein erstes Buch ‚Garantiert Bluesgitarre lernen' (der Erfolg gibt euch recht ☺) und wieder mal unzählige (!!!) Korrekturdurchgänge: **Thomas Petzold** und dem **ganzen Alfred-Team**.

Meinen Schülern und **Workshop-Teilnehmern**, weil ich von euch mindestens genau so viel lerne wie ihr von mir. Danke, dass ihr es mir ermöglicht, meine Liebe zum Blues und meine Leidenschaft für die Gitarre auszuleben und weiterzugeben!

Den Lesern von ‚Garantiert Bluesgitarre lernen' für die vielen netten Mails, das positive Feedback und die großartigen Rezensionen. Für euch schreibe ich!

All den Musikern, mit denen ich im Laufe der letzten 20 Jahre zusammenspielen durfte und von denen ich so viel lernen konnte, insbesondere **Toby Walker** und **Steve James**.

Mein besonderer Dank für Inspiration und für das Entfachen einer nicht enden wollenden Begeisterung für den Blues: **Freddie King**, **Muddy Waters**, **Robert Johnson** und all den anderen großartigen Bluesern vor mir.

Der Umwelt zuliebe wurde dieses Buch auf 100% Recyclingpapier gedruckt, ausgezeichnet mit dem blauen Umweltengel und EU Ecolabel, FSC® zertifiziert.

ONLINE AUDIO – Note the code:
Zum Lieferumfang dieses Buchs gehört auch eine CD. Solltest du keinen CD-Spieler besitzen, kannst du dir die dazugehörigen MP3-Dateien auf unserer Website downloaden:

alfredmusic.de/downloads:
Dein Password: 3943638855

*Das gesamte Werk ist in allen seinen Teilen urheberrechtlich geschützt. Mit dem Kauf dieses Produkts übertragen wir dem Käufer das Recht, das Buch und die dazugehörigen digitalen Daten **ausschließlich für den persönlichen Gebrauch** zu nutzen. Jegliche Form der Verwendung außerhalb der engen Grenzen des Urheberrechts bedarf der vorherigen schriftlichen Zustimmung des Verlages. Dies gilt insbesondere für Vervielfältigungen wie Fotokopien, Einspeicherung und Verarbeitung in elektronischen Medien sowie die Übersetzung in eine andere Sprache oder Mundart. Jede Form der kommerziellen, nicht-privaten Nutzung ist ausdrücklich untersagt!*

© 2014 by **Alfred** Music Publishing GmbH
info@alfredverlag.de
alfredmusic.de
Alle Rechte vorbehalten!
Printed in Germany

Art.-Nr.: 20250G (Buch / MP3-CD)
ISBN 978-3-943638-85-1

Covergestaltung: Helge Kuhnert
Notensatz: Thomas Petzold & Helge Kuhnert
Redaktion & Layout: Thomas Petzold
Produktionsleitung: Thomas Petzold
CD-Produktion: Andi Saitenhieb
Fotonachweis:
Yolanda Alexiev (Coverfoto)
Martin Ingenhoven (Back-Cover)
Musik Wein (S. 181, 182)
Andreas Huthansl (S. 165, 182, 183)
Andi Saitenhieb (S. 11)

Über den Autor

Andi Saitenhieb ist Spezialist für Blues der alten Schule und Gitarrist aus Leidenschaft. Lernwillige Gitarristen schätzen an ihm besonders seine Fähigkeit, auch komplizierte musikalische Sachverhalte verständlich und Schritt für Schritt zu erklären. Andi holt jeden auf dem Level ab, auf dem er sich gerade befindet und hilft ihm, die persönlichen Ziele zu definieren und zu erreichen. Ob als Autor, Dozent oder Musiker – Andi Saitenhieb steckt mit seiner Begeisterung an!

Ausbildung

Nach dem Studium am **MGI Köln** folgte das EDM-Studium bei **Felix Schell**.

Gelernt hat Andi Saitenhieb außerdem durch regelmäßigen Unterricht oder Workshops unter anderem bei **Philip Caillat** und **Michael Sagmeister**. Als seine wichtigste Schule betrachtet er aber das Raushören von CDs und das Spielen mit anderen Musikern.

Credits

Er hat in diversen Bands mitgespielt und mit ihnen unter anderem den *‚Deutscher Rock & Pop Preis'* gewonnen und war **EMERGENZA** Hessen-Sieger.

Besondere Momente in seiner Karriere waren unter anderem die Konzerte in der **Batschkapp** (Frankfurt Main), auf der **Musikmesse Frankfurt**, bei der **John-Lennon-Award Friendship-Tour** 2006 und im legendären **Topos** (Leverkusen).

Bei Konzerten, Sessions und im Studio hat Andi unter anderem mit **Toby Walker** (New York Blues Hall Of Fame Inductee), **Steve James** (US-Blues-Legende), **Matthias Baumgardt** (Frankfurter Blues-Ikone, Ex-Strassenjungs), **T.M. Stevens** (James Brown u. a.), **Paul Gilbert** (Racer X, Mr. Big), **Bernd Simon** (Frankfurter Blues-Ikone, Matchbox Bluesband), **Klaus Mojo Kilian** (Frankfurter Blues-Ikone, Matchbox Bluesband), **Rainer Wöffler** (Sons Of The Desert) und **Marcel Römer** (Juli) gespielt.

Sonstiges

Andi Saitenhieb gibt deutschlandweit Workshops in Musikläden und auf Blues-Festivals (aktuelle Termine: www.andisaitenhieb.de). Er unterrichtet privat (aktuelle Anschrift auf seiner Website) und via Skype, schreibt für verschiedene Musik-Fach-Publikationen wie *‚Gitarre & Bass'* und ist Autor des Bestsellers *‚Garantiert Bluesgitarre lernen'*.

Wenn du einen Workshop von Andi in deiner Gegend besuchen möchtest, kannst du seinen Newsletter abonieren, ihm einen Musikladen in deiner Nähe vorschlagen oder zusammen mit ein paar Gleichgesinnten einen Privat-Workshop buchen. Wenn du möchtest, dass Andi ein Konzert in deiner Nähe spielt, kannst du ihm eine geeignete Location vorschlagen oder ihn für ein privates Hauskonzert buchen. Andis CDs bekommst du über seine Website und auf Konzerten und Workshops.

Infos zu Unterricht, Workshops und Auftritten findest du auf Andis Website www.AndiSaitenhieb.de.

Andi Saitenhieb ist Autor für:

www.gitarrebass.de

www.releasetime.de

www.fundamental-changes.com

und Endorser für:

www.larrivee.com

Hinweis:
Der beiliegende Tonträger ist eine CD im MP3-Format. Das bedeutet, dass er sich NUR auf MP3-kompatiblen Abspielgeräten wie Computer • iPod • iPad • MP3 Player u.ä. abspielen lässt, NICHT aber auf herkömmlichen Audio CD-Playern! Unsachgemäße Handhabung kann den Defekt eines nicht kompatiblen Abspielgerätes zur Folge haben! Eine Haftung des Herstellers ist ausgeschlossen!

Inhalt

Vorwort 6
Zeichenerklärung 11
I. Steady Bass (Monotoner Bass) 12
   1. One Chord-Vamp bestehend aus Melodie und Steady Bass 13
   2. 12-taktiges Blues-Schema in A, einfache Bassbegleitung 14
   3. Blues in A, einfache Version 20
   4. Weitere Bausteine mit dem Grundton A 21
   5. Weitere Bausteine mit dem Grundton D 22
   6. Weitere Bausteine mit dem Grundton E 24
   7. DER Robert Johnson-Turnaround 26
   8. Intro 28
   9. Ending 28
   10. Weiterer Baustein mit dem Grundton A 29
      ■ *Kind Hearted Woman Blues* 31
   11. Weitere Variationsmöglichkeiten für den D^7 34
   12. Achttaktiges Blues-Schema in E 36
   13. Bausteine mit Grundton B 36
   14. Bausteine mit Grundton A 38
   15. Turnaround in E 39
      ■ *Highway to the Red River Blues* 40
II. Der Standard Blues-Riff („Boogie-Riff") 42
   1. Der Standard Blues-Riff („Boogie-Riff") mit Variationen 42
   2. Harmonisierter Standard-Riff (Sexten) mit Variationen 44
   3. Fill für die Gesangspausen 48
   4. Der Delta B^7-Akkord 49
   5. Der Train Whistle-Lick 50
   6. Intro 50
   7. Ending 51
   8. Turnaround-Alternative 51
      ■ *Sweet Home Chicago* 52
   9. Der Standard-Riff in allen Tonarten 53
   10. Der harmonisierte Boogie-Shuffle in allen Tonarten 54
   11. Fill mit Hammer On in den harmonisierten Boogie-Shuffle einbauen – Grundton A & D .. 55
   12. Aus dem harmonisierten Boogie-Shuffle abgeleitete Turnarounds 57
   13. Aufgang zur IV. Stufe 59
III. Alternating Bass („Wechselbass") 60
   1. Einfacher Wechselbass in der Tonart E 60
      Wechselbass mit dem E-, A^7- und B^7-Akkord 61
      ■ *Delta Blues* 65
      ■ *Bassfiguren im Stile von Steve James* 68
   2. Double Alternating Bass 73
      ■ *Licks im Stile von Steve James* 75
IV. Ragtime 76
   1. Ragtime – Tonart C 76
      ■ *Spicy Cat* 76
         Alternating Bass (Wechselbass) und Fingerpicking-Pattern mit Wechselbass 77
      ■ *Rag Papa Rag* 81
         Alternating Bass (Wechselbass) und Fingerpicking-Pattern mit Wechselbass 82
         Variationen zur ‚Rag Papa Rag'-Akkordfolge 86
            A. Double Alternating Bass (Doppelter Wechselbass) 86
            B. Fills und Melodie-Variationen 88
   2. Ragtime in anderen Tonarten 89
      ■ *Truckin' My Blues Away – Akkordfolge* 93

Inhalt

V. Bass-Riffs 95
    ■ *Baby, Please Don't Go* 95
        Melodie – Verse 1 96
        Steady Bass-Arrangement 97
        Bass-Variationen 98
        Komplett-Arrangement 99
    ■ *Big Street Blues* 100
        Der Bass-Riff-Baustein – Takt 1–9 101
    ■ *Future Blues* 105
        Dropped D-Stimmung 105
    ■ *Im Stile von 'Boom Boom'* 106
        Bassläuf in E, A und B 106
        Solo-Licks 107
        Blues Solo im Stile von 'Boom Boom' 108
    ■ *Nobody Knows You When You're Down And Out* 110
        Bassläufe als Übergänge zwischen Akkorden 110
        Blues Solo im Stile von *Nobody Knows You When You're Down And Out* ... 113
        Zwischenspiel im Stile von *Nobody Knows You When You're Down And Out* ... 114
    ■ Walking Bass à la Steve James 115
    ■ Walking Bass à la Toby Walker 116
    ■ Das *'Pig Meat Strut'*-Motiv 118
    ■ Boogie Woogie-Walking Bass in der Tonart E 119
    ■ Chicago Blues – Basslauf 122
    ■ Boogie Woogie-Walking Bass in der Tonart G 123
    ■ Fingerstyle-Solo in der Tonart G 127

VI. Bluesrepertoire aufbauen 130
  Songs ganz einfach arrangieren 130
  Akkord-Schema analysieren 130
  Einfache Begleitung 130
    ■ *Sweet Home Chicago in der Tonart A* 131
  Kind Home Chicago Blues oder Sweethearted Woman Blues? ... 135
  Repertoire aufbauen 135

VII. Von den Bausteinen lernen oder:
Wie man Bausteine analysiert und in andere Songs und/oder Tunings überträgt 136
  Der Ausgangs-Baustein 137
  Standard-Tuning mit Grundton A 137
  Standard-Tuning mit Grundton D 140
  Standard-Tuning mit Grundton E 141
  Im Dropped D-Tuning mit Grundton A 141
  Shuffle / Swing / ternäres Feeling 145
  Variation der Melodietöne des Licks 145
  Baustein in verschiedenen Positionen auf dem Griffbrett finden 146
  Verzierungstechniken 147

Nachwort – Wie es weitergeht 148

Anhang 150

  Anschlagtechniken und Fingerpicking 151
  Wie übe ich „richtig"? 158
  Erklärung Tabulatur & Griffbilder 160
  Musiktheorie & Notenschrift 161
  Alle Töne auf dem Griffbrett finden 163
  Kapodaster (Kapo) 165
  Blues-Schemata 167
  Wie man von CD heraushört 176
  Wie du deine persönliche Gitarre findest 179
  CD-Empfehlungen 189
  DVD-Empfehlungen 206
  Buch-Empfehlungen 207
  Glossar 210
  CD-Trackliste 213

Vorwort

CD-Track 1

Ein auf „Garantiert Bluesgitarre lernen" aufbauendes Buch über elektrischen Blues mit Schwerpunkt Improvisation und Lead Guitar ist geplant.

Hallo und Herzlich Willkommen zu „Garantiert Akustik Bluesgitarre lernen"!

Der große Erfolg von „Garantiert Bluesgitarre lernen" und vor allem das Feedback von Lesern und Fachpresse hat mich wirklich überwältigt! Deshalb freue ich mich, dir hiermit mein neues Bluesgitarrenbuch vorstellen zu können, das mein Konzept weiterführt, allerdings mit Schwerpunkt auf akustischem Blues. Der Inhalt ist natürlich komplett neu, aber viel Bewährtes ist geblieben:

- Die **moderierte CD**, auf der ich nicht nur jedes einzelne Beispiel vorspiele, sondern auch genau erkläre und viele zusätzliche Tipps gebe (*Online Downloads siehe S. 2*).
- **„Keine Lücken – keine Füller"** reloaded! Auch in diesem Buch baut wieder jedes Beispiel auf dem jeweils vorhergehenden auf, ohne Sprünge im Schwierigkeitsgrad. Neu ist, dass dieser Aufbau sich nicht durch das gesamte Buch zieht, sondern jedes Kapitel eine in sich abgeschlossene Einheit mit einem thematischen Schwerpunkt bildet (z. B. ‚Blues in A' oder ‚Ragtime').

Kapitel ‚Blues in A', vgl. S. 14ff.
Kapitel ‚Ragtime', vgl. S. 76

- Neu ist, dass wir dieses Mal nicht nur kleine Bausteine lernen, die man in zahlreichen Songs einbauen kann, sondern dass wir ganze Songs lernen. Natürlich habe ich dafür einige der beliebtesten und meistgespielten Bluesklassiker überhaupt ausgesucht: ‚Sweet Home Chicago', ‚Baby, Please Don't Go', ‚Kind Hearted Woman Blues', ‚Nobody Knows You When You're Down And Out' und ‚Step It Up & Go'.
- Es gibt wieder zahlreiche Anhänge zu typischen Fragen und Problemen. Diese Anhänge muss man nicht zwingend durcharbeiten, aber sie geben viele nützliche Tipps.
- Natürlich haben wir die bestehende Website **www.garantiert-bluesgitarre.de** wieder mit interessantem Bonusmaterial zu diesem Buch erweitert.
- Bei Fragen und Problemen kann man mich wieder direkt kontaktieren: **andi@andisaitenhieb.de**. Außerdem kann man mich hier auch für öffentliche Konzerte, Wohnzimmer-Konzerte, Workshops oder Privatunterricht buchen.

Welche Vorkenntnisse werden vorausgesetzt?

Gitarrenanfängern lege ich dringend mein Einsteigerbuch „Garantiert Bluesgitarre lernen" ans Herz. Wenn du das erfolgreich durchgearbeitet hast, wird dir dieses Buch keine Schwierigkeiten bereiten.

Dieses Buch ist sicherlich kein Buch für absolute Anfänger – aber es ist auch alles andere als unspielbar! Wie schon erwähnt, beginnt jedes Kapitel sehr leicht und alles wird – genau wie schon in meinem ersten Lehrbuch „**Garantiert Bluesgitarre lernen**" – Schritt für Schritt erklärt. Prinzipiell kannst du diese Gitarrenschule im Anschluss an oder als Ergänzung zu jede(r) anderen Gitarrenschule durcharbeiten.

Du brauchst unbedingt:

- Interesse an / Liebe zum akustischen Blues
- etwas Erfahrung mit der Gitarre, wobei es egal ist, mit welcher Schule du gelernt hast. Die Hauptsache ist, dass du schon weißt, wie man greift, ohne dass die Saiten scheppern und dass du deine Finger schon etwas koordinieren kannst.

Empfehlenswert ist:

- ein paar grundlegende, offene Grundakkorde spielen zu können (keine Barrégriffe).
- das Blues-Schema zu kennen und vielleicht auch schon den einen oder anderen leichten Blues gespielt zu haben.
- den Unterschied zwischen Shuffle und Rockachtelnoten (geraden Achtelnoten) zu kennen.

Kapitel ‚Fingerpicking' vgl. S. 151ff.

Nicht notwendig sind:

- Vorkenntnisse zum *Fingerpicking*.

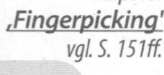

Vorwort

Für wen ist dieses Buch geeignet?

- Gitarristen, die schon Gitarre spielen, jetzt aber den akustischen Fingerstyle-Blues lernen wollen.
- Gitarristen, die **"Garantiert Bluesgitarre lernen"** durchgearbeitet haben.
- Gitarristen, die schon Erfahrung mit dem Blues haben, aber ihre Kenntnisse systematisieren und vertiefen wollen.
- (Blues-)Gitarristen, die ihr Akustik-Bluesrepertoire erweitern wollen.
- Gitarrenlehrer, die Wert auf gut strukturiertes und motivierendes Material legen.

Alles, was du in diesem Buch und der zugehörigen CD lernst, kannst du nicht nur auf der Akustikgitarre spielen, sondern auch auf einer elektrischen Gitarre. Und natürlich kann man diese Gitarren-Parts auch verwenden, wenn man mit anderen Musikern zusammenspielt. Genau das haben Musiker wie **Muddy Waters** und **John Lee Hooker** gemacht. Ein moderner Vertreter des akustischen Fingerstyle-Blues mit Schlagzeug und Bass ist **Eric Sardinas**, der seine oft stark verzerrte _Resonatorgitarre_ mit einem _Bottleneck_ spielt.

Wearing many hats – die Ein-Mann-Bluesband

Im akustischen Blues spielt man meist alleine und füllt dann mit seinem Instrument mehrere Rollen gleichzeitig aus:

- Gesangsbegleitung mit Harmonien / Akkorden,
- gleichzeitig ist man Rhythmusgruppe bestehend aus Bassist und Perkussionist / Schlagzeuger und
- beim Solo spielt man obendrein noch die Melodie.

Die Basstöne legt man dabei gerne auf ungegriffene Saiten, damit die Greifhand sich frei auf dem Griffbrett bewegen kann, um die Melodie und/oder die Akkorde zu spielen. Deshalb gibt es bestimmte Tonarten (oder besser gesagt Spielpositionen), die sehr häufig verwendet werden:

E, A, G, C und D

Die _Tonart D_ wird oft in Verbindung mit der sogenannten _Dropped D-Stimmung_ gespielt.

Häufig werden im akustischen Blues auch **Open Tunings** verwendet, bei denen die Gitarre auf einen Akkord gestimmt wird. Dadurch ergeben sich ganz neue Möglichkeiten. Die gebräuchlichsten Open Tunings heißen „**Spanish**" (**Open G** bzw. **Open A**) und „**Vestapol**" (**Open D** bzw. **Open E**) und werden gerne in Kombination mit der **Bottleneck/Slide-Technik** (siehe oben) verwendet.

Jede Tonart (oder genauer gesagt jede Spielposition) und jede Gitarrenstimmung hat ihren ganz eigenen Klang. In diesem Buch und auf der zugehörigen CD werden alle Spielpositionen in Standard-Stimmung und in Dropped D-Stimmung ausführlich vorgestellt und erklärt, und zwar an Hand von weltbekannten Bluesklassikern der ganz großen Meister.

Zusätzlich gibt es noch ein Kapitel, in dem der _Aufbau eines eigenen Repertoires_ erklärt wird.

Nach dem Durcharbeiten dieses Lehrwerks wirst du in der Lage sein, viele Bluesklassiker authentisch im Stile verschiedener Meister des akustischen Blues nachzuspielen.

Resonatorgitarre, vgl. Anhang, S. 186

Bottleneck/Slide, Insbesondere im Blues weit verbreitete Spieltechnik, bei der man mit einem Metall- oder Glasröhrchen über die Saiten rutscht. Diese Spieltechnik erfordert ein eigenes Lehrbuch, da das Thema zu umfangreich ist, um es nebenbei in einem Kapitel abhandeln zu können.

Tonart D, vgl. S. 91–92 und S. 100-104

Dropped D, vgl. S. 100

Open Tunings sind Thema meines nächsten Buchs ‚Garantiert Bluesgitarre lernen – Open Tunings & Bottleneck / Slide'!

Repertoireaufbau, vgl. S. 130–135

Vorwort

Play-alongs?

Die beliebten Playalongs wird man auf dieser CD vergeblich suchen. Da wir uns hier mit akustischer Bluesgitarre beschäftigen, die normalerweise alleine zur Begleitung des Gesangs gespielt wird, würde ein Playback ja aus Stille bzw. nur aus der Gesangsstimme bestehen.

Die moderierte CD

Wie schon bei „**Garantiert Bluesgitarre lernen**" bekommst du auf der CD nicht nur alle Beispiele aus dem Buch vorgespielt, sondern zusätzlich auch jede Menge Erklärungen und Tipps. Das Konzept der **moderierten CD** hat mehrere Vorteile:

1. Sie ist zeitsparend! Man kann sie sich im Auto auf dem Weg zur Arbeit oder mit dem MP3-Player auf dem Weg zur Schule anhören. Da sie nicht nur die Tonbeispiele enthält, sondern auch die Erläuterungen, kann man in der meist knapp bemessenen Übezeit gleich losspielen und muss nicht erst noch seitenlange Anweisungen lesen.

2. Es schleichen sich keine Fehler ein, da man beim Spielen die Anweisungen noch mal hört. Außerdem prägen sich die Spieltipps so besser ein, als wenn man sie liest.

3. Du hast keinen CD-Player? Dann kannst du dir die dazugehörigen MP3-Dateien auf unserer Website downloaden:
alfredmusic.de/downloads, Dein Password: 3943638855

Unabhängig von der CD gibt es im Buch natürlich noch weiterführende Erklärungen. Man muss aber nicht gleich beim ersten Hören und Ausprobieren alles wissen! Wer gerne Noten sehen möchte oder mit Textmarkern arbeitet, *kann* auch das Buch zur Hand nehmen. Man muss es aber nicht jedes Mal beim Üben benutzen!

Der Blues ist eine Musik, die traditionell durch Vorspielen und Nachahmen gelehrt und gelernt wurde. Die meisten der ursprünglichen Bluesmusiker hatten von Musiktheorie und Notenschrift keine Ahnung!

Vorgehensweise / Tipps zum Üben

Ich empfehle beim Üben folgende Vorgehensweise:

- Die Hör-Empfehlungen (Original-Aufnahmen & verschiedene Cover-Versionen) anhören.
- Die zum Song gehörenden Audio-Tracks anhören (eventuell mehrmals) und den entsprechenden Abschnitt im Buch lesen.
- Versuche, Stück für Stück zu meiner CD mitzuspielen.
  Setze die gelernten Songteile nach und nach zusammen.
  Baue nacheinander die gezeigten Feinheiten und Verzierungen ein.
- Vergleich mit den Original-Aufnahmen. Feinheiten entdecken und nachahmen. Weitere Ideen rauszuhören versuchen.

Kapitel „Wie man von CD heraushört & transkribiert", vgl. S. 176

Der Lerneffekt ist übrigens deutlich größer, wenn man die alten Beispiele immer mal wieder durchspielt. Es macht Sinn, sich die Übungszeit in zwei etwa gleich große Teile einzuteilen. Im ersten Teil spielt man die bekannten Sachen noch mal durch und im zweiten Teil lernt man darauf aufbauende neue Sachen.

Vorwort

Zur CD mitspielen!

Du solltest möglichst bald zur CD mitspielen! Erst zu der beiliegenden CD und dann zu den bekannten Aufnahmen der Bluesklassiker, auf die ich im Text hinweise. Durch das Mitspielen wird dein Rhythmusgefühl trainiert und du lernst, während des Spielens auf andere Musiker zu hören.

Sollte das Tempo der Aufnahmen zu hoch sein, gibt es für wenig Geld eine wundervolle Software namens *„Transcribe!"*, mit der man die Geschwindigkeit und die Tonhöhe eines Audiofiles unabhängig voneinander verändern kann. Näheres dazu in dem *Kapitel ‚Software zum langsameren Abspielen von Audio-Files'*.

Software ‚Transcribe!', vgl. S. 11

Durch meine Erklärungen auf der CD und im Buch und durch das Vorspielen auf der CD und das anschließende Mitspielen zur CD imitieren wir das traditionelle Vorgehen des Vorspielens und Nachahmens – aber du kannst mich jederzeit „zurückspulen" und dir den gewünschten Teil noch mal vorspielen lassen. In den 20er und 30er Jahren des letzten Jahrhunderts hättest du dafür einen Menge schwarzgebrannten Whisky ausgeben müssen – heute reicht der Griff zur Fernbedienung deines CD-Spielers ... ☺

Zum Anhang

Während ich in meinem ersten Buch **„Garantiert Bluesgitarre lernen"** die verschiedenen Gitarrentypen, verschiedene Arten des Gitarrestimmens u.a. vorstelle, liegt das Hauptaugenmerk dieses Mal eindeutig auf den *CD-Empfehlungen*. Wie bereits erwähnt, ist der Blues eine Musik, die traditionell durch Vorspielen und Nachahmen gelehrt und gelernt wurde. Das Hören von großartigen Bluesmusikern ist also ein unverzichtbarer Teil der eigenen musikalischen Entwicklung! Und Spaß macht es obendrein auch noch ... Mit den Kenntnissen, die du durch **„Garantiert Akustik Bluesgitarre lernen"** erwirbst, wirst du sehr viel besser verstehen und nachvollziehen können, was die alten Meister auf ihren Gitarren so angestellt haben.

CD-Empfehlungen, vgl. S. 189–205

Bei den *DVD-Empfehlungen* im Anhang kann man sich sogar gleichzeitig anschauen, was die Musiker spielen. Die Buch-Empfehlungen unterscheiden sich deutlich von denen aus **„Garantiert Bluesgitarre lernen"**, da in diesem Buch der Schwerpunkt ein anderer ist. Ein paar Anhänge habe ich wörtlich oder leicht abgewandelt übernommen (siehe auch die Erklärung im nächsten Absatz „Wiederholungen?!"). Ein weiterer wichtiger Anhang, der mir sehr am Herzen liegt, ist der Anhang *Wie du deine persönliche Gitarre findest* (natürlich in diesem Fall nur die akustische) und die *kleine Kaufberatung mit Checkliste*.

DVD-Empfehlungen, vgl. S. 206

Wie du deine persönliche Gitarre findest, vgl. S. 179–188

Checklisten Gitarrenkauf, vgl. S. 187–188

Wiederholungen?!

Da ich nicht voraussetzen kann und möchte, dass jeder Leser dieses Buches auch mein erstes Buch **„Garantiert Bluesgitarre lernen"** besitzt, ist es unvermeidlich, dass sich einige Absätze wiederholen.

Einige kurze Abschnitte sind dabei wörtlich übernommen (z. B. die nächsten Absätze aus diesem Vorwort), andere behandeln zwar das gleiche Thema, sind aber in diesem Buch deutlich ausführlicher oder setzen andere Schwerpunkte (z. B. der Abschnitt über Anschlagstechniken).

Meine sehr verehrten Damen und Herrinnen

Noch ein Wort zu der neuen Sitte, immer auch die weibliche Form mit anzugeben: Ich habe zugunsten der Lesbarkeit des Textes darauf verzichtet. Natürlich sind auch immer die Mädchen und Frauen angesprochen, wenn ich von Gitarrist oder Gitarristen rede.

Vorwort

You can say you to me

Außerdem käme es mir sehr gestelzt vor, den geneigten Leser zu „siezen". Unter uns Musikern ist das DU üblich, und auch wenn du gerade erst deine erste Gitarre gekauft hast, zähle ich dich trotzdem schon zum Kreis der Musiker dazu. Denn wenn nicht schon der Wunsch, Musik zu machen, einen zum Musiker macht, was dann? Wenn man den ersten Akkord greifen kann? Wenn man den ersten Song spielen kann? Ich glaube nicht, dass es einen besseren Zeitpunkt gibt, sich zum Musiker zu erklären, als direkt am Anfang. Also, lieber Musiker-Kollege: Ich biete dir hiermit das DU an.

Internet-Unterstützung

Die „Garantiert lernen"-Reihe von Alfred Music bietet den einzigartigen Service, dich mit deinen Fragen direkt an den Autor zu wenden. Diese spezielle Internet-Unterstützung kannst du auf www.garantiert-bluesgitarre.de nutzen. Außerdem stehen dort weitere nützliche Informationen und Downloads für dich bereit.

Jetzt aber genug der Vorrede! Wenn die Gitarre gestimmt ist, kann es losgehen ...

Die deutsche und internationale Schreibweise (Ton B)

*In Deutschland wird der **Ton B** oft auch **H** genannt.*
*Ich verwende in diesem Buch die **international übliche Bezeichnung B**.*
In Deutschland gibt es auch einen Ton „B", dieser ist einen Halbton tiefer als das deutsche „H", bzw. als das internationale „B". Das internationale Bb [engl. „Bi flät"] entspricht dem deutschen "B".
Praxistipp: *Wenn man von „H" oder „Bb" spricht, gibt es keine Verwechslungen, da nur die Bezeichnung „B" doppeldeutig ist.*

Info!

Die einen Musiker lernen lieber anhand von Songs, die anderen wollen lieber konzentrierte Übungen, um zuerst die technischen Schwierigkeiten zu meistern, und beginnen dann erst mit dem Erarbeiten von Songs. In diesem Buch biete ich dir beide Möglichkeiten: Möchtest du lieber gleich Songs spielen und die Spieltechniken nebenbei lernen, beginnst du einfach vorne im Buch.

„Fingerpicking-Technik", vgl. S. 151

Möchtest du erst mal die technischen Herausforderungen meistern, arbeitest du zuerst den Anhang Fingerpicking-Technik durch. In diesem Kapitel bekommst du eine kompakte Übersicht über die Technik des Fingerpickings. Die einzelnen Takte sind dabei nach aufsteigendem Schwierigkeitsgrad geordnet (von absolutem Anfänger bis ziemlich Fortgeschrittenen). Systematisch werden so ziemlich alle Möglichkeiten von Anschlags- und Greifhand und Kombinationen dieser Möglichkeiten durchgearbeitet.

Zeichenerklärung

 Diese Zeichen weisen auf den Track der beiliegenden CD hin, auf dem das entsprechende Beispiel vorgespielt und erklärt wird.

 Dieses Bild weist auf eine Aufgabe hin. Das kann zum Beispiel das Mitspielen zu einem Song, das Übertragen in eine andere Tonart („*transponieren*") oder das Heraushören von ein paar Tönen sein.

Transponieren, vgl. Glossar, S. 212

 Wenn dieses Bild auftaucht, erkläre ich einen Begriff oder gebe zusätzliche Informationen zum gerade besprochenen Thema.

Software zum langsameren Abspielen von Audio-Files

Sowohl beim Üben (Mitspielen zur CD, erst langsam und dann in kleinen Schritten immer schneller (*vgl. Anhang, S. 158–159 Wie übe ich richtig?*)) als auch beim Raushören gibt es zwei Möglichkeiten:

1. Alleine spielen, am besten zum Metronom, und das Tempo langsam bis zum Zieltempo steigern.

2. Viel motivierender ist es aber, sich einen CD-Spieler oder eine Software zuzulegen, um die Audiobeispiele bei gleichbleibender Tonhöhe langsamer abspielen zu können. Ein CD-Spieler mit dieser Fähigkeit kostet etliche hundert Euro, eine tolle Software namens „*Transcribe!*" mit etlichen weiteren Möglichkeiten gibt´s für unter 30,- Euro bei www.seventhstring.com. Man kann das Programm 30 Tage lang kostenlos testen.

So ein Programm hilft natürlich nicht nur beim Mitspielen, sondern auch beim Raushören:

Wenn Herr Clapton uns unsere Lieblingsstellen im halben Tempo vorspielt, hört man definitiv einfacher, was er genau spielt. Mit der aktuellen Version kann man sogar Video-Clips verlangsamen! Ehrlich gesagt: Ich weiß gar nicht mehr, wie Musiker ohne dieses Programm leben konnten ...

*Software:
Es gibt etliche Programme, die Audio-Files langsamer abspielen können, zum Beispiel „Slow Gold", „Amazing Slow Downer", „Riffmaster Pro". Die meisten dieser Programme kosten mehr und sind meiner Ansicht nach schlechter zu bedienen. Da die meisten dieser Programme einige Tage kostenlos getestet werden können, kann jeder sein eigenes Lieblingsprogramm finden. Einfach mal „slow down music" in eine Suchmaschine eingeben ...*

Palm-Mute – Dämpfen mit dem Handballen

Erst mit einer guten Dämpftechnik groovt es richtig. Es gibt ganz unterschiedliche Dämpftechniken, sowohl was die Ausführung als auch, was das klangliche Ergebnis angeht. Die für uns wichtigste Technik ist das **Abdämpfen mit dem Handballen**.

Der Handballen / die Handkante der Anschlagshand liegt am *Steg* auf den Saiten auf. Die Saiten klingen jetzt dumpfer, aber druckvoller und die Töne klingen viel kürzer nach. Je nachdem, wie weit man die Hand auf die Saiten legt, erzielt man mehr oder weniger Dämpfung. Hier sollte man auf jeden Fall ein bisschen experimentieren, bis man eine bequeme Handhaltung gefunden hat, die den gewünschten Sound erzielt.

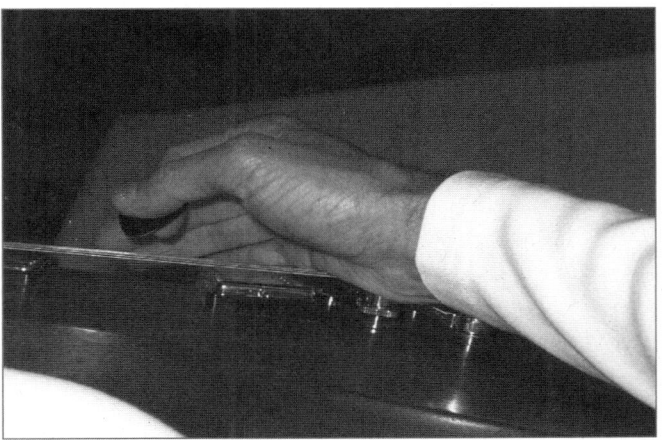

*Steg:
Bei Akustikgitarren wird die Anschlagshand am Steg auf die Saiten gelegt.*

I. Steady Bass

Kapitelübersicht

I. Steady Bass (Monotoner Bass) 12
    1. One Chord-Vamp bestehend aus Melodie und Steady Bass 13
    2. 12-taktiges Blues-Schema in A, einfache Bassbegleitung 14
        1. Baustein 1 mit dem Grundton A 16
        2. Baustein 1 mit dem Grundton D 18
        3. Baustein 1 mit dem Grundton E 19
    3. Blues in A, einfache Version 20
    4. Weitere Bausteine mit dem Grundton A 21
        ■ Akkorde verschieben 21
    5. Weitere Bausteine mit dem Grundton D 22
        ■ Basslauf 22
        ■ Rhythmische Variation 23
        ■ Picking 23
        ■ Weitere Variationsmöglichkeiten 24
    6. Weitere Bausteine mit dem Grundton E 24
    7. DER Robert Johnson-Turnaround 26
    8. Intro 28
    9. Ending 28
    10. Weiterer Baustein mit dem Grundton A 29
        ■ Hoher A^7-Griff (D^7-Typ) 29
        ■ Hohen A^7-Griff verschieben 29
        ■ *Kind Hearted Woman Blues* 31
    11. Weitere Variationsmöglichkeiten für den D^7 34
    12. Achttaktiges Blues-Schema in E 36
    13. Bausteine mit Grundton B 36
    14. Bausteine mit Grundton A 38
    15. Turnaround in E 39
        ■ *Highway to the Red River Blues* 40

Steady Bass (Monotoner Bass)

Der sogenannte Steady Bass ist eine durchgehende Bassbegleitung mit dem *Daumen*, die meist in Viertelnoten und seltener in Achtelnoten ausgeführt wird. Wie man auf die deutsche Bezeichnung ‚monotoner Bass' kommen kann, ist mir ein Rätsel, denn richtig gespielt geht diese Begleitung ab wie Schmidts Katze ... Selbst wenn pro Akkord immer derselbe Basston gespielt wird, darf das auf keinen Fall monoton klingen, sondern sollte eher vorwärts treiben. Als erstes schauen wir uns einen absoluten Standard-Riff an, der in unzähligen Variationen immer wieder verwendet wird.

Höre dir zur Einstimmung ein paar Songs mit dieser Spielweise an:

Diskographie	Anmerkungen
■ **Smokestack Lightnin' – Howlin' Wolf** auf: „Moanin' In The Midnight"	Das Original!
■ **Leavin' In The Mornin' – Muddy Waters** auf: „Goin' Way Back"	Enthält dasselbe Hauptmotiv in der Gitarrenmelodie, allerdings als Fill gespielt, nicht als Begleitung. Dieser Fill wird immer auf dem Grundton E gespielt, auf den anderen Grundtönen wird jeweils gesungen.

1. One Chord-Vamp

Diskographie	Anmerkungen
■ **Suzie Q – Dale Hawkins** auf jeder „Best Of"	Ein weiterer Klassiker, der ein ganz ähnliches Motiv benutzt und offenbar von **Howlin' Wolfs** Song inspiriert wurde.
■ **Suzie Q – CCR** auf „Creedence Clearwater Revival", „Chronicle: 20 Greatest Hits"	Creedence Clearwater Revival haben wohl die bekannteste Version dieses Songs aufgenommen.

1. One Chord-Vamp bestehend aus Melodie und Steady Bass

Nicht nur z.B. ‚Smokestack Lightnin" besteht aus einem sogenannten <u>One Chord-Vamp</u>. Das heißt, dass solche Stücke ohne Akkordwechsel auskommen und die ganze Zeit auf einem Groove / Lick bleiben. In ‚Leavin' In The Mornin" von **Muddy Waters** hingegen gibt es Akkordwechsel.

One Chord-Vamp, weitere Songbeispiele für One Chord-Vamps, vgl. S. 173

Der folgende Lick ist jeweils als Fill in den Gesangspausen gedacht. Wir lernen zuerst nur die Single Line, und dann erst fügen wir den durchgehenden Bass mit dem *Daumen* hinzu.

Tipp!

■ *Lerne die Melodie am besten in drei kleinen Abschnitten, so wie ich es auf der CD demonstriere, dann ist es ganz einfach. Nach dem ersten Ton parkst du den Daumen am besten auf einer tiefen Saite, damit du gar nicht erst in Versuchung kommst, die Melodietöne mit dem Daumen anzuschlagen.*
Nicht vergessen: Wir brauchen den Daumen ja gleich noch für die Bassbegleitung!

One Chord-Vamp – Melodie

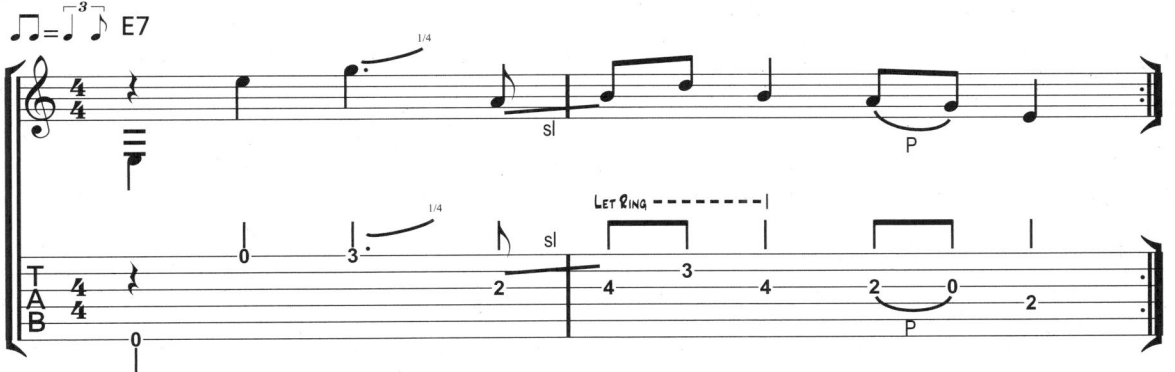

Slide, beim Slide werden zwei Töne mit einem Anschlag erzeugt. Der zweite Ton wird durch Rutschen des greifenden Fingers auf einen anderen Bund auf derselben Saite erzeugt, vgl. S. 154 und auch S. 39 in „<u>Garantiert Bluesgitarre lernen</u>".

Aufgabe

Versuche, die Gitarren-Melodie vom Suzie Q-Riff herauszuhören. Selbst wenn es nicht ganz klappt, ist das eine gute Übung!

Als Nächstes fügen wir den *Daumen* in Viertelnoten hinzu. Beachte, welche Töne zusammen angeschlagen werden und welche alleine. Der Steady Bass mit dem *Daumen* ist wie ein Anker, der dem Ganzen Halt gibt. Er sollte wirklich „steady" sein, also nicht wackeln oder unsicher wirken. Unser Ziel ist es, dass der *Daumen* bald auf Autopilot läuft und keinerlei Aufmerksamkeit mehr beansprucht. Erst dann können wir uns auf die Melodie und / oder den Gesang konzentrieren.

1. Steady Bass

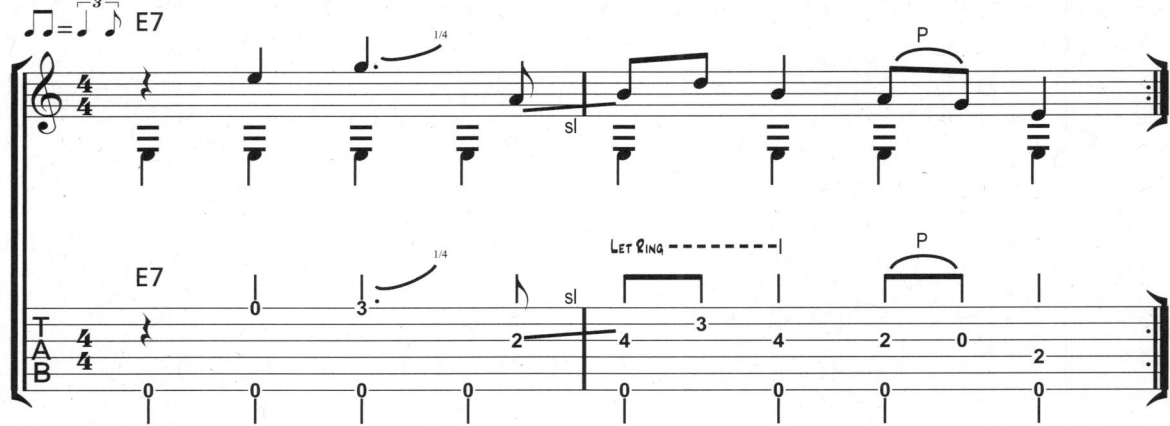

Tipp!

- *Wenn der Daumen nicht gehorchen will, spielst du am besten erst mal nur durchgehende Viertelnoten auf der tiefen E-Saite mit dem Daumen. Erst wenn das klappt, fügst du nach und nach die Melodie (entweder Ton für Ton oder aber in den besprochenen drei Abschnitten) dazu. Auf der CD mache ich das Schritt für Schritt vor.*

2. Zwölftaktiges Blues-Schema in A, einfache Bassbegleitung

Als Nächstes schauen wir uns einen Klassiker von **Robert Johnson** an, der das zwölftaktige Standard Blues-Schema verwendet.

Standard Blues-Schema (in der Tonart A)

A	A	A	A
D	D	A	A
E	D	A	A

Turnaround,
Die Funktion von Turnarounds wird ausführlich erklärt in „Garantiert Bluesgitarre lernen", S. 47ff

In den letzten beiden Takten der dritten Zeile wird oft ein _Turnaround_ gespielt. Wichtig für die Orientierung innerhalb des Schemas ist die Einteilung in 3 Zeilen mit jeweils 4 Takten. Meist wird in den ersten beiden Takten jeder Zeile gesungen. In den letzten beiden Takten wird häufig ein instrumentaler Fill gespielt. Dieses Abwechseln nennt man auch **Call & Response**, zu deutsch: Frage & Antwort.

Höre dir zur Einstimmung ein paar Songs mit dieser Spielweise an:

Diskographie

- **Kind Hearted Woman Blues** – Robert Johnson
  auf: „The Centennial Collection"
- **32-20 Blues** – Robert Johnson
  auf: „The Centennial Collection"
- **Hey Hey** – Big Bill Broonzy
  auf fast jeder „Best Of",
  z.B. „An Introduction To Big Bill Broonzy"
- **Hey Hey** – Eric Clapton
  auf: „Unplugged"

2. 12-taktiges Blues-Schema in A

Diskographie
■ **Key to the Highway – Big Bill Broonzy** auf fast jeder „Best Of", z.B. „An Introduction To Big Bill Broonzy"

Wir beginnen ganz leicht und erarbeiten uns Schritt für Schritt eine authentische **Delta Blues-Spielweise**. Am Ende dieses Kapitels wirst du Blues-Klassiker wie *Kind Hearted Woman* von **Robert Johnson** und *Key to the Highway* von **Big Bill Broonzy** im Delta Blues-Stil spielen können. (Und natürlich kannst du anschließend auch jeden beliebigen anderen Blues auf diese Art begleiten, wenn du den entsprechenden Song mit der Klangfarbe ‚Delta Blues' spielen möchtest).

Zuerst spielen wir die jeweiligen Grundtöne der drei Akkorde in Viertelnoten.

Kind Hearted Woman Blues – Bassbegleitung (Tonart A) *by Robert Johnson (1911–1938)*

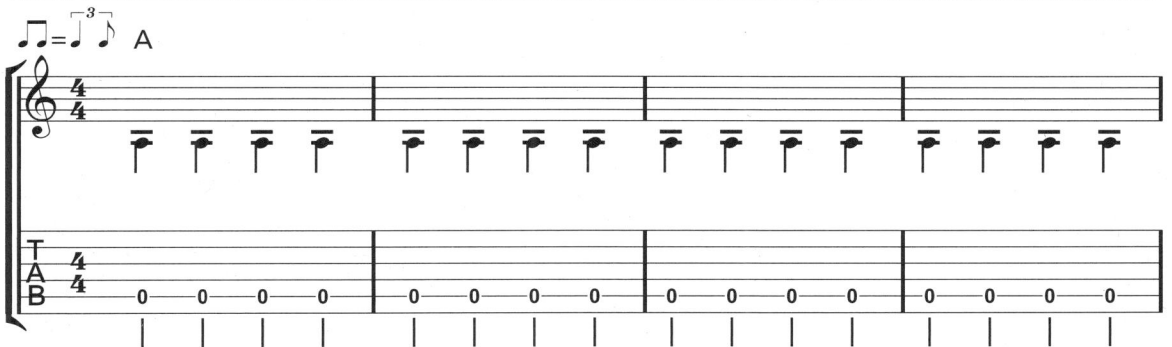

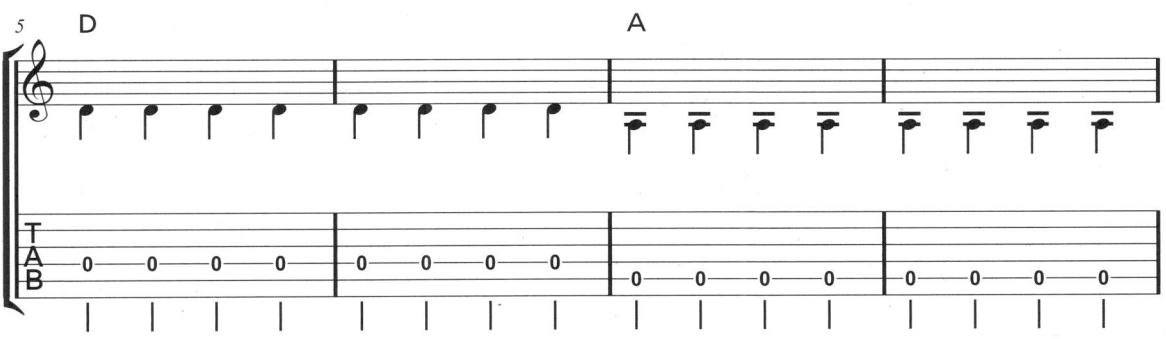

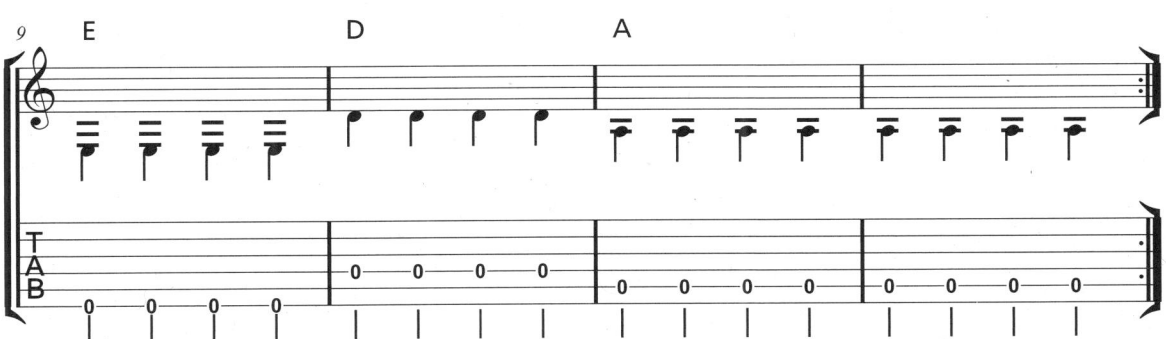

Du meinst, das klingt jetzt aber noch nicht so wirklich fett? Da stimme ich dir voll und ganz zu!

Dieses Beispiel dient uns nur als Übersicht. Wir werden jetzt Takt für Takt authentische Delta Blues-Bausteine in das eben gezeigte Blues-Schema einsetzen. Los geht's!

I. Steady Bass

Tipp!

- *Besonders gut klingt es, wenn du die Basstöne mit dem Handballen abdämpfst (Palm-Mute). Probiere diese Dämpftechnik auch bei dem One Chord-Vamp aus.*
  Achtung: *Dort wird nur die tiefe E-Saite gedämpft, die restlichen Saiten schwingen frei. Auf Seite 50 werden wir noch eine andere sehr groovige Dämpftechnik kennen lernen, bei der wir die Basstöne durch Abdämpfen* **staccato** *(also abgehackt) spielen.*

- *Beachte, dass ich zwar Akkordsymbole über den Noten angegeben habe, wir aber keine Akkorde spielen. Die Akkordsymbole dienen uns jetzt erst mal zur Orientierung. Wir werden keine Wandergitarren-Begleitung mit geschrammelten Akkorden spielen. Das hat* **Robert Johnson** *schließlich auch nicht gemacht …* ☺

- *Stattdessen lernen wir im Laufe dieses Buches viele Licks, Akkordumkehrungen, partielle Akkorde und Anschlagstechniken kennen, die* **einerseits** *bluesig klingen – ‚DEN amtlichen Blues' gibt es nicht! Jeder Blueser, der auch nur halbwegs interessant ist, hat seinen eigenen Sound (sonst wäre er ja nur eine Kopie von xy). (Die Einteilung in Blues und andere Stile ist historisch gesehen nur eine Marketing-Idee der Plattenfirmen gewesen, um potentiellen Käufern das Auffinden bestimmter Produkte zu erleichtern) – und die* **andererseits** *im weitesten Sinne die angegebene* **Akkord-Klangfarbe** *haben.*

Palm-Mute, vgl. S. 11
One Chord-Vamp vgl. S. 13/14

Lick, vgl. Glossar, S. 211

2.1 Baustein 1 mit dem Grundton A

Wenn man akustischen Blues spielt, ist man traditionell eher auf sich alleine gestellt. Man hat also keine fette Rhythmusgruppe mit Schlagzeug, Bass und Bläsergruppe im Rücken. Da es trotzdem möglichst voll klingen soll, muss man also selbst:

- für einen mehr oder weniger durchgehenden Rhythmus,
- für eine Bassstimme,
- für Harmonien (Akkorde) zur Gesangsbegleitung und
- für Fills in den Gesangspausen

sorgen.

Der *Daumen* mit seinem durchgehenden Viertelbass sorgt für den durchgehenden Rhythmus und die Bassstimme. Als Nächstes fügen wir etwas Harmonie hinzu.

Der folgende Akkord sieht aus wie ein normaler D-Dur-Wandergitarren-Griff, der auf den 5. Bund und um eine Saite nach innen verschoben wurde.

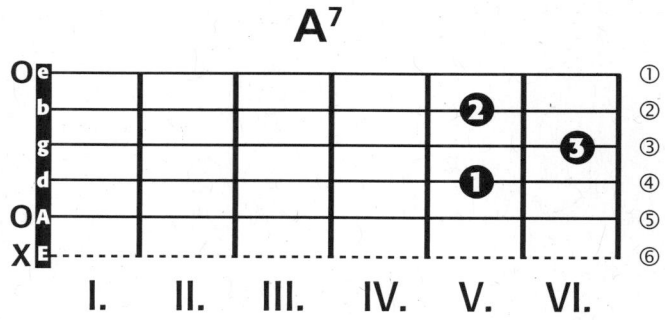

2.1 Baustein 1 mit dem Grundton A

> **Tipp!**
>
> - *Eine Frage, die an dieser Stelle oft gestellt wird, lautet: Warum spielen wir nicht einfach einen A⁷-Barréakkord am 5. Bund?*
> *Ganz einfach: Da wir, wie vorhin beschrieben, mit der Akustikgitarre auf uns alleine gestellt sind und deshalb gleichzeitig möglichst viele musikalische Bausteine (Rhythmus, Bass, Harmonien, Fills) mit einer einzigen Gitarre liefern müssen, spielen wir möglichst viele ungegriffene Saiten. Das hat zum Beispiel den Vorteil, dass der Basston auf der ungegriffenen A-Saite weitergespielt werden kann, während wir umgreifen, den Akkord verschieben (vgl. S. 21) oder einen Fill spielen.*

Mit dem *Daumen* schlagen wir jetzt den Basston in durchgehenden Viertelnoten an, während wir jeweils am Taktanfang mit dem _Zeigefinger_ einen Aufwärtsschlag ab der B-Saite ausführen.

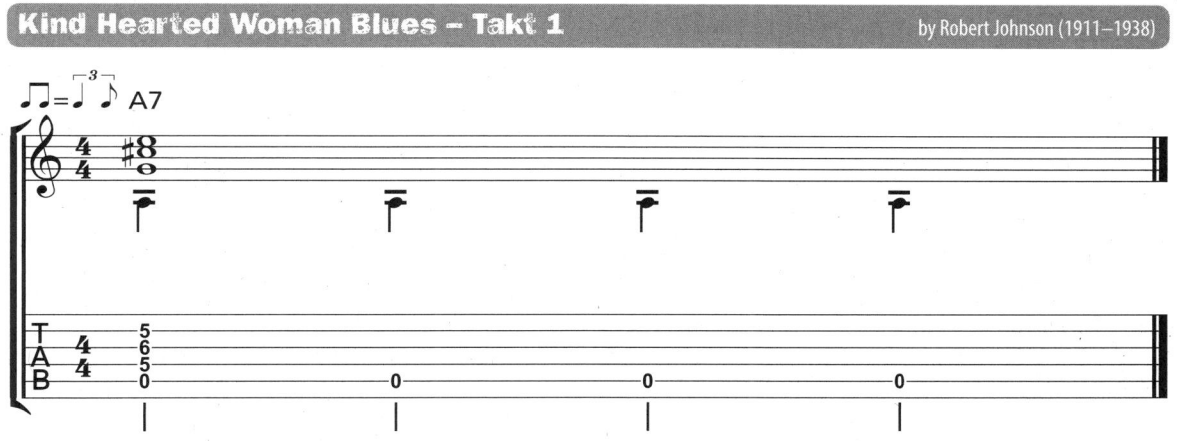

Kind Hearted Woman Blues – Takt 1 — by Robert Johnson (1911–1938)

CD-Track 5

Zeigefinger, du kannst auch einen anderen Finger für den Aufwärtsschlag nehmen oder mit drei Fingern zupfen. Der Einfachheit halber schreibe ich ab jetzt immer ‚Zeigefinger' und weise nicht jedes Mal auf die Alternativen hin.

Wenn du diesen Takt viermal spielst, hast du die erste Zeile des Blues-Schemas schon abgedeckt (Variationen bauen wir gleich ein, wenn wir das Blues-Schema komplett spielen können).

Falls diese Begleitung für dich neu ist, solltest du sie üben, bis du sie flüssig spielen kannst. Es klingt besonders gut, wenn du den Bass wie vorhin besprochen etwas _abdämpfst_ und die höheren Saiten frei schwingen können. Dadurch entsteht der Eindruck, es würden zwei Gitarren gleichzeitig spielen. Höre dir das auch genau auf der CD an.

Palm-Mute, vgl. S. 11

I. Steady Bass

2.2 Baustein 1 mit dem Grundton D

Für den D⁷ lernen wir einen Griff kennen, der einen anderen Ton als den Grundton im Bass hat. Das ist auch der Grund, warum ich meist von Basston spreche, und nicht von Grundton.

Insbesondere beim Delta Blues spielt man in der Regel einen möglichst tiefen Basston, und das ist oft die Terz oder Quinte des jeweiligen Akkordes.

Diese alternativen Basstöne werden in der Akkordbezeichnung nach einem Schrägstrich („Slash") angegeben.

Gesprochen wird D⁷/F♯ so:
„D sieben über Fis" oder:
„D sieben Släsch Fis".

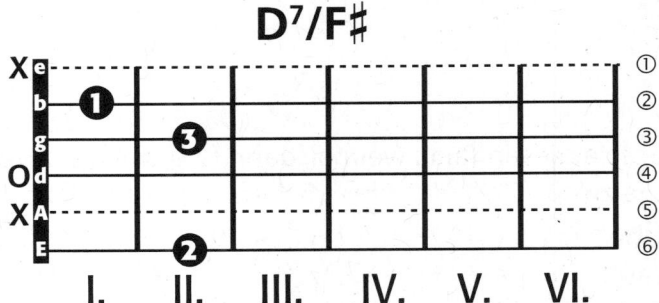

Aufgabe

Vergleiche den D⁷/F♯ mit dem herkömmlichen D⁷-Griff!

Der Ton F♯ am 2. Bund der hohen E-Saite wird jetzt 2 Oktaven tiefer am 2. Bund der tiefen E-Saite gespielt. Dafür muss man zwar den Fingersatz stark ändern, aber eigentlich sind die beiden Griffe sehr ähnlich!

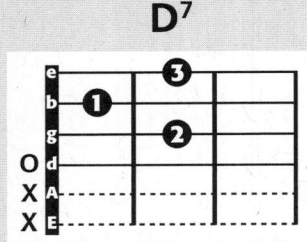

Tipp!

- *Du kannst zusätzlich noch den **kleinen Finger** auf den 2. Bund der hohen E-Saite setzen. Alternativ zum gezeigten Fingersatz verwenden manche Gitarristen auch den **Daumen** für den Basston und greifen dann einen ‚normalen' D⁷ auf den oberen Saiten. Die ungegriffene A-Saite darf bei diesem Griff auch mitklingen, wird aber fast zwangsläufig vom Mittelfinger auf der tiefen E-Saite abgedämpft.*

Spiele jetzt denselben Rhythmus wie eben beim A⁷-Akkord:

Der *Daumen* schlägt den Basston in durchgehenden Viertelnoten an (vorzugsweise leicht gedämpft) und der *Zeigefinger* schlägt ab der B-Saite aufwärts:

2.3 Baustein 1 mit dem Grundton E

Kind Hearted Woman Blues – Takt 5   by Robert Johnson (1911–1938)

Spiele diesen Takt zweimal, dann folgt wieder zweimal der eben gelernte A⁷-Takt, um die zweite Zeile des Blues-Schemas zu vervollständigen.

Übe bei Bedarf auch diesen Takt, bis du ihn flüssig spielen kannst und die Töne alle sauber klingen, ohne Schnarren oder ähnliches.

Übe dann den Wechsel zwischen diesen beiden Akkorden (*vgl. S. 158–159 – Tipps zum effektiven Üben*).

2.3 Baustein 1 mit dem Grundton E

Jetzt fehlt uns nur noch der Baustein für den E-Takt. Der E⁷-Griff wird so gegriffen:

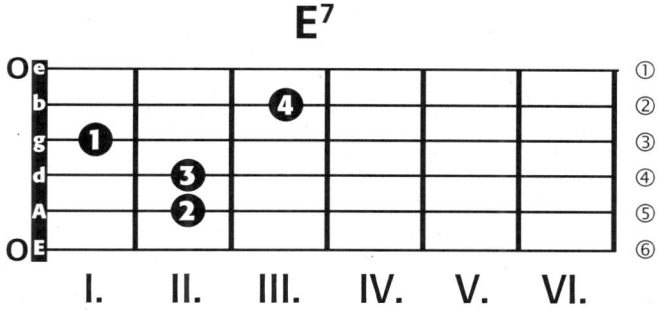

Diesen Griff spielen wir jetzt wieder auf dieselbe Art wie den A⁷ und den D⁷/F♯:

Der Basston wird mit dem *Daumen* in Viertelnoten angeschlagen und jeweils am Taktanfang werden zusätzlich die höheren Saiten mit dem *Zeigefinger* angeschlagen.

Kind Hearted Woman Blues – Takt 9   by Robert Johnson (1911–1938)

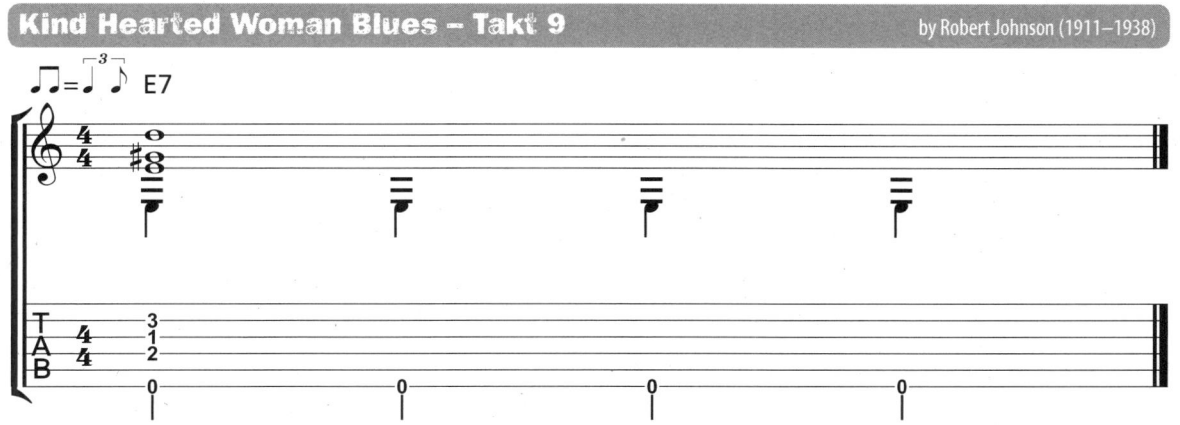

I. Steady Bass

Info!

- *Es ist bei vielen Griffen nicht so wichtig, welche Saiten man genau anschlägt. Du kannst diesen Akkord auch ab der hohen E-Saite anschlagen oder ab der G-Saite. Höre dir beim Spielen genau zu! Wenn es gut klingt, ist es auch gut. Wenn es nicht so gut klingt, merkst du dir, dass du bei jenem Griff besser nicht die entsprechende Saite anschlägst. Deine Ohren und dein Geschmack entscheiden!*

3. Blues in A – Einfache Version

Jetzt spielen wir einen kompletten 12-taktigen Blues in A mit der eben gelernten Begleitung. Hier zur Übersicht noch einmal die drei bisher gelernten Griffe:

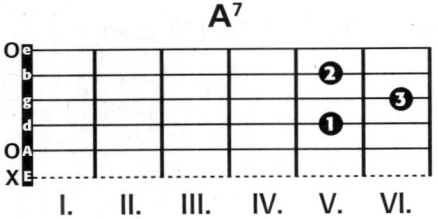
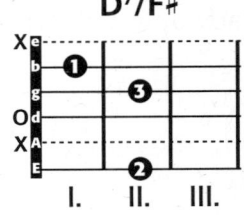
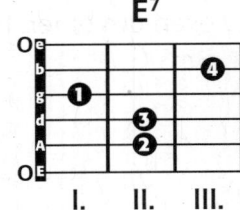

Und hier die Noten und Tabs.

Kind Hearted Woman Blues – Einfache Begleitung by Robert Johnson (1911–1938)

CD-Track 8

Garantiert Akustik Bluesgitarre lernen

4. Weitere Bausteine mit dem Grundton A

Faulenzerzeichen

Das Prozentzeichen ist ein sogenannter **Faulenzer** und bedeutet, dass man dasselbe spielt wie im vorhergehenden Takt.

Das klingt doch schon etwas besser als das erste Beispiel, ist aber immer noch sehr statisch. Also bringen wir jetzt mal etwas Bewegung in die Sache!

4. Weitere Bausteine mit dem Grundton A
Akkorde verschieben

Zuerst verschieben wir den A⁷-Griff mehrmals einen Halbton tiefer und wieder zurück. Diesen um einen Halbton nach unten verschobenen Akkord nennt man **A°⁷** oder auch **Adim⁷**.

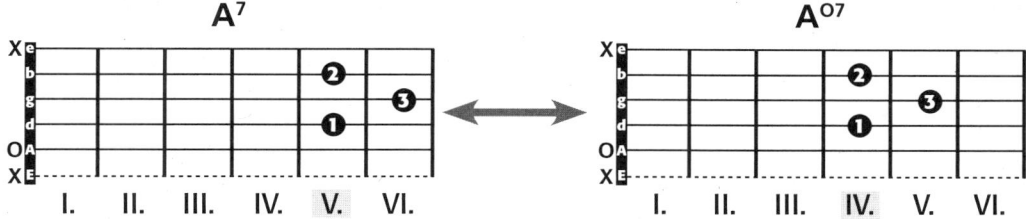

Info!

- Musiktheoretisch ist der ‚A°⁷' bzw. ‚Adim⁷' ein ‚verminderter A⁷-Akkord'. Ob **Robert Johnson** das gewusst hat, wage ich aber mal zu bezweifeln. Er hat sich für solche theoretischen Betrachtungen vermutlich noch nicht einmal interessiert. Wie sagte Goethe schon so schön: „Gefühl ist alles; Name ist Schall und Rauch" – präge dir also den Klang und das Gefühl ein, das du mit diesem Griff erzeugst. Den Namen des Griffes zu kennen, ist ein netter Bonus und erleichtert die Kommunikation.

Spiele also zuerst einen Takt (4 Zählzeiten) lang den A⁷-Griff und dann einen Takt lang (4 Zählzeiten) den A°⁷-Griff, dann jeweils einen halben Takt (2 Zählzeiten) und schließlich jeweils einen Vierteltakt (1 Zählzeit). Zu guter Letzt spielst du noch einmal den A⁷-Griff. Diesen können wir auch _vorziehen_.

Vorzieher (Synkope): vgl. Glossar, S. 212

Kind Hearted Woman Blues – Takt 1–4 (A⁷ verschieben) — by Robert Johnson (1911–1938)

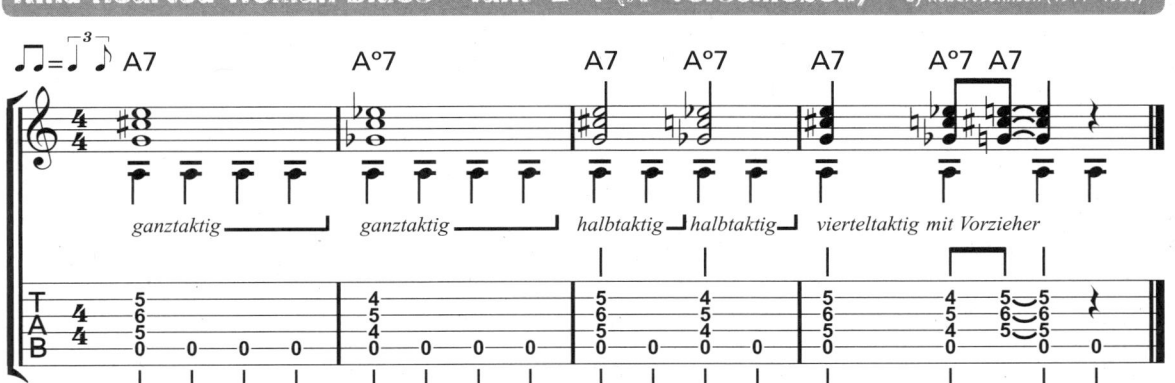

I. Steady Bass

In Takt 7 und 8 kannst du dasselbe Prinzip natürlich wieder anwenden. Das könnte zum Beispiel so aussehen:

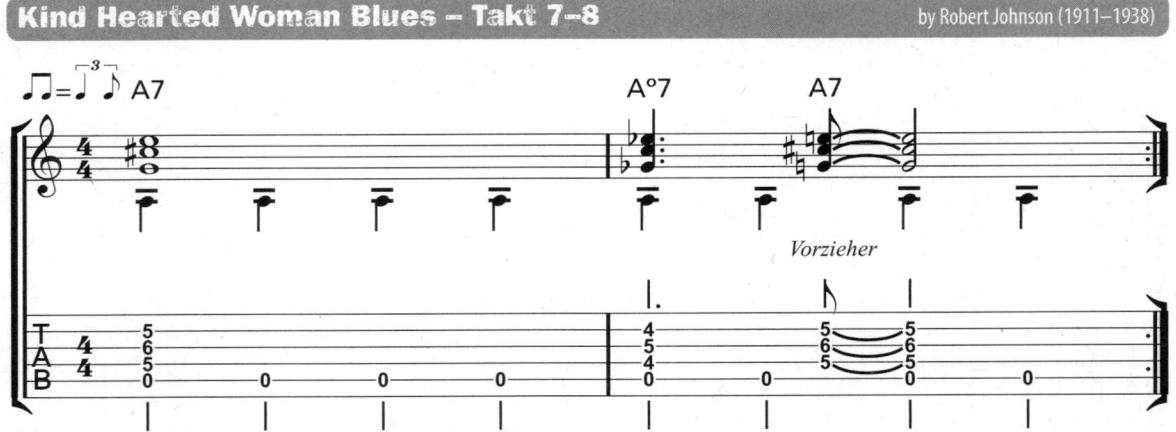

5. Weitere Bausteine mit dem Grundton D

Basslauf

Als Nächstes bauen wir einen kleinen Basslauf in den D^7-Griff ein. Dieser aus zwei Tönen bestehende Basslauf ist ein *Auftakt*. Diesen Basslauf müssen wir also jeweils im vorangehenden Takt auf der Zählzeit 4 beginnen.

Auftakt, vgl. Glossar, S. 210

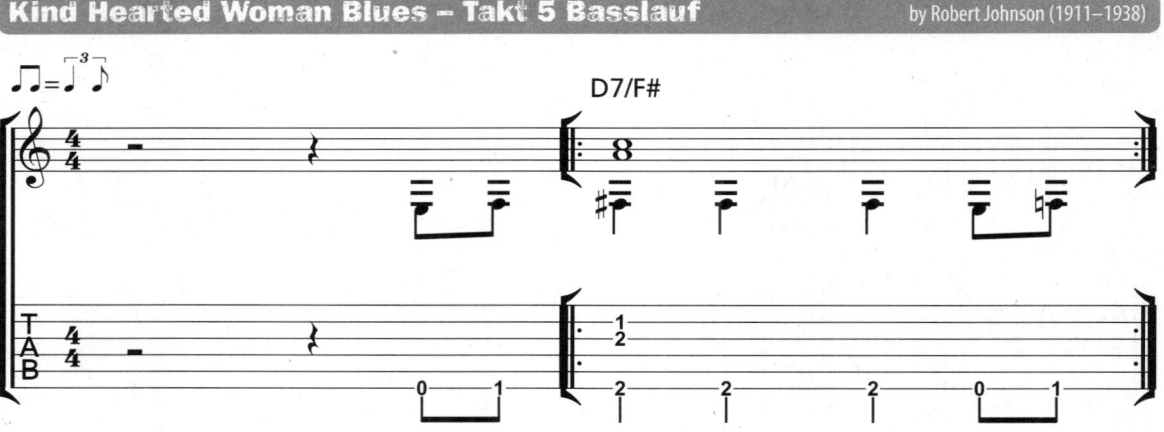

Tipp!

- *Du kannst den Ton am 1. Bund der E-Saite entweder mit dem Zeigefinger spielen (das geht aber nur, wenn du den Anschlag auf den hohen Saiten etwas später ausführst (siehe nächsten Abschnitt – rhythmische Variation Seite 23) oder mit dem Mittelfinger (dieser rutscht dann vom 1. zum 2. Bund). Wenn du den Basston mit dem Daumen greifst, kannst du den Ton am 1. Bund auch mit dem Daumen greifen und dann einen Bund höher rutschen.*

5. Weitere Bausteine mit dem Grundton D

Rhythmische Variation

Noch spannender klingt der D⁷-Teil, wenn wir den Anschlag der hohen Saiten verschieben, zum Beispiel auf die _Zählzeit_ ‚1und'.

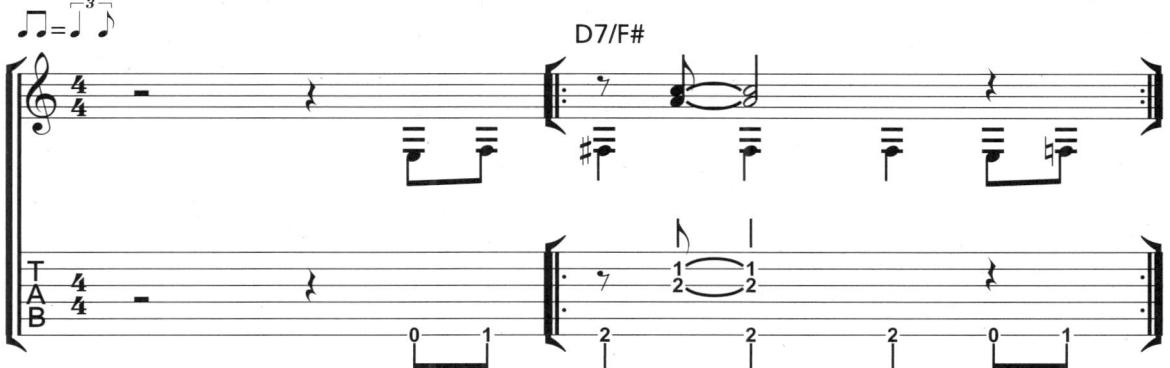

Kind Hearted Woman Blues – Takt 5 Variation — by Robert Johnson (1911–1938)

 **Aufgabe**

Probiere auch andere Zählzeiten für den Anschlag der hohen Saiten. Selbstverständlich kannst du auch mehr als einmal pro Takt anschlagen! Wie schon gesagt: „Deine Ohren und dein Geschmack entscheiden!"

Picking

Sehr interessant klingt es auch, wenn man die hohen Saiten nicht gleichzeitig anschlägt, sondern einzeln. Das ist auch die Variante, die **Robert Johnson** seinerzeit gewählt hat.

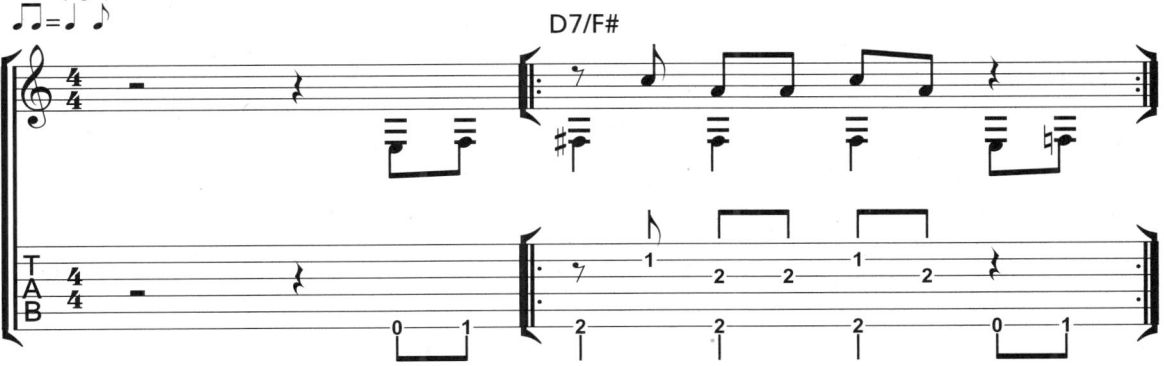

Kind Hearted Woman Blues – Takt 5 Picking — by Robert Johnson (1911–1938)

 **Tipp!**

- *Der durchgehende Baßton des Daumens hat absolute Priorität! Konzentriere dich darauf und füge einzelne mit den Fingern angeschlagene hohe Saiten hinzu. Wenn das jetzt noch nicht klappen will, bleibe erst mal beim gleichzeitigen Anschlagen.*

I. Steady Bass

Weitere Variationsmöglichkeiten

Weitere Variationsmöglichkeiten für den D7 zeige ich dir erst auf *Seite 34–35* – wenn wir eine komplette, gut klingende Basisversion spielen können. Es macht ja keinen Sinn, unzählige Variationen für eine bestimmte Stelle im Blues-Schema zu kennen, aber noch keinen kompletten Chorus mit amtlichen Bausteinen spielen zu können. Diese Vorgehensweise möchte ich dir grundsätzlich ans Herz legen!

Effektive Vorgehensweise, einen neuen Song zu lernen:

- zuerst die **Songform** verstehen (verschiedene Songteile wie *Intro, Verse, Chorus, Breaks, Solo* und *Ending* erkennen, Länge der einzelnen Teile (Takte zählen))
  → im Blues braucht man meist nur einen Chorus (meist 12-taktig), ein Intro und ein Ending,
- dann eine **einfache Version** für die wichtigen Songteile üben (also meist nur einen Chorus),
- **zur CD singen** üben (Text auswendig lernen),
- dann **zur einfachen Gitarrenversion singen**,
- dann die **restlichen Songteile** lernen, meist also nur ein *Intro* und ein *Ending*,
- dann erst nach und nach die kleinen **Schmankerln und Verzierungen** lernen, die den Song so richtig interessant machen,
- aus den interessantesten Variationen der einzelnen Takte kann man sich dann noch einen **interessanten Solo-Chorus** basteln (ein klassisches Solo mit einzelnen Tönen spielt man im akustischen Blues ja eher nicht, da man ja normalerweise keine Band hat, die begleitet).

6. Weitere Bausteine mit dem Grundton E

Den E7-Griff gestalten wir interessanter, indem wir ein anderes Anschlagsmuster wählen als zuvor.

Beachte, dass der *Daumen* weiterhin einen Viertelbass auf dem Grundton spielt und nur die Finger zusätzliche Töne anschlagen.

Zuerst schlagen wir auf den **drei Offbeats** (also den ‚und'-Zählzeiten) mit dem *Zeigefinger* die hohe E-Saite an:

Kind Hearted Woman Blues – Takt 9 Offbeats — by Robert Johnson (1911–1938)

Anmerkung: die letzten beiden Basstöne gehören zum Auftakt zum D7/F# in Takt 10.

6. Weitere Bausteine mit dem Grundton E

Als Nächstes wechseln wir den Ton auf dem mittleren Offbeat:

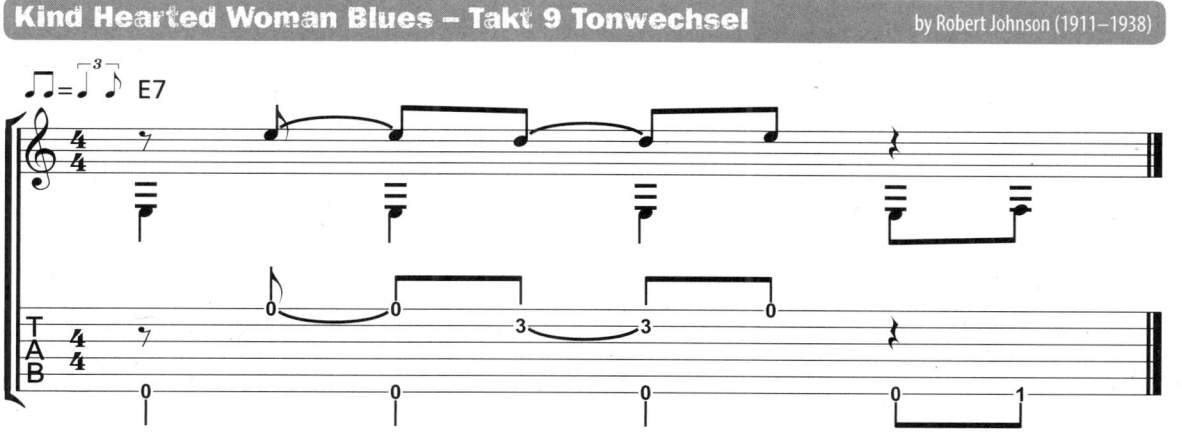

Und schließlich fügen wir noch einen *Hammer On* (H) von der kleinen zur großen Terz ein. Auch dieser Baustein hat einen Auftakt und beginnt eine Achtelnote früher auf der Zählzeit ‚4und' des vorangehenden Taktes.

Hammer On,
Diese Verzierung von der kleinen zur großen Terz ist eines der wichtigsten Merkmale des Blues. Instrumente, die auch Töne zwischen den vorgegebenen Halbtönen spielen können (Gesang, Gitarre, Bluesharp), ziehen auch

gerne die kleine Terz etwas höher, so dass die Blues-Terz, also ein Ton zwischen Moll- und Dur-Terz, erklingt.

Hammer On

- Beim **Hammer On** werden zwei Töne unterschiedlicher Tonhöhe mit nur einem Anschlag erzeugt.
  In den Noten wird das mit einem „H" über oder unter einem Bindebogen (Legatobogen) gekennzeichnet:

- Sollte das Hammer On noch nicht so gut klappen, kannst du das letzte Beispiel auch einfach ohne Hammer On spielen.

I. Steady Bass

7. DER Robert Johnson-Turnaround

In den letzten beiden Takten des Blues-Schemas spielen wir jetzt noch **DEN** Robert Johnson-*Turnaround*, und dann klingt unsere Begleitung schon richtig gut!

Der **Robert Johnson-Turnaround** setzt sich wieder aus zwei Teilen zusammen:

1. Der *Daumen* spielt einen Basslauf und
2. der *Zeigefinger* schlägt dazu den Grundton auf der hohen E-Saite an.

Wir beginnen mit dem **Basslauf**:

Turnaround,
ein Turnaround wird
in den letzten
zwei Takten des
Blues-Schemas gespielt
und ersetzt diese.
Mehr dazu in:
„Garantiert Bluesgitarre lernen", S. 47ff.

Tipp!

- *Die Basstöne werden alle mit dem Daumen angeschlagen.
Greife die Töne mit dem Ringfinger (5. Bund), Mittelfinger (4. Bund) und Zeigefinger (erst 3., dann 2. Bund). Den kleinen Finger brauchen wir nämlich gleich noch für etwas anderes!*

Als Nächstes greifen wir mit dem *kleinen Finger* den 5. Bund der hohen E-Saite. Diesen Ton schlagen wir ab der Zählzeit 2 jeweils mit dem Basston zusammen an. Den Rest des zweiten Taktes füllen wir mit dem E⁷-Picking, das wir schon gelernt haben (den Hammer On kann man gegebenenfalls auch weglassen):

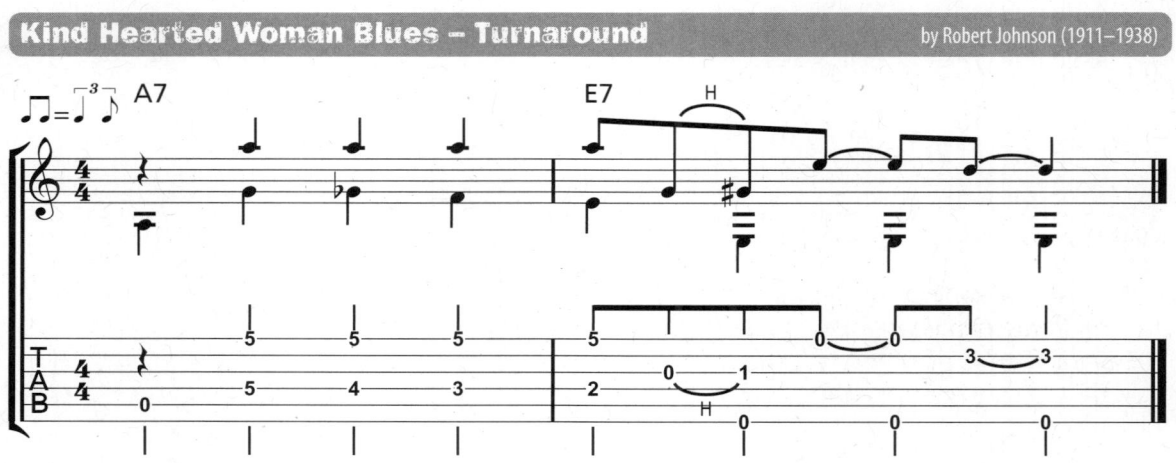

7. Der Robert Johnson-Turnaround

Jetzt peppen wir das Ganze noch etwas auf, indem wir den hohen Ton in **Achtelnoten** spielen (beginnend auf der Zählzeit ‚**1und**'):

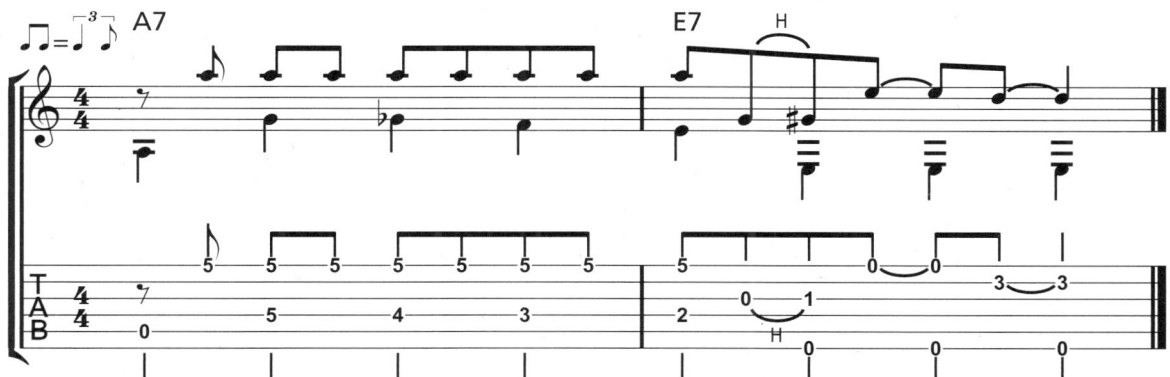

Alternativ kann man den hohen Ton auch in **Achteltriolen** spielen:

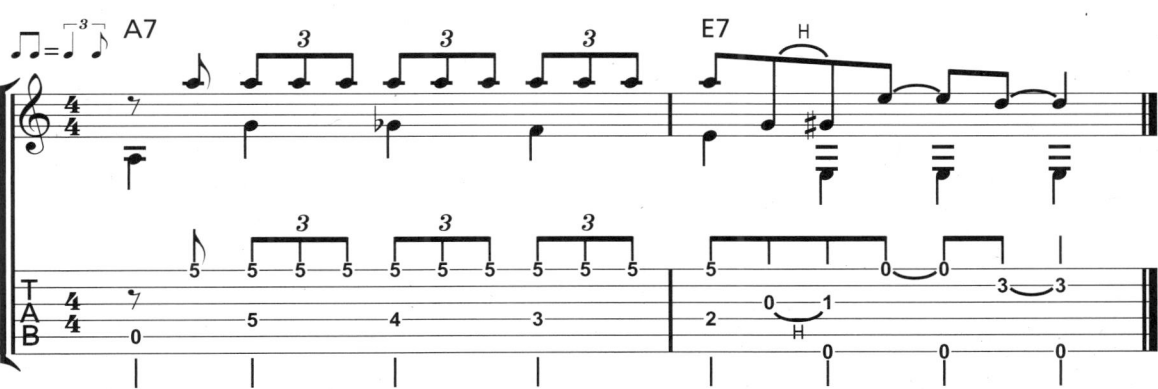

Natürlich kann man die Viertelnoten, Achtelnoten und Triolen auch miteinander mischen, um den Turnaround noch interessanter zu gestalten, bzw. um in jedem Durchgang eine andere Variation zu spielen.

Info!

- *Die Musik von Robert Johnson ohne diesen Turnaround? Undenkbar! Mit leichten rhythmischen Variationen versehen verwendet Johnson diesen Turnaround quasi in jedem seiner Songs, ob als Intro, als Turnaround oder als Ending (manchmal sogar mehreres davon). Wenn es einen **Robert Johnson-Signature Lick** gibt, dann ist es dieser Turnaround.*

I. Steady Bass

Intro,
Die sieben verschiedenen Arten von Blues-Intros stelle ich in „Garantiert Bluesgitarre lernen", S. 55 ausführlich vor.

8. Intro

Turnarounds kann man auch sehr gut als *Intro* verwenden. **Robert Johnson** hat viele seiner Songs mit einer Variation dieses Turnarounds angefangen (ein paar Absätze später zeige ich dir noch eine verlängerte Version dieses Intros, aber dazu fehlt uns jetzt noch ein Akkordgriff).

9. Endings

Dominante,
die Dominante ist ein Begriff aus der Harmonielehre.

Auch als **Ending** macht der Robert Johnson-Turnaround eine gute Figur, wir müssen ihn nur ganz leicht abwandeln, um auf dem Grundakkord A^7 zu landen, statt auf der *Dominante* E^7. Genau wie der Turnaround wird auch dieses Ending in den letzten zwei Takten des Blues-Schemas gespielt und ersetzt diese.

CD-Track 21

Sie wird auf dem 5. Ton einer Tonleiter gebildet (hier: E^7) und gilt als spannungsreichster Akkord, der das Bestreben hat, zum Akkord auf dem Grundton (Tonika, hier A^7) aufgelöst zu werden, vgl. auch S. 47ff „Wie Turnarounds funktionieren" in „Garantiert Bluesgitarre lernen".

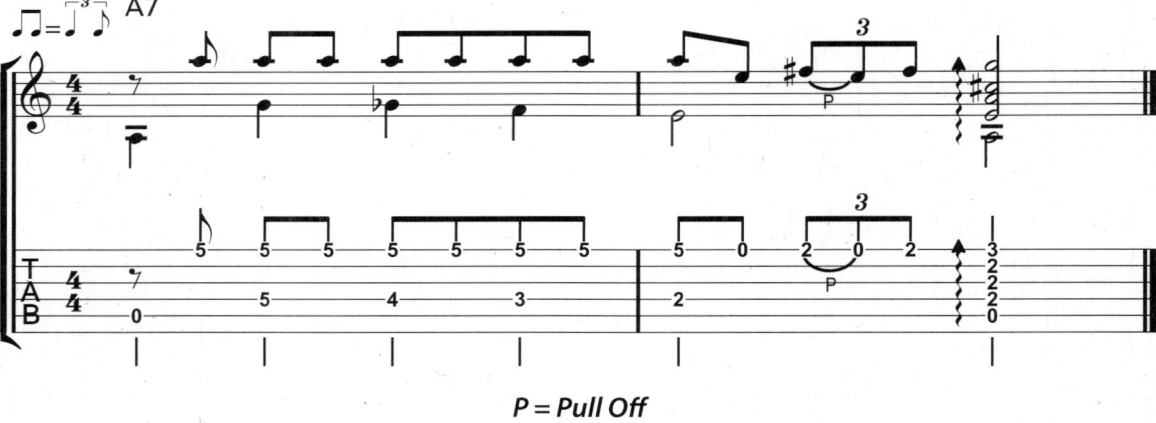

P = Pull Off

Hammer On,
vgl. S. 25

Pull Off

- Ein **Pull Off** ist in gewisser Weise die Umkehrung eines *Hammer Ons*. Auch hier werden zwei Töne unterschiedlicher Tonhöhe mit nur einem Anschlag erzeugt. Allerdings ist beim Pull Off der zweite Ton tiefer und wird durch seitliches Abziehen der Saite erzeugt, ohne sie neu anschlagen zu müssen.
  In den Noten wird das mit einem „P" über oder unter einem Bindebogen (Legatobogen) gekennzeichnet:

- Die Spieltechnik „Pull Off" erkläre ich ausführlich in **„Garantiert Bluesgitarre lernen"**, ab S. 106.

Du kannst den Ton natürlich auch ohne Pull Off spielen.

Aufgabe

Spiele einen ganzen 12-taktigen Blues in der Tonart A mit den bisher gezeigten Bausteinen:

- *Intro*
- *Chorus 1 mit Turnaround*
- *Chorus 2 mit Ending*

10. Weiterer Baustein für den Grundton A

10. Weiterer Baustein für den Grundton A

Hoher A⁷-Griff (D⁷-Typ)

Im Verlaufe von *Kind Hearted Woman* spielt **Robert Johnson** manchmal einen höher klingenden A⁷-Griff. Dadurch entsteht ein Spannungsaufbau, der den Song interessanter macht (das ist übrigens ein Trick, den er auch in anderen Songs verwendet).

> **Info!**
> - Es handelt sich um einen ganz ‚normalen' D⁷-Wandergitarren-Griff, den du wahrscheinlich schon kennst. Er wird 7 Bünde höher gerutscht, damit er zum A⁷ wird. Man muss jetzt natürlich auch die ungegriffene A-Saite als Basston spielen.

Der neue A⁷-Griff mit dem schon bekannten, einfachen Anschlagsmuster:

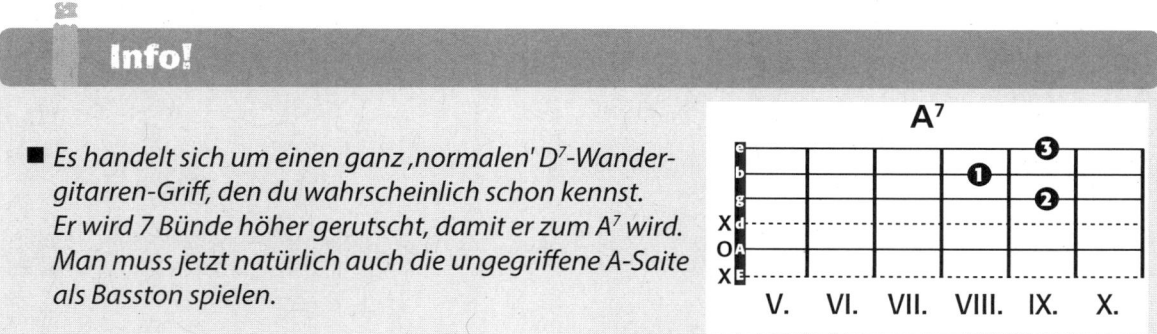

Hohen A⁷-Griff verschieben

Auch den neuen A⁷-Griff kann man wieder um einen Halbton verschieben. Ich erspare mir ausführliche Erläuterungen, da wir diese Technik vorhin schon mit dem anderen A⁷-Griff ausführlich geübt haben. Den letzten A⁷-Griff ziehe ich wieder um eine Achtelnote vor und auf der Zählzeit ‚4' des vierten Taktes spielen wir wieder den Basslauf, der uns zum D⁷/F# führt.

Griff verschieben, vgl. S. 21/22

I. Steady Bass

Intro (hohen A⁷-Griff verschieben)

Auch im Intro kann man diesen neuen A⁷-Griff sehr schön einsetzen. Dazu verlängern wir das Intro auf 4 Takte und spielen vor dem Turnaround erst den neuen A⁷-Griff und verschieben diesen dann zweimal um jeweils einen Halbton nach unten.

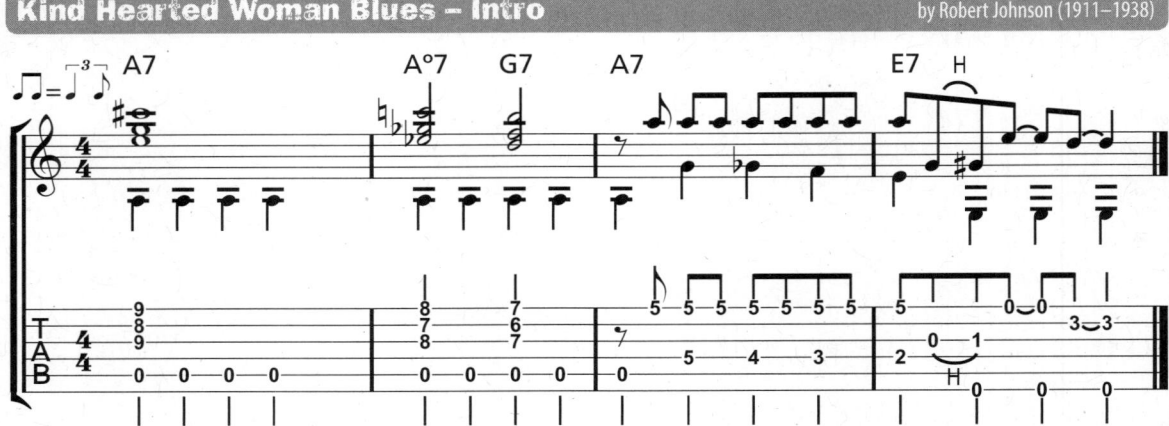

Kind Hearted Woman Blues – Intro — by Robert Johnson (1911–1938)

Tipp!

- Der verschobene Akkord klingt recht schräg, aber diese Spannung ist natürlich so gewollt. Sie löst sich zu Beginn des Turnarounds auf, und steigert sich dann noch einmal bis zum Ende des Turnarounds.
  ➡ Spannung und Entspannung (Konsonanz und Dissonanz) ist eines der Grundprinzipien der Musik. Ohne Spannung wäre Musik langweilig!

Kind Hearted Woman Blues

Kind Hearted Woman Blues – Komplett

Und jetzt spielen wir den Robert Johnson-Klassiker mal komplett durch, und zwar mit folgendem Aufbau:

- Intro
- Chorus 1 (tiefer A^7-Griff) mit Turnaround
- Chorus 2 (hoher A^7-Griff)
- Ending (anstelle des dem Turnaround von Chorus 2)

Tipp!

- *Wenn du diesen Song jemandem vorspielst, spielst du natürlich mehr als 2 Chorusse. Am besten hebst du dir die Steigerung mit dem hohen A^7-Griff für den 3. oder 4. Chorus auf. Vielleicht gehst du danach noch einmal zum tiefen A^7-Griff. Du kannst die einzelnen Bausteine rhythmisch etwas variieren, um noch mehr Abwechslung in deinen Vortrag zu bringen.*
  Probiere doch auch einmal aus, andere Songs mit diesen Bausteinen zu begleiten. Dazu singst du einen anderen Text und eine andere Melodie, spielst aber dieselben Gitarren-Parts. Voilà: Anderer Song, gleicher Stil! Robert Johnson hat seine Songs vermutlich auch des öfteren anders gespielt. Er hatte bestimmte Bausteine für bestimmte Stimmungen (Standard, Open A, Open E, Dropped D, Open Dm) und Tonarten (meist E oder A, D im Dropped D-Tuning und Dm im Open Dm-Tuning).
  *Das kannst du dir sehr schön beim ‚**Phonograph Blues**' anhören: Die beiden Takes hat er mit komplett unterschiedlichen Bausteinen gespielt – vielleicht weil ihm der Aufnahmeleiter zugerufen hat, dass ihn der Song nicht vom Hocker reißen würde ... Jedenfalls hat Johnson den Song beim zweiten Take komplett anders gespielt!*

Bluesrepertoire aufbauen, vgl. S. 130

Open Tunings sind Thema meines nächsten Buchs ‚Garantiert Bluesgitarre lernen – Open Tunings & Bottleneck / Slide'.

Info!

*Es macht keinen Sinn, Robert Johnson-Songs wie klassische Musik Note für Note auswendig zu lernen. Das widerspräche völlig dem Geist dieser Musik! Wenn man sich alle Songs von Johnson einmal durchhört, fällt auf, dass bestimmte Elemente (Intros, Grooves, Riffs, Fills) immer wieder auftauchen. Wenn man aber die zwei verschiedenen Aufnahmen desselben Songs durchhört, sind diese nicht identisch! Johnson hatte nämlich für jede Gitarrenstimmung und Tonart einen Pool von Bausteinen, und innerhalb eines Songs jonglierte er mit den Bausteinen der entsprechenden Stimmung willkürlich. Beim ‚**Phonograph Blues**' sind die beiden Takes sogar komplett verschieden: Johnson hat einfach denselben Text über eine komplett andere Begleitung gesungen ...*

Noch mal in anderen Worten: Jeder Song hat einen bestimmten Rahmen, der bedingt ist durch:
- *das verwendete Gitarren-Tuning (Johnson verwendete die Stimmungen Standard, Dropped D, Spanish (Open A bzw. Open G), Vestapol (Open E bzw. Open D) und bei einem Song sogar das von **Skip James** inspirierte Crossnote-Tuning (Open Em bzw. Open Dm),*
- *die Tonart (in der Standard-Stimmung meist E oder A) und*
- *die Spieltechnik (mit oder ohne Bottleneck).*

Und innerhalb dieses vorgegebenen Rahmens „jonglierte" Johnson frei mit den entsprechenden Bausteinen. Dasselbe gilt auch für die meisten anderen akustischen Bluesmusiker.

Bottleneck/Slide, vgl. Glossar, S. 210

I. Steady Bass

Kind Hearted Woman Blues

by Robert Johnson (1911–1938)
Bearbeitung: Andi Saitenhieb

Kind Hearted Woman Blues

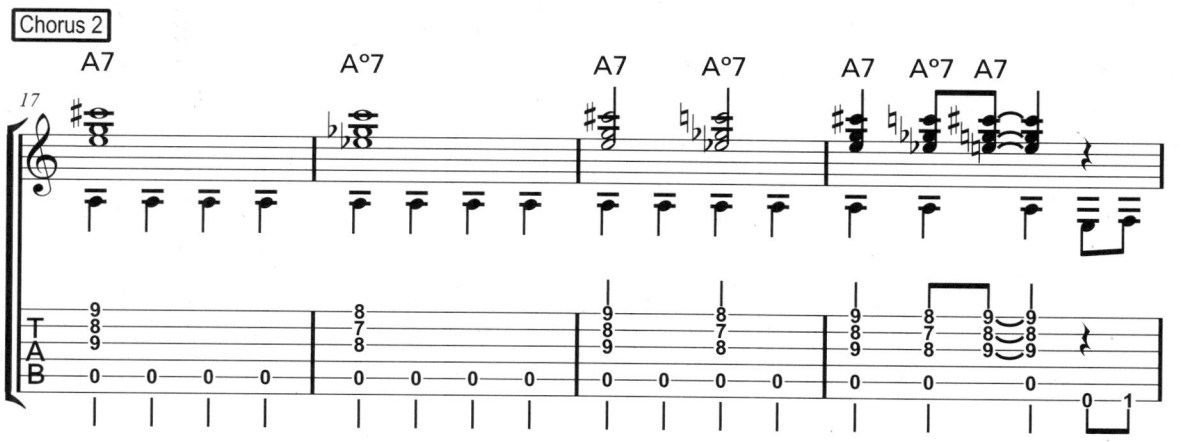
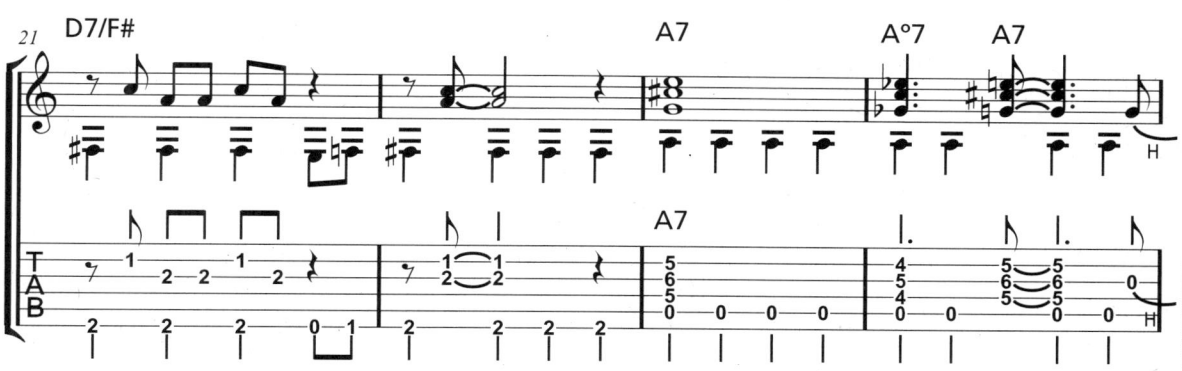
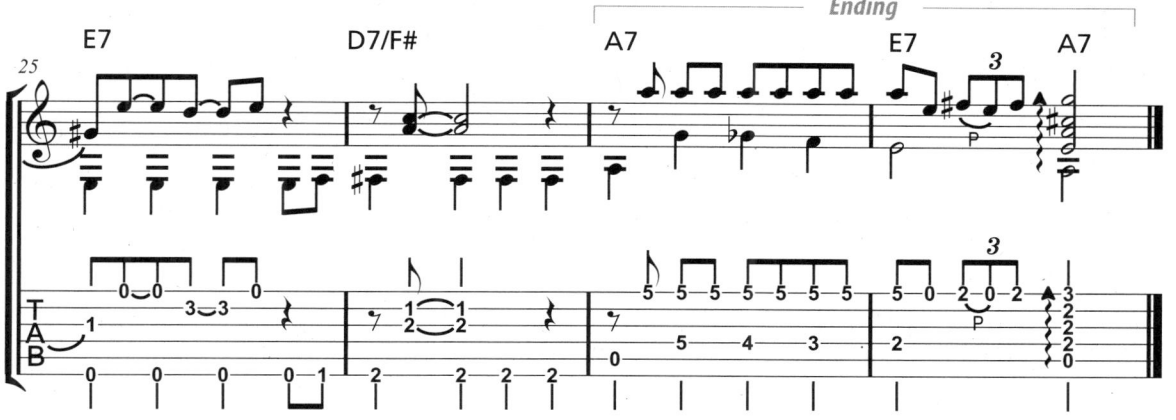

© Copyright 2014 by Alfred Music Publishing GmbH, Köln

I. Steady Bass

11. Weitere Variationsmöglichkeiten für den D⁷

Wie wir bereits bei dem Hammer On in dem E-Pattern, beim Verschieben des A⁷-Griffs und bei dem Basslauf zum D⁷ kennengelernt haben, muss ein Akkordgriff nicht statisch sein. Es ist viel interessanter, wenn man noch etwas Bewegung in die Akkordgriffe bringt. In diesem Abschnitt zeige ich noch ein paar Variationsmöglichkeiten für den D⁷-Griff.

Durch Abheben des *Zeigefingers* von der B-Saite kann man die ungegriffene B-Saite spielen und so kleine Melodien erzeugen:

Hier ist eine weitere Idee:

Mit dem *kleinen Finger* oder dem *Ringfinger* kann man den Ton auf dem 3. Bund der B-Saite spielen und hat so noch einen Melodieton mehr zur Verfügung:

11. Weitere Variationsmöglichkeiten für D⁷

Und jetzt mit beiden neuen Tönen:

D⁷-Variation 4

Wenn man jetzt noch Verzierungstechniken einbaut, werden die gespielten Melodien noch ausdrucksstärker. Man kann z. B. die Töne am 1. Bund und am 3. Bund der B-Saite aufhämmern oder vom 3. und vom 1. Bund abziehen. In den 2. Bund der D-Saite kann man reinrutschen. Hier sind ein paar Ideen:

D⁷-Variation 5 – Verzierungstechniken

Beim folgenden Beispiel habe ich die Basstöne auf den Zählzeiten ‚2' und ‚3' weggelassen, um den Fill noch stärker hervorzuheben. Ein netter Nebeneffekt davon ist, dass der Fill ohne die beiden Töne leichter zu spielen ist.

D⁷-Variation 6 – Verzierungstechniken

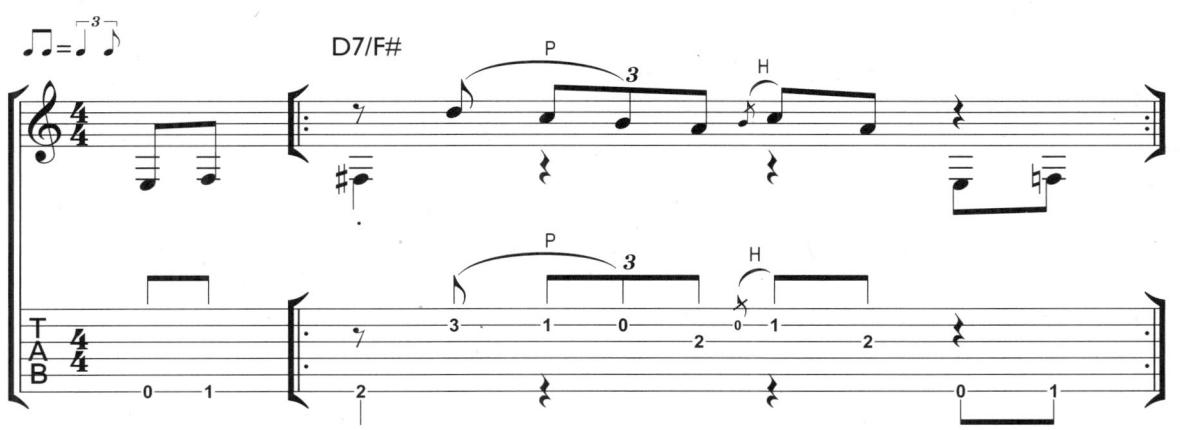

I. Steady Bass

Im Kapitel ‚Wechselbass' im Abschnitt „Delta Blues im Stile von Steve James", vgl. Seite 68ff., gibt es weitere coole Bausteine für A und D, die man auch mit Steady Bass spielen kann.

Aufgabe

Erfinde weitere Fills mit den neuen Tönen. Baue auch ein paar Verzierungstechniken ein.

12. Achttaktiges Blues-Schema in E

Neben dem 12-taktigen Blues-Schema gibt es noch ein paar andere weit verbreitete Schemata. Zuerst schauen wir uns das **8-taktige Schema** an, dieses Mal in der **Tonart E**, so wie es z.B. in ‚Key to the Highway' verwendet wird.

Info!

Das 8-taktige Blues-Schema in der Tonart E sieht folgendermaßen aus:

E	B	A	A
E	B	E	B

Turnaround, vgl. S. 26
Weitere Blues-Schemata, vgl. Anhang, S. 170–172

In den letzten beiden Takten der zweiten Zeile wird oft ein <u>Turnaround</u> *gespielt. Es gibt noch weitere weit verbreitete 8-taktige* <u>Blues-Schemata</u>, *vgl. S 170-172 und „Garantiert Bluesgitarre lernen", S. 184–190.*

Aufgabe

Spiele wie beim vorherigen Song auch die Akkordfolge erst mal nur mit Steady Bass. Nimm dazu den Grundton des jeweiligen Akkordes und spiele ihn in Viertelnoten, wenn möglich mit leichtem Handballen-Dämpfen. Die Grundtöne A und E sind mittlerweile bekannt (ungegriffene Saiten), den Ton B *findest du am 2. Bund der A-Saite.*

B vs H, vgl. S. 10

13. Bausteine mit Grundton B

Im 2. und 6. Takt des Blues-Schemas setzen wir jetzt jeweils folgenden Baustein mit dem Grundton B ein. Der *Daumen* schlägt den Baßton in durchgehenden Viertelnoten an, die Finger spielen auf den beiden hohen Saiten eine Melodie.

Baustein – B-Pattern

36 — Garantiert Akustik Bluesgitarre lernen

13. Bausteine mit Grundton B

Tipp!

Am besten greift man in diesem Takt einen kompletten B⁷-Akkord. Das hat den Vorteil, dass man auch mal etwas fester anschlagen kann und es trotzdem gut klingt, wenn man mehr als eine Saite erwischt. Die Melodie wird nur mit dem kleinen Finger gespielt.

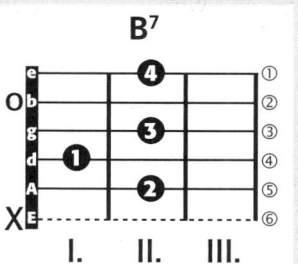

Noch besser klingt es, wenn wir das B-Pattern mit einem Basslauf verzieren. Wir spielen hier denselben Basslauf wie vorhin beim D-Pattern bei *‚Kind Hearted Woman Blues'*:

Wir nähern uns dem Basston mit zwei Achtelnoten in Halbtönen von unten an. Diese beiden Töne bilden wieder einen Auftakt, werden also schon im vorhergehenden Takt auf den Zählzeiten **‚4'** und **‚4und'** gespielt.

Den Melodieton am 3. Bund der B-Saite verzieren wir mit einem kleinen *Bending*.

Baustein – B-Pattern mit Bending

Beim Bending wird die Saite mit der Greifhand quer zum Griffbrett gezogen, so dass sich die Saitenspannung verändert und der Ton um einen Viertel-, Halb- oder Ganzton höher klingt.

Bending

*Beim **Bending** wird die Saite mit der Greifhand quer zum Griffbrett gezogen, so dass sich die Saitenspannung verändert und der Ton um einen Viertel-, Halb- oder Ganzton höher klingt. Üblicherweise zieht man einen Viertelton („**Blues-Bend**" oder „**Smear-Bend**"), einen Halbton oder einen Ganzton. Man kann aber auch noch größere Intervalle durch Bending erreichen, das Limit ist die eigene Kraft oder das Reißen der Saite. Man kann Töne durch Bending nur erhöhen. Allerdings gibt es einen Trick, um den Sound eines Bendings nach unten zu erzeugen: Saite erst ziehen, dann anschlagen und den Ton wieder zum ungezogenen Ton herunterlassen.*

Für unser „B-Pattern mit Bending" bedeutet das konkret:
*Der im 3. Bund auf der B-Saite gegriffene Ton (kleine Terz) wird leicht zu den tiefen Saiten hin gezogen, um den Ton etwas zu erhöhen (**Blues-Bend** bzw. **Smear-Bend**). Es ist KEIN Halbton-Bend bis zur Tonhöhe des im 4. Bund (große Terz) gegriffenen Tones! Der gezogene Ton liegt **zwischen** der kleinen und der großen Terz. Diesen Ton nennt man auch die **Blues-Terz**. Das Herunterlassen des Tones hört man nicht. Man zieht den Ton hoch, stoppt ihn ab und spielt den nächsten Ton. Die Blues-Terz hat keine bestimmte Tonhöhe, sondern ist ein Ton, der in Bewegung ist. Höre dir das Beispiel auf der CD an, das sagt mehr als 1000 Worte!*

I. Steady Bass

14. Bausteine mit Grundton A

Diesen kleinen Fill greift man am besten mit einem *Zeigefinger-Barré* am 2. Bund. Der *Mittel-* oder *Ringfinger* greift den Ton am 3. Bund.

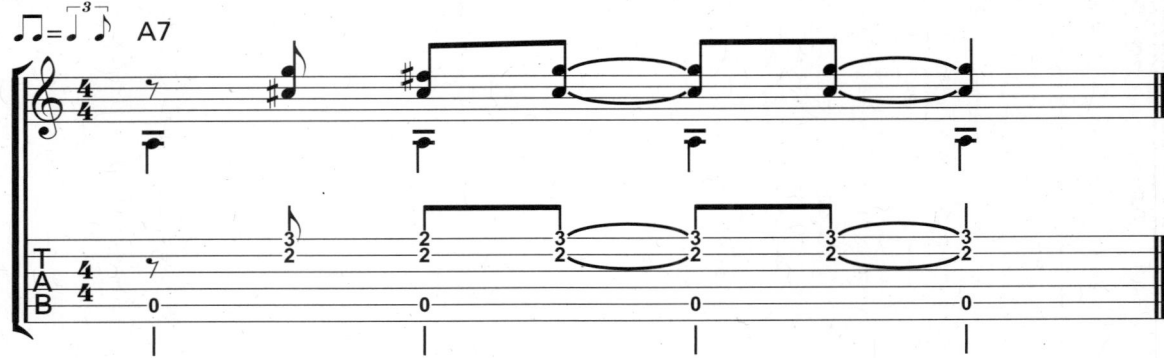

Und hier noch eine rhythmische Variation:

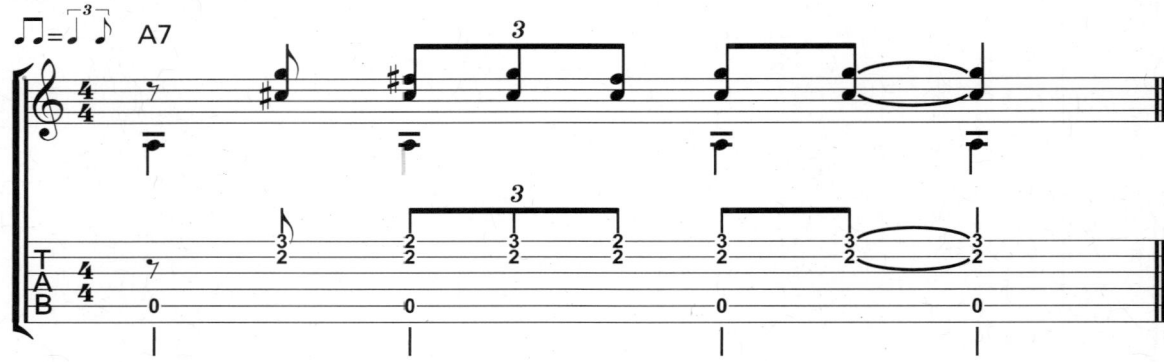

Jetzt fassen wir die beiden Takte zu einem 2-taktigen Pattern zusammen und fügen noch einen Baston mit <u>Blues-Bend</u> ein. Diese Mini-Bass-Fills werden von vielen Akustik-Bluesgitarristen gespielt, z. B. der großartige <u>Scrapper Blackwell</u> spielt sie ständig.

Blues-Bend, vgl. S. 37

Man kann den zusätzlichen Baston am 3. Bund als (geshuffelte) Achtelnote auf der Zählzeit ,**4und**' spielen ...

Scrapper Blackwell, *Höre dir unbedingt ,Nobody Knows You When You're Down And Out' von ihm an.*

15. Turnarounds in E

... oder als Viertelnote auf der Zählzeit ‚4':

Baustein – A⁷-Fill mit Basston auf der ‚4'

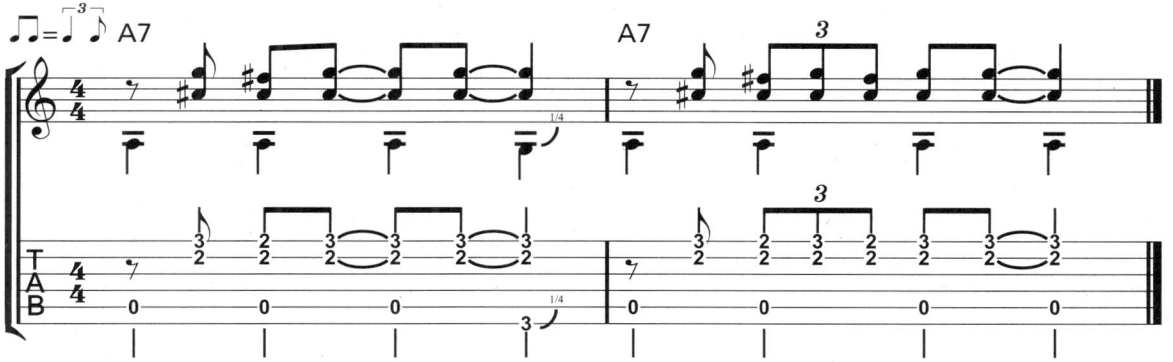

15. Turnarounds in E

Wir spielen jetzt denselben Turnaround wie beim ‚*Kind Hearted Woman Blues*', aber vorher müssen wir ihn natürlich in die Tonart E übertragen. Das ist nicht schwer, wir spielen einfach mehr oder weniger alles eine Saite tiefer – natürlich mit den Griffen der neuen Tonart:

DER Robert Johnson-Turnaround in E

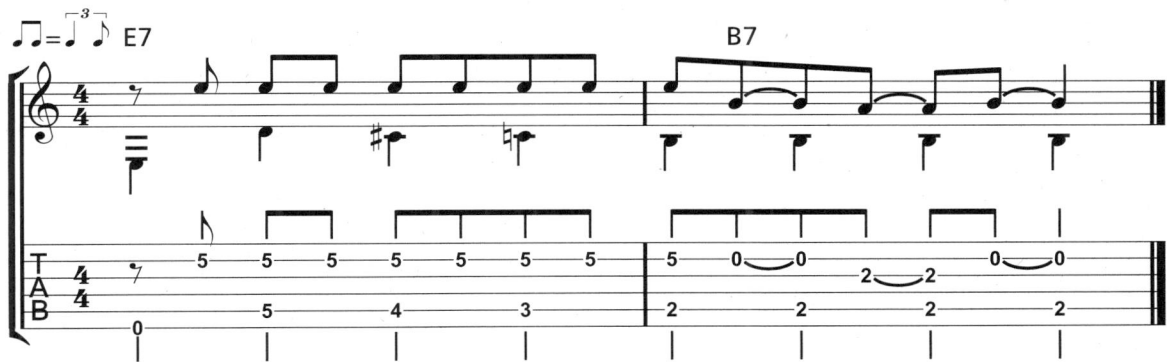

Highway to the Red River Blues

‚*Highway to the Red River Blues*' basiert auf der Akkordfolge von ‚*Key to the Highway*', einem der bekanntesten und meistgespielten Blues-Standards überhaupt.
Mit derselben Akkordfolge (und einer sehr ähnlichen Melodie) werden auch andere Standards wie ‚*Red River Blues*' und ‚*Crow Jane*' gespielt.
Fälschlicherweise wird ‚*Key to the Highway*' oft **Big Bill Broonzy** zugeschrieben, aber er selbst erzählt auf seiner (großartigen!) CD ‚*The Big Bill Broonzy Story*', dass er den Song schon in seiner Kindheit gelernt hat.

E-Baustein

Wir spielen für E denselben Baustein, den wir schon in ‚*Kind Hearted Woman Blues*' kennengelernt haben, nämlich den hohen A⁷-Griff. Er wird nur ein paar Bünde nach unten verschoben auf den Grundton E. Natürlich schlagen wir mit dem *Daumen* jetzt auch die tiefe E-Saite als Basston an.

I. Steady Bass

Highway To The Red River Blues
by Andi Saitenhieb

CD-Track 39

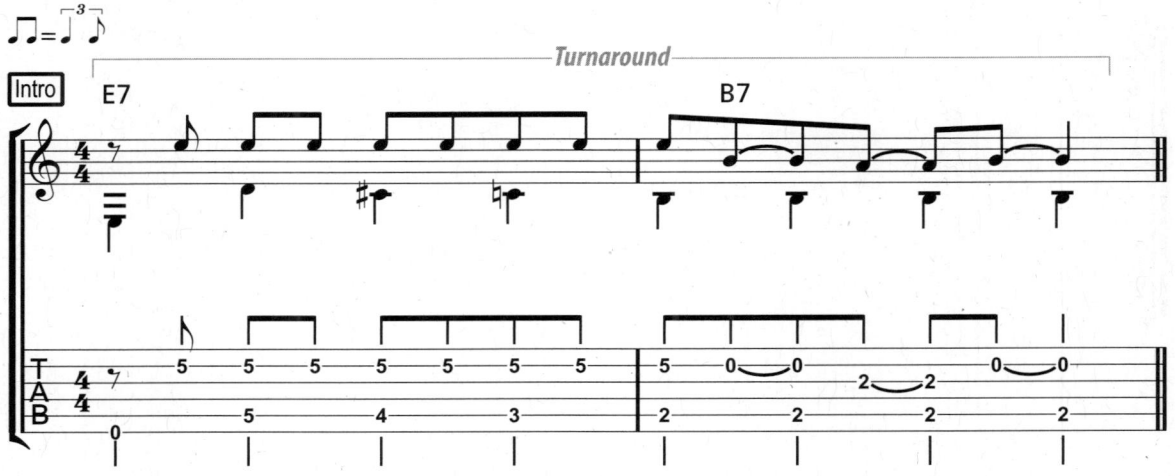

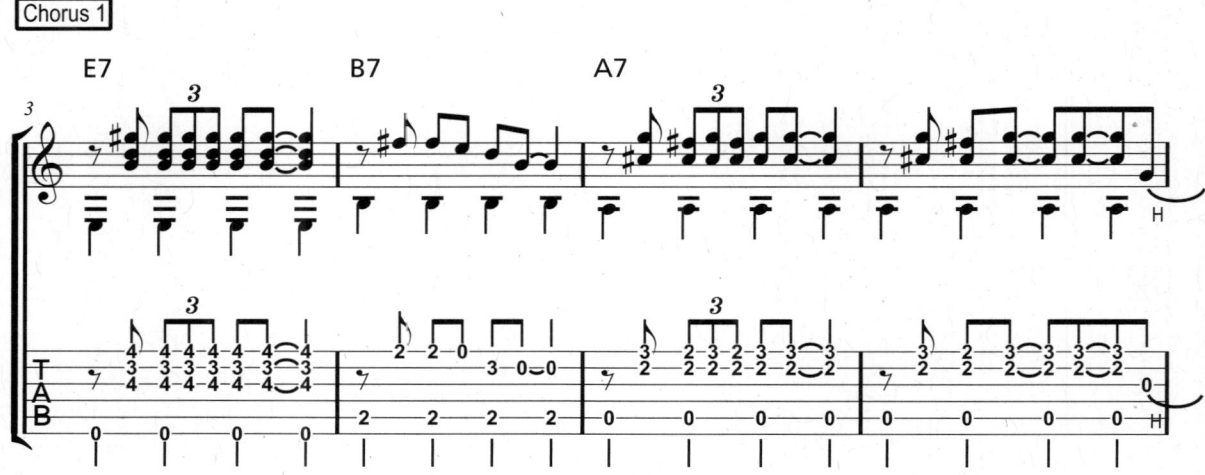

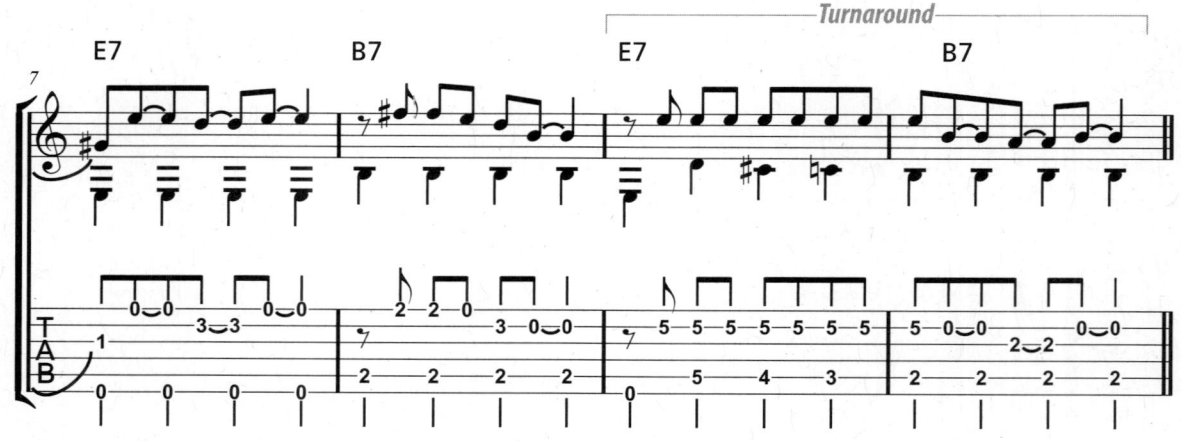

Garantiert Akustik Bluesgitarre lernen

Highway to the Red River Blues

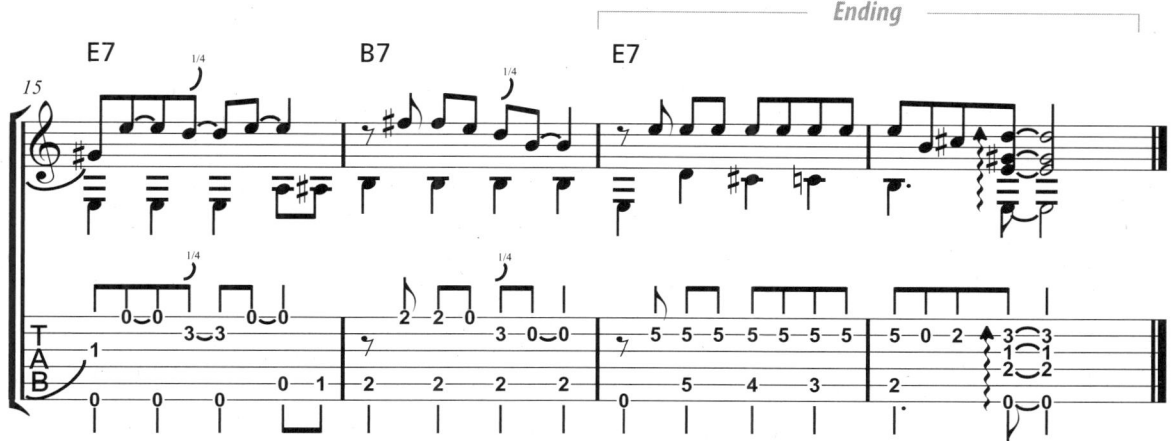

© Copyright 2014 by Alfred Music Publishing GmbH, Köln

Aufgabe

Spiele einen **12-taktigen Blues** in der **Tonart E** mit den neuen Patterns.

E	E	E	E	oder Quick Change: E	A	E	E
A	A	E	E	A	A	E	E
B	A	E	E	B	A	E	E

In den letzten zwei Takten kannst du einen Turnaround deiner Wahl einbauen, z. B. den Robert Johnson-Turnaround.

II. Der Standard Blues-Riff

Kapitelübersicht

II. Der Standard Blues-Riff („Boogie-Riff") 42
   1. Der Standard Blues-Riff („Boogie-Riff") mit Variationen 42
   2. Harmonisierter Standard-Riff (Sexten) mit Variationen 44
   3. Fill für die Gesangspausen 48
   4. Der Delta B^7-Akkord 49
   5. Der Train Whistle-Lick 50
   6. Intro 50
   7. Ending 51
   8. Turnaround-Alternative 51
       ■ *Sweet Home Chicago* 52
   9. Der Standard-Riff in allen Tonarten 53
  10. Der harmonisierte Boogie-Shuffle in allen Tonarten 54
  11. Fill mit Hammer On in den harmonisierten Boogie-Shuffle einbauen – Grundton A & D .. 55
  12. Aus dem harmonisierten Boogie-Shuffle abgeleitete Turnarounds 57
  13. Aufgang zur IV. Stufe 59

Höre dir zur Einstimmung ein paar Songs zu dieser Spielweise an.

Diskographie	Anmerkungen
■ **Sweet Home Chicago – Robert Johnson** auf: „The Centennial Collection"	Der Gitarren-Part bei beiden Songs ist mehr oder weniger identisch. *Siehe auch den Info-Kasten auf Seite 31.*
■ **When You Got A Good Friend, Robert Johnson** auf: „The Centennial Collection"	
■ **Before You Accuse – Eric Clapton** auf: „Unplugged"	

Standard Blues-Riff. Schon in „Garantiert Bluesgitarre lernen" habe ich auf den Seiten 76–81 zahlreiche leicht spielbare Variationen vorgestellt.

1. Der Standard Blues-Riff („Boogie-Riff")

Der sogenannte Boogie-Shuffle ist eine unverzichtbare Art, den Blues zu begleiten, und dürfte wohl der meistgespielte Gitarrenriff überhaupt sein, auch unabhängig vom Blues. Deshalb nenne ich die Basisversion auch den *Standard Blues-Riff*. Man kann gar nicht genug Variationen kennen, denn man will sich ja schließlich nicht alle paar Songs wiederholen müssen ...

Wir gehen von der einfachsten Basisversion aus:

CD-Track 40

Der „Boogie-Riff" in E

Garantiert Akustik Bluesgitarre lernen

1. Der Standard Blues-Riff („Boogie-Riff")

> **Info!**
>
> *Zwar wurde dieser Boogie-Riff vorher schon von anderen Gitarristen aufgenommen (u. a. 1935 von **Johnny Temple** bei seinem ‚Lead Pencil Blues'), aber **Robert Johnson** war der Erste, der diesen Boogie-Riff als durchgehende Begleitung nutzte.*

Wenn man denselben Riff um eine Saite verschoben spielt, erhält man den Riff der IV. Stufe (Grundton A).

Der „Boogie-Riff' in A

Die folgende selten gespielte Variation des Boogie-Riffs habe ich sowohl bei **Johnny Temples** ‚Lead Pencil Blues' als auch bei **Robert Johnsons** ‚Ramblin´ On My Mind' entdeckt.

Der „Boogie-Riff' in E – Variation 1

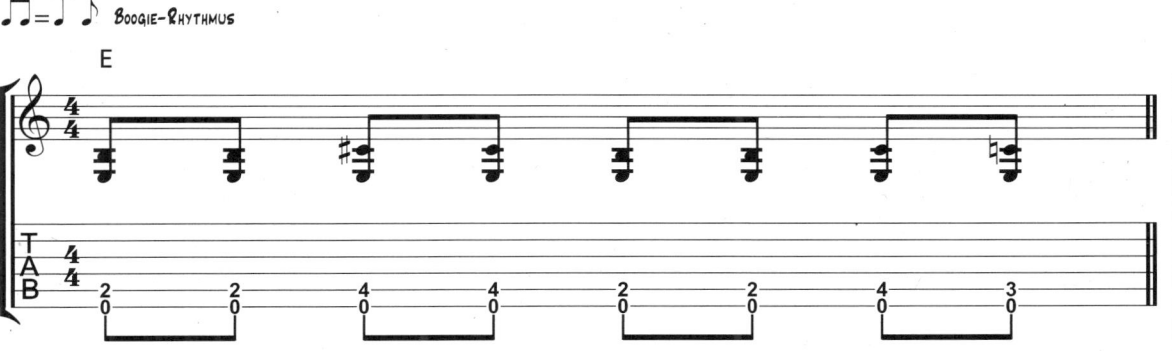

*Wenn du möglichst schnell den Klassiker ‚**Sweet Home Chicago**' lernen möchtest, kannst du die folgenden Variationen erst mal auslassen und gleich zum Abschnitt „**Fill für die Gesangspausen**" auf Seite 48 unten vorblättern.*

Und noch eine weitere typische Variation des Boogie-Patterns, die Johnson bei ‚<u>Sweet Home Chicago</u>' verwendet:

Der „Boogie-Riff' in E – Variation 2

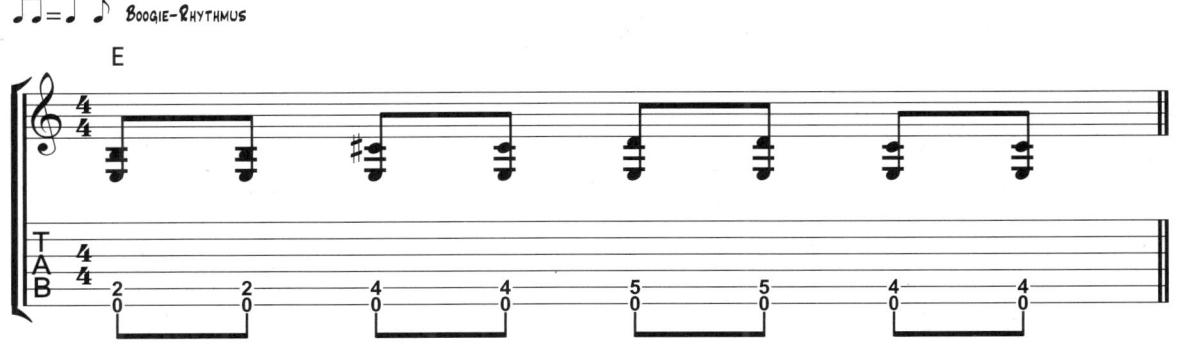

II. Der Standard Blues-Riff

2. Harmonisierter Standard-Riff (Sexten)

Wenn man den Standard Blues-Riff noch etwas voller klingen lassen möchte, kann man jeweils einen weiteren Ton auf der G-Saite mit anschlagen. Gerade wenn man ohne Band auf einer Akustikgitarre spielt, ist das sehr reizvoll.

Wir brauchen dazu folgende Griffe:

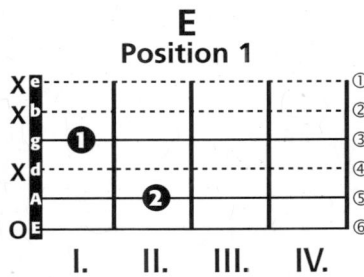
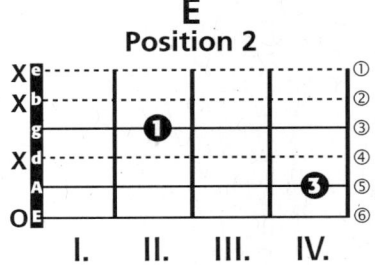

Harmonisierter Boogie-Riff – Pattern E mit 2 Positionen

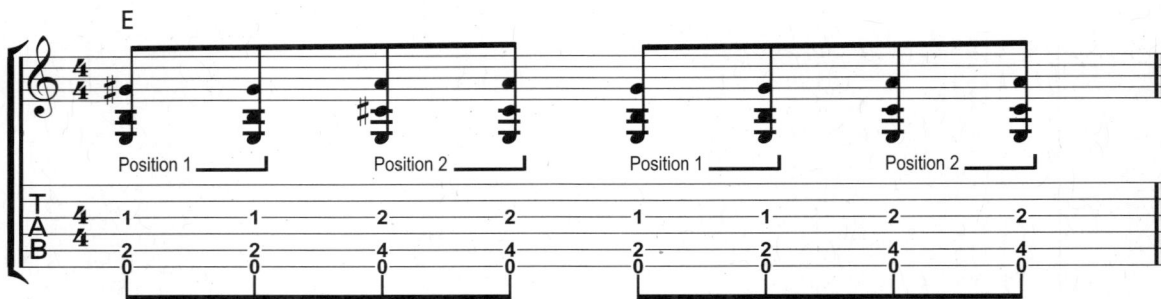

Tipp!

- *Der Zeigefinger ist dein Führungsfinger. Er bleibt auf der G-Saite und rutscht nur einen Bund höher beziehungsweise beim Rückweg wieder einen Bund tiefer. Die D-Saite wird mit dem Finger, der jeweils auf der A-Saite greift, abgestoppt. Die B- und die hohe E-Saite dürfen mitklingen.*

- *Anschlag:*
  Du kannst entweder nur Abschläge mit dem Daumen machen oder die beiden tiefsten Saiten mit dem Daumen anschlagen und die G-Saite mit dem Zeigefinger aufwärts zupfen. Keine der beiden Möglichkeiten ist richtiger, das Klangergebnis ist ein anderes. Was gefällt dir besser?

Info!

1. Die beiden Töne auf der A-Saite sind die Quinte B und die Sexte C# vom Grundton E aus gesehen.
2. Die beiden hohen Töne sind vom Grundton E aus die Terz G# und die Quarte A.
3. Den zweiten Griff kann man auch als A-Akkord interpretieren:
   Grundton A, große Terz C# und die Quinte E im Bass.
4. Wir spielen hier auf der A- und G-Saite kleine und große Sexten. Welche Töne wir spielen, richtet sich nach der zugrunde liegenden Tonleiter. Zum E^7 gehört die sogenannte mixolydische Tonleiter. Das ist eine Dur-Tonleiter mit kleiner Septime. Das muss man aber nicht unbedingt wissen, man kann die passenden Töne auch nach Gehör finden. ☺

Garantiert Akustik Bluesgitarre lernen

2. Harmonisierter Standard-Riff

Als Variation könnte man auf den ‚und'-Zählzeiten nur den Basston anschlagen. Dadurch wird das *Shuffle-Feeling* etwas subtiler.

Harmonisierter Boogie-Riff – Pattern E mit 2 Positionen (Variation)

CD-Track 45

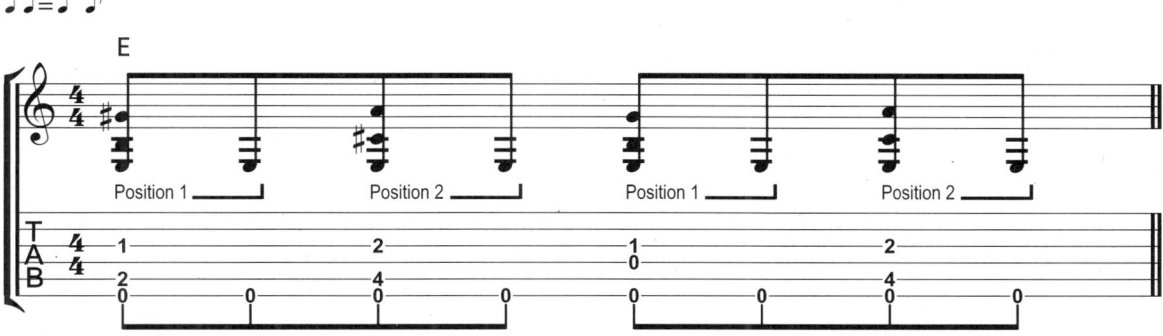

Du könntest auf den ‚und'-Zählzeiten jeweils auch nur die G-Saite anschlagen (natürlich mit den entsprechenden gegriffenen Tönen am 1. bzw. 2. Bund).

Beim *einfachen Boogie-Shuffle* hatten wir schon die Möglichkeit kennengelernt, die Septime zu verwenden. Das kann man natürlich auch wieder beim harmonisierten Boogie-Shuffle einsetzen! Hier ist der dritte Griff. Es ist derselbe Griff wie der erste, nur drei Bünde höher geschoben:

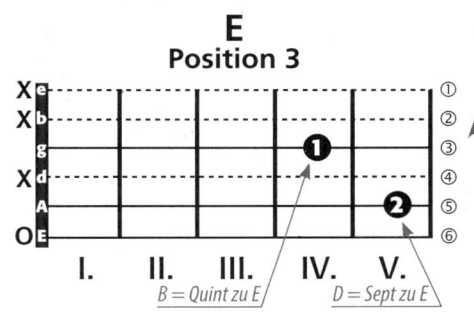

„Einfacher Boogie-Shuffle mit Sept", vgl. CD-Track 43, Seite 43.

Unsere neue Begleitung sieht in ihrer einfachsten Form dann so aus:

Harmonisierter Boogie-Riff – Pattern E mit 3 Positionen

CD-Track 46

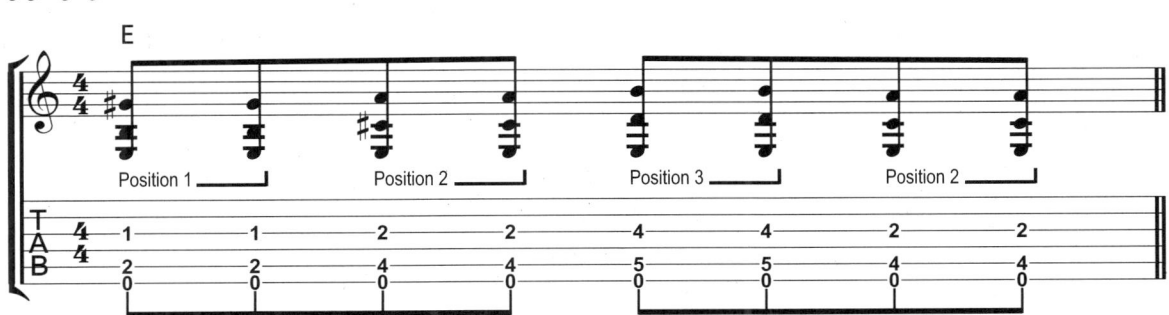

Tipp!

- Der **Zeigefinger** ist dein Führungsfinger. Er bleibt auf der G-Saite und rutscht erst einen Bund höher und dann noch mal zwei Bünde höher.
  Manche Gitarristen greifen Position 3 des E-Griffs auch mit dem Mittel- und dem Ringfinger. Dann ist beim Wechsel von Position 1 zu Position 2 der Zeigefinger dein Führungsfinger und beim Wechsel von Position 2 zu Position 3 führt der **Ringfinger**, der auf der A-Saite einen Bund höher rutscht.

II. Der Standard Blues-Riff

Variationen mit Grundton A

Diesen harmonisierten Boogie können wir auch mit dem Grundton A spielen. Zuerst wieder die Griffe der **Positionen 1 und 2** mit dem Grundton A:

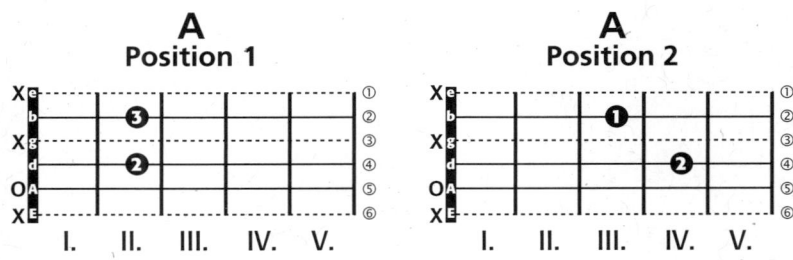

Tipp!

- Achte wieder auf den Fingersatz: Dieses Mal ist der **Mittelfinger** der Führungsfinger, der auf seiner Saite entlang rutscht.

Harmonisierter Boogie-Riff – Pattern A mit 2 Positionen

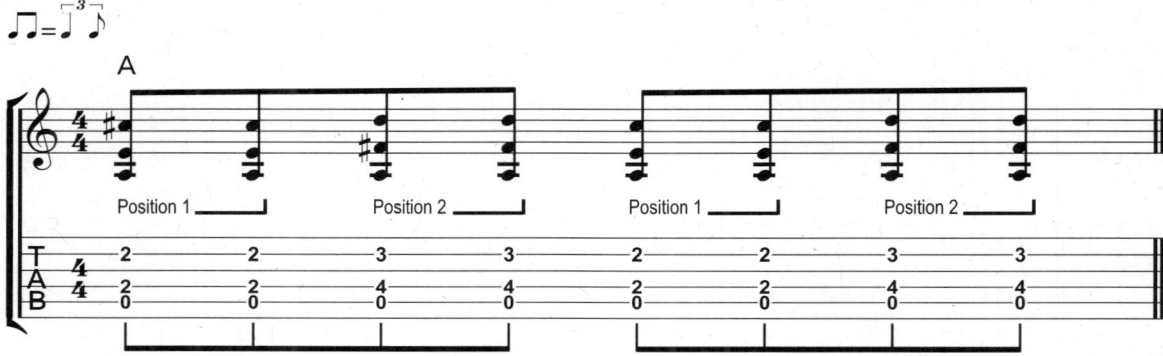

Position 3 mit dem Grundton A wird so gegriffen:

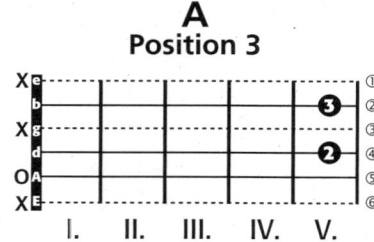

Ein kompletter Takt enthält also die Griffe in dieser Reihenfolge:

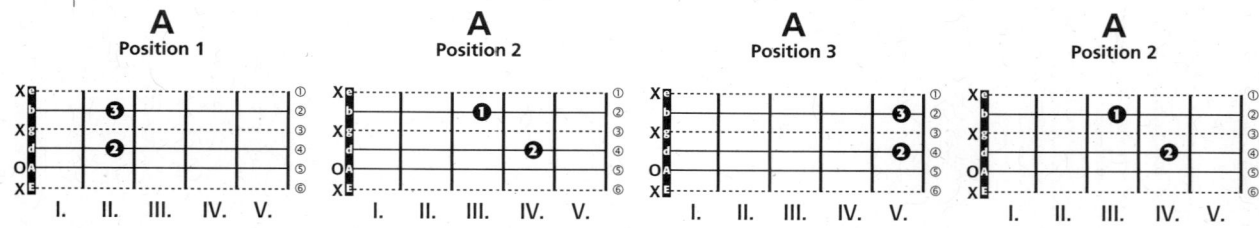

2. Harmonisierter Standard-Riff

Und so sieht das Pattern komplett aus:

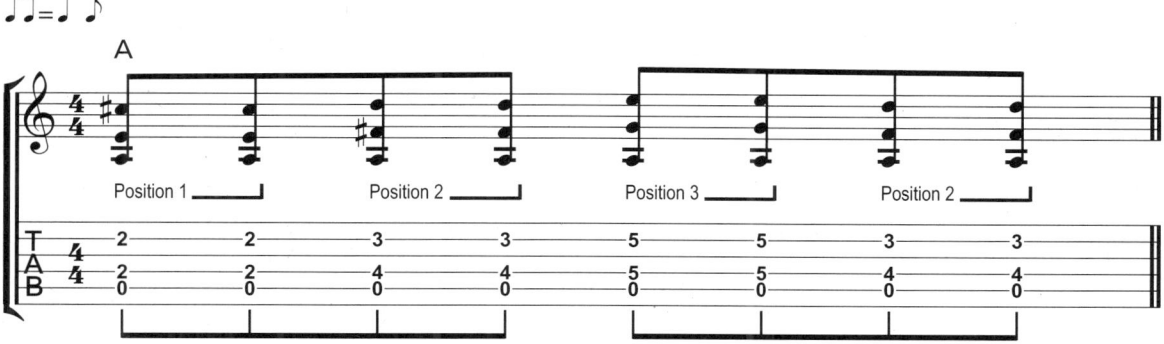

Variationen mit Grundton D

Wenn man einen Blues in A spielt, braucht man neben dem A- und dem E-Pattern (die haben wir beide eben besprochen) noch ein D-Pattern. Verschieben wir den harmonisierten Boogie-Riff also auf den Grundton D:

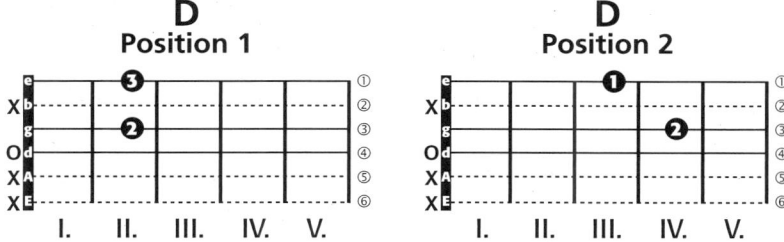

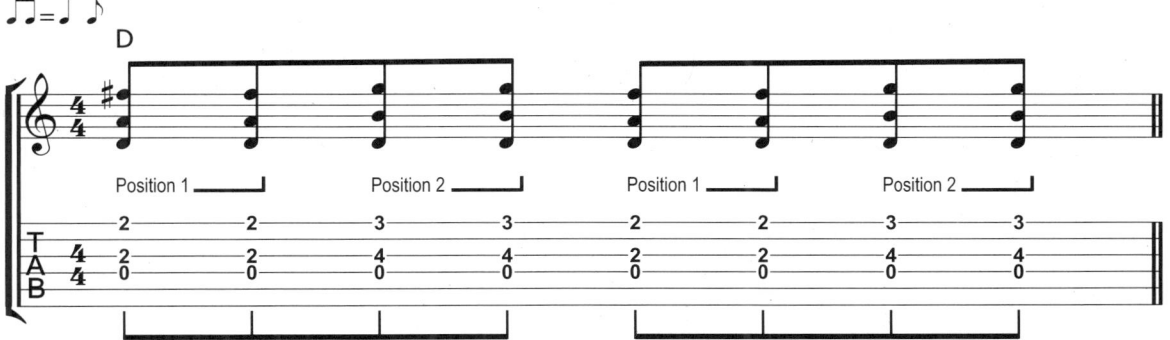

Tipp!

- *Die Griffbilder und der Fingersatz sind identisch mit dem A-Pattern, das Ganze wird nur eine Saite höher gespielt!*

Als Nächstes bauen wir wieder die Septime ein:

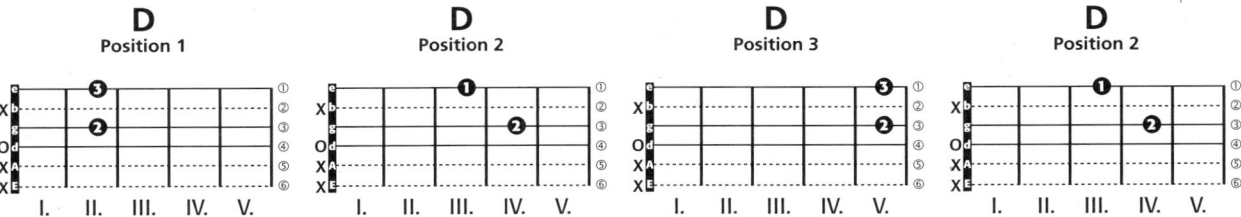

II. Der Standard Blues-Riff

Harmonisierter Boogie-Riff – Pattern D mit 3 Positionen

CD-Track 50

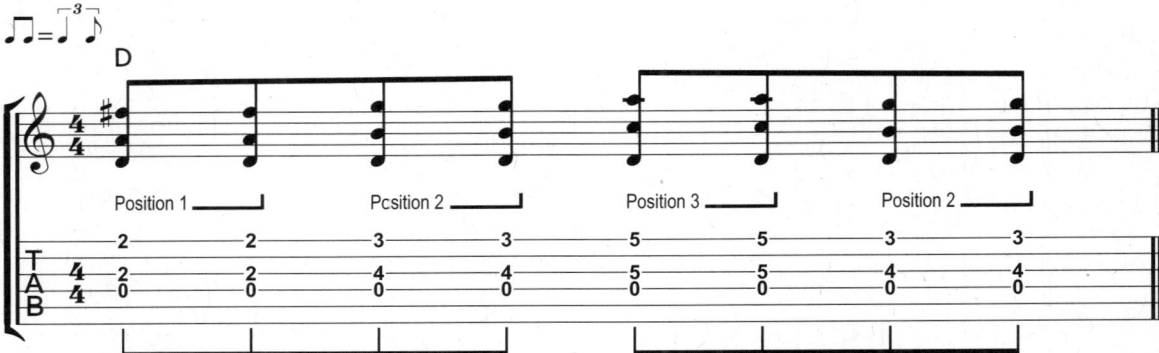

Auch das Griffbild und der Fingersatz für Position 3 ist identisch zum A-Pattern, nur um eine Saite verschoben!

Aufgabe

- Spiele einen 12-taktigen Blues in der Tonart A mit dem neuen harmonisierten Boogie-Shuffle-Pattern. Hier ist zur Sicherheit noch einmal die Akkordfolge:

A	A	A	A	oder Quick Change:	A	D	A	A
D	D	A	A		D	D	A	A
E	D	A	A		E	D	A	A

In den letzten zwei Takten kann man auch einen Turnaround spielen. Ein passendes Beispiel haben wir bereits auf S. 26–27 kennengelernt.

- Spiele einen 12-taktigen Blues in der Tonart E mit dem neuen Pattern. Beim B⁷ in Takt 9 musst du kurz das Pattern unterbrechen und eines der bisher gelernten Pickings für B⁷ spielen. Manchmal muss man einen Kompromiss eingehen zwischen dem gewünschten Klang / Pattern und den Möglichkeiten der Gitarre. Ich zeige gleich noch eine verschiebbare Version des harmonisierten Boogie-Shuffles, die wir auf den Grundton B schieben können (CD-Track 59, S. 55). Die ist aber nicht ganz leicht zu spielen ... ☺

E	E	E	E	oder Quick Change:	E	A	E	E
A	A	D	D		A	A	D	D
B	A	E	E		B	A	E	E

In den letzten zwei Takten kannst du wieder einen Turnaround deiner Wahl einbauen. Ein passendes Beispiel schauen wir uns später in diesem Kapitel noch an (vgl. CD-Track 56, S.51). Du kannst auch den Turnaround CD-Track 38 auf S. 39 spielen.

3. Fill für die Gesangspausen

Mit dem eben gezeigten harmonisierten Shuffle kann man auch einen kleinen Fill im Stile von **Robert Johnson** spielen. Dazu lassen wir den letzten Anschlag weg und spielen auf dieser Zählzeit (der ‚4und') einen Blues-typischen *Hammer On* von der kleinen zur großen Terz. Beim Grundton E ist das die ungegriffene G-Saite und das G# am ersten Bund der G-Saite.

Hammer On, vgl. S. 25

Dieser Fill wird jeweils in die Gesangspausen (Takt 3–4 und Takt 7–8) gespielt. Zuerst die Variante mit dem Standard Blues-Riff (einfacher Boogie-Shuffle):

3. Fill für die Gesangspausen

> **Tipp!**
>
> - Die Bass-Saiten werden mit dem Daumen angeschlagen, die hohen Saiten mit einem Aufwärtsschlag eines Fingers der Anschlagshand.
> Man führt die Bewegung der Greifhand entweder so aus wie eben bei dem harmonisierten Shuffle gezeigt (Ton auf der G-Saite mit dem Zeigefinger, die Töne auf der A-Saite mit dem Mittelfinger (2. Bund) und dem Ringfinger (4. Bund) greifen) oder man bleibt in der sogenannten <u>ersten Lage</u> und greift den 4. Bund mit dem kleinen Finger.

Erste Lage =
Zeigefinger: 1. Bund
Mittelfinger: 2. Bund
Ringfinger: 3. Bund
Kleiner Finger: 4. Bund

Standard Boogie-Fill

Und jetzt mit dem harmonisierten Boogie-Shuffle:

Harmonisierter Boogie-Riff mit Fill

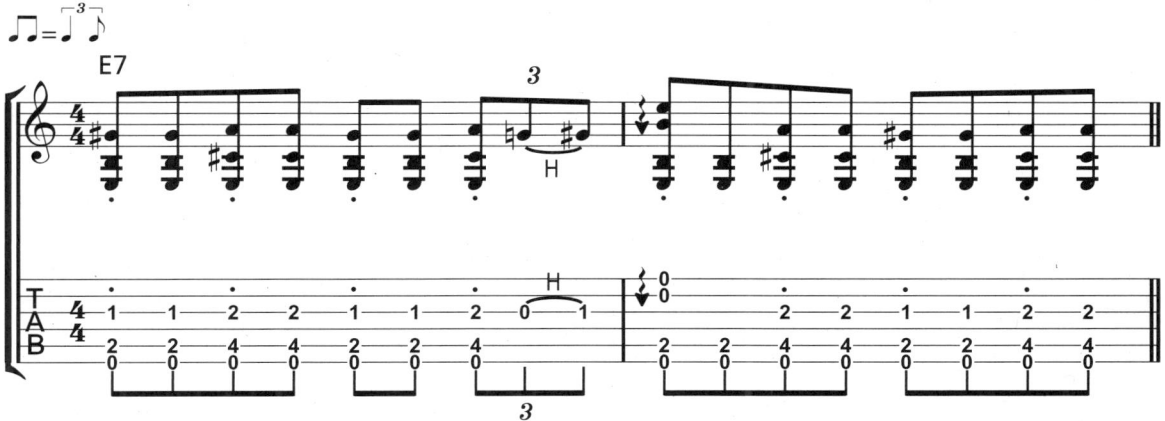

> **Tipp!**
>
> - Auf der Zählzeit ‚1' im 2. Takt des Fills kann man entweder nur die hohen Saiten mit einem Finger anschlagen oder auch die tiefen Saiten mit dem Daumen, so wie ich das in den letzten beiden Beispielen jeweils einmal gezeigt habe.

Garantiert Akustik Bluesgitarre lernen

II. Der Standard Blues-Riff

4. Der Delta B⁷-Akkord

Anstelle des „normalen" B⁷-Griffs wird insbesondere im **Delta Blues** gerne folgende Variante gespielt:

Diesen Griff schlägt man mit dem *Daumen* in Viertelnoten an und lockert den Griff jeweils direkt nach dem Anschlag, so dass es abgehackt klingt.

Durch den tiefen Basston klingt diese Variante sehr „fett"!

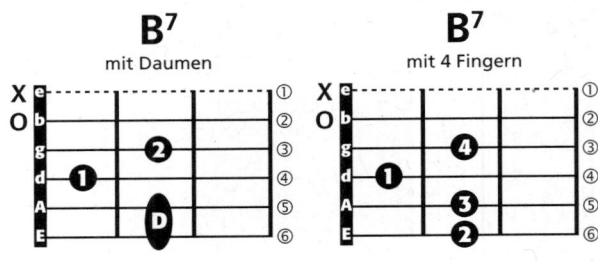

Staccato, Kurze, abgehackt klingende Spielweise. Wird durch Punkt unter oder über den entsprechenden Noten angezeigt. Die Saiten können mit der Anschlags- oder der Greifhand abgestoppt werden.

B⁷-Griff (herkömmlich), vgl. S. 37

D⁷/F#-Griff, vgl. S. 18

Aufgabe

Vergleiche den herkömmlichen B⁷-Griff mit dem neuen Delta B⁷-Akkord. Der Ton F# am 2. Bund der hohen E-Saite wird jetzt 2 Oktaven tiefer am 2. Bund der tiefen E-Saite gespielt. Dafür muss man zwar den Fingersatz stark ändern, aber eigentlich sind sich die beiden Griffe sehr ähnlich! Erinnerst du dich an den D⁷/F#? Da haben wir das Gleiche gemacht.

5. Der Train Whistle-Lick

Dieser Lick ist ein absoluter Klassiker des Blues. Er imitiert eine der alten Dampfloks, die es damals noch häufig gab – daher der Name „*Train Whistle*". Auch Mundharmonika-Spieler können diesen Sound sehr gut auf ihrem Instrument erzeugen. Meist wird er auf dem Akkord der I. Stufe gespielt, gerne auch mit durchgehendem Grundton in Viertelnoten auf der *tiefen E-Saite*. **Robert Johnson** verwendet diesen Lick allerdings in Takt 10, also auf der IV. Stufe A und ohne Steady Bass.

Steady Bass, vgl. S. 13

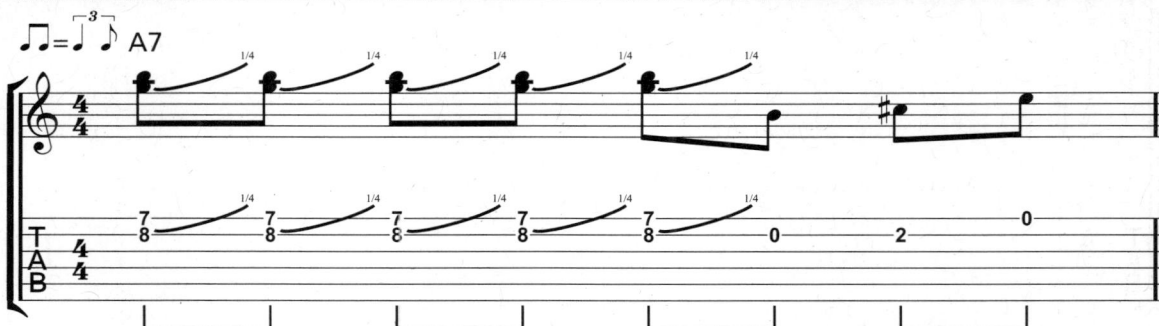

Garantiert Akustik Bluesgitarre lernen

7. Ending

> **Tipp!**
>
> - An dem Ton auf der B-Saite (kleine Terz) wird leicht gezogen (zu den tiefen Saiten), um den Ton etwas zu erhöhen. Diesen Blues-Bend oder Smear-Bend hast du bereits auf Seite 37 kennengelernt. Es ist KEIN Halbton-Bend bis zum Ton am 9. Bund (große Terz)! Der Ton liegt zwischen der kleinen und der großen Terz. Diesen Ton nennt man – wie schon erwähnt – auch die Blues-Terz. Höre dir das Beispiel auf der CD an, das sagt mehr als 1000 Worte!

Blues-Bend, vgl. S. 37

6. Intro

Eine sehr beliebte Art, ein Intro zu spielen, ist die Verwendung eines Turnarounds oder eine Abwandlung eines Turnarounds. Auch **Robert Johnson** macht das sehr gerne. Im Kapitel ‚Steady Bass' haben wir DEN Robert Johnson-Turnaround schon kennengelernt, den wir jetzt hier als Intro verwenden.

Robert Johnson-Turnaround, vgl. S. 27

7. Ending

Und zum Abschluss noch ein **Robert Johnson**-typisches Ending, das natürlich auch aus dem typischen Robert Johnson-Turnaround (eine Oktave höher gespielt) abgeleitet ist:

Robert Johnson-Ending in der Tonart E

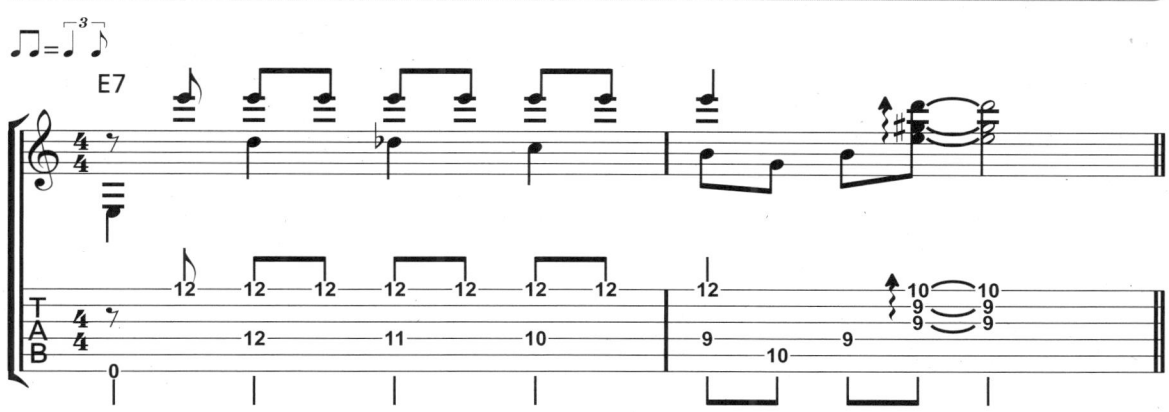

CD-Track 55

8. Turnaround-Alternative

Als Bonus noch ein zusätzlicher Turnaround, den **Robert Johnson** bei Sweet Home Chicago spielt:

Sweet Home Chicago, vgl. S. 52–53

Robert Johnson-Turnaround – Alternative in der Tonart E

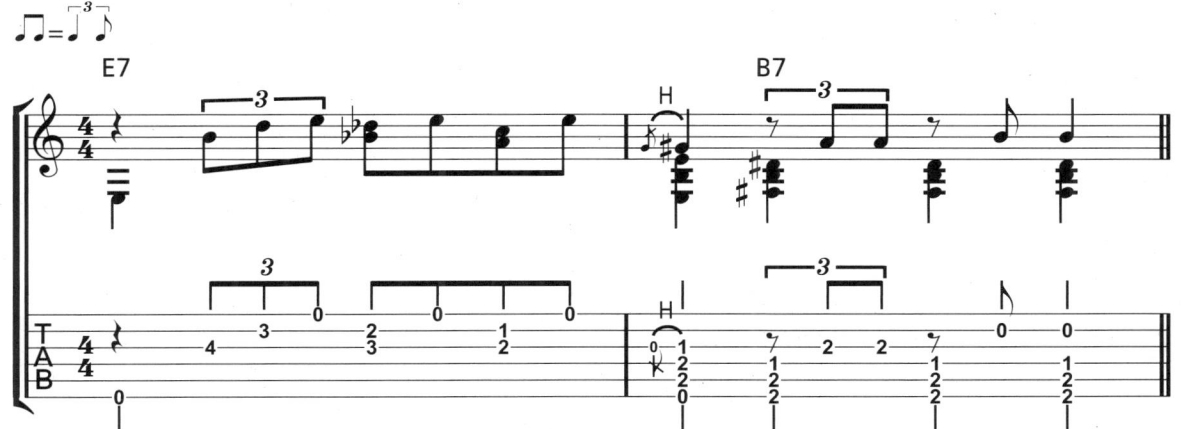

CD-Track 56

II. Der Standard Blues-Riff

Info!

Dieser Turnaround ist auch zum echten Klassiker geworden! Man kann den verschobenen Griff auf den Zählzeiten ‚2', ‚3' und ‚4' jeweils zusammen anschlagen (wie hier auf der Zählzeit ‚3' und ‚4' demonstriert) oder einzeln (wie auf der Zählzeit ‚2' gezeigt) oder in beliebigen Kombinationen. Es handelt sich übrigens um einen verschobenen D^7-Griff. Man könnte also auch auf der hohen E-Saite jeweils am selben Bund greifen wie auf der G-Saite.
Ich zeige hier die Variante mit einem zweistimmigen Griff und der ungegriffenen hohen E-Saite.

Sweet Home Chicago

Aus den in diesem Kapitel gezeigten Bausteinen setzen wir uns jetzt den Blues-Klassiker ‚*Sweet Home Chicago*' zusammen. Dazu nehmen wir das <u>12-taktige Quick Change-Blues-Schema</u> und setzen in den entsprechenden Takten die jeweiligen Bausteine ein. Vor den ersten Chorus setzen wir das Intro, so sind es 14 Takte. Statt der letzten beiden Takte E wird der Turnaround gespielt und beim letzten Durchgang ersetzen wir den Turnaround durch das Ending. In den Gesangspausen (Takt 3–4 und Takt 7–8) bauen wir den Fill ein.

Quick Change-Blues-Schema:
E-A-E-E |
A-A-E-E |
B-A-E-E |
vgl. Glossar, S. 211

CD-Track 57

Sweet Home Chicago
Chicago steht in diesem Song sinnbildlich für den Ort, an dem Milch und Honig fließen. Nicht nur Robert Johnson träumte vom großen musikalischen Erfolg im fernen ‚Sweet Home Chicago'.

Sweet Home Chicago
by Robert Johnson (1911–1938)
Bearbeitung: Andi Saitenhieb

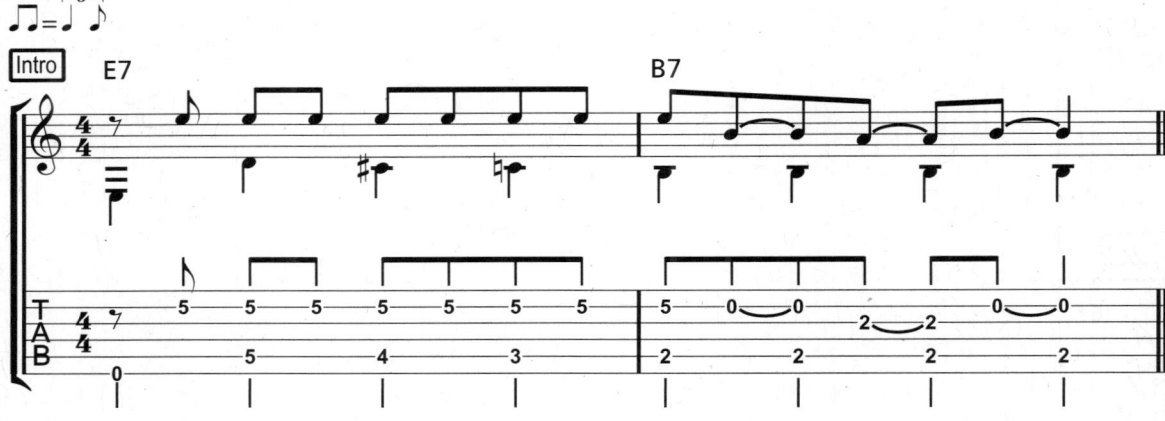

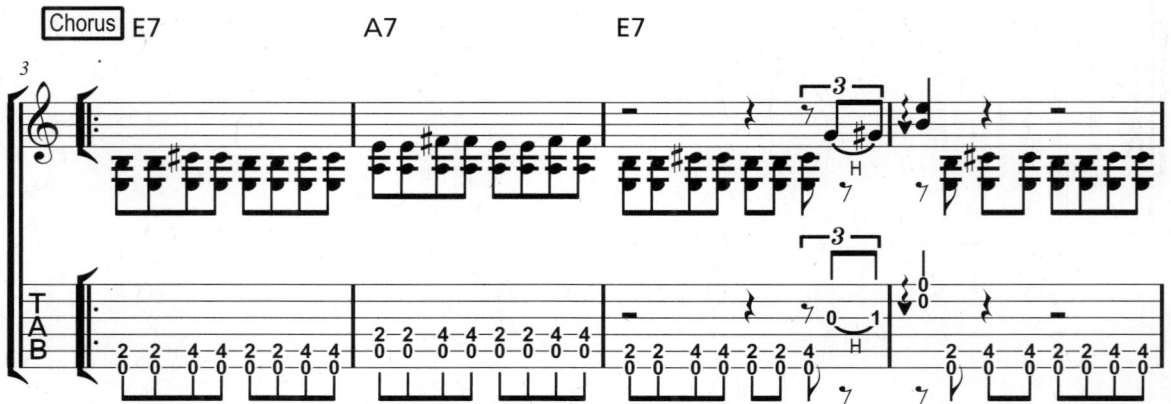

Garantiert Akustik Bluesgitarre lernen

„Sweet Home Chicago"

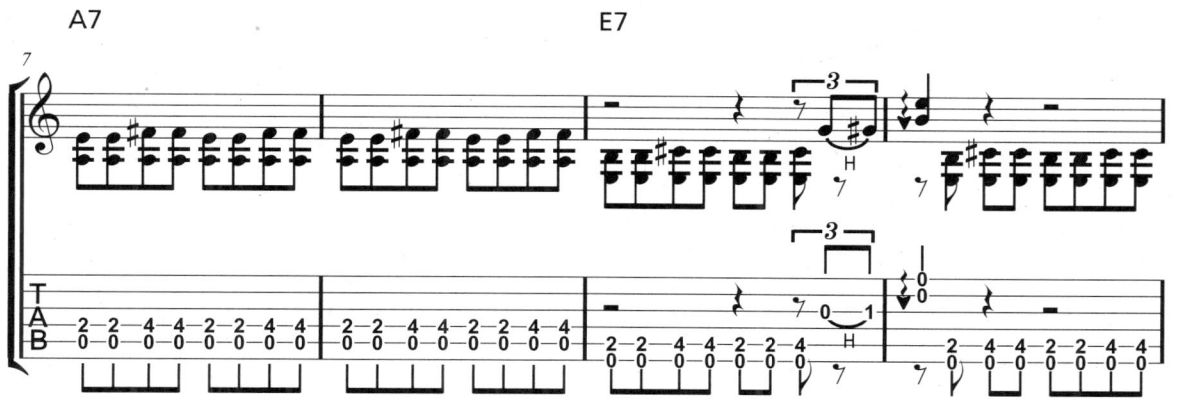
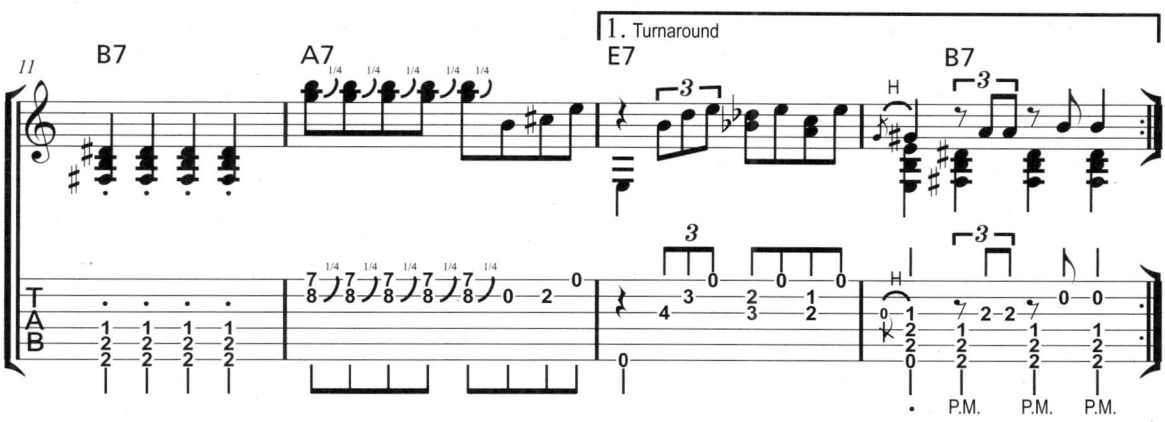
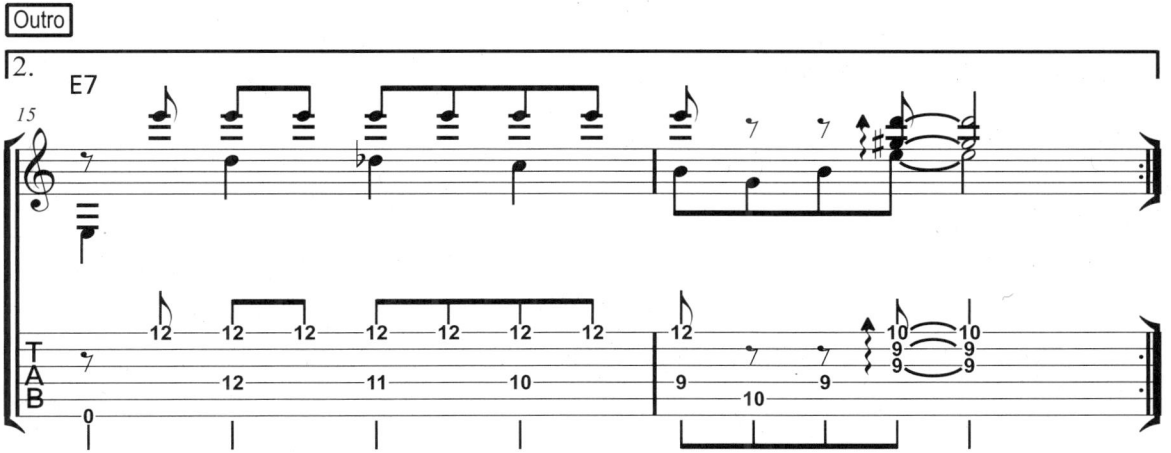

© Copyright 2014 by Alfred Music Publishing GmbH, Köln

II. Der Standard Blues-Riff

Und jetzt habe ich noch ein paar Anregungen zum weiteren Experimentieren:

9. Der Standard Blues-Riff in allen Tonarten

Mit der ungegriffenen Saite kann man den Standard Blues-Riff nur mit den Grundtönen E, A und D spielen. Deshalb zeige ich hier noch eine verschiebbare Version, damit du diesen Riff in allen Tonarten benutzen kannst.

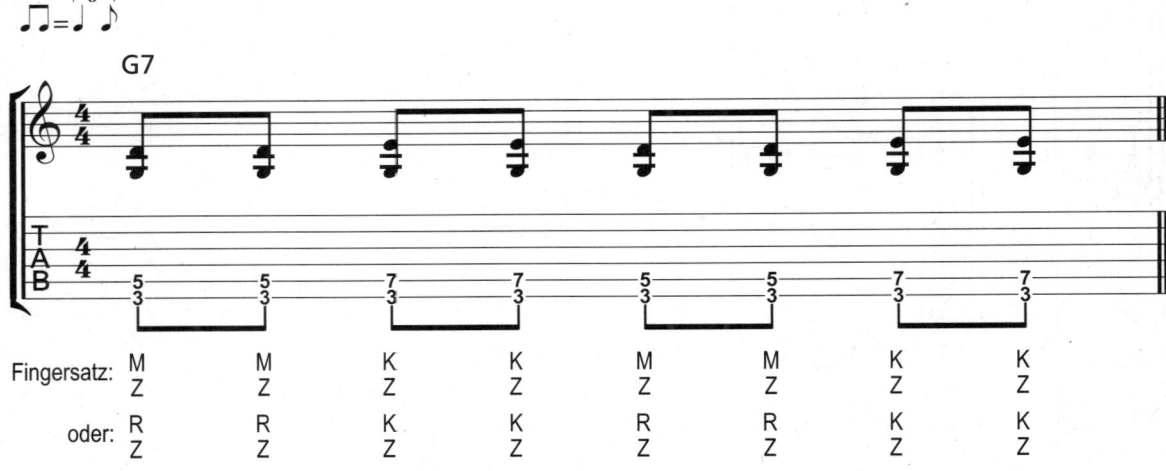

Standard Blues-Riff, vgl. S. 42

Tipp!

- Welchen der beiden Fingersätze man wählt, hängt davon ab, zwischen welchen beiden Fingern man die Streckung (vier Finger decken fünf Bünde ab) lieber machen möchte.
Den Grundton kann man natürlich auch wieder auf die A-Saite verschieben, so wie wir das am Anfang des Kapitels auch mit der nicht <u>verschiebbaren</u> Variante des Standard Blues-Riffs getan haben.

Aufgabe

Spiele auch die gezeigten Variationen des Standard Blues-Riffs in der verschiebbaren Variante.

*Spiele ,**Sweet Home Chicago**' auch mit dem Standard Blues-Riff im 9. und 10. Takt.
In Takt 9 spielst du die eben gezeigte verschiebbare Variante (Grundton B / Zeigefinger auf dem 2. Bund der A-Saite). In Takt 10 spielst du die Variante mit dem Grundton auf der ungegriffenen A-Saite.*

10. Der harmonisierte Boogie-Shuffle

10. Der harmonisierte Boogie-Shuffle in allen Tonarten

Probier doch mal, die Variationen des *harmonisierten Boogie-Shuffles* verschiebbar zu machen (also die ungegriffenen Saiten durch gegriffene Töne zu ersetzen) und anschließend in anderen Tonarten zu spielen.

Harmonisierter Boogie-Shuffle, vgl. S. 44

Harmonisierter Boogie-Shuffle (verschiebbar)

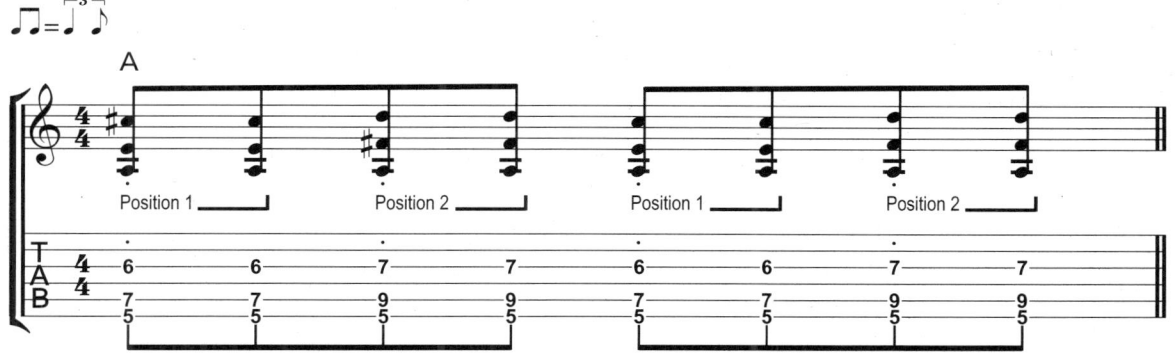

Hier folgen die Griffbilder mit Angabe des Fingersatzes:

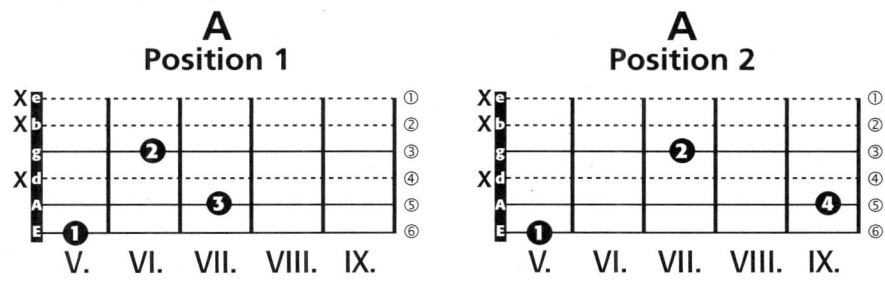

Für den Anschlag gilt dasselbe wie oben beschrieben (*vgl. Tipp auf Seite 44*).

Der Akkord lässt sich in Position 3 nur spielen, wenn man Finger hat, die mindestens so lang sind wie die von **Robert Johnson**. Mit meinen kurzen Stummelfummeln ist das nicht spielbar, deshalb gehen wir gleich weiter zur Variation mit dem Hammer On:

Standard Boogie-Shuffle mit Hammer On-Fill (verschiebbar)

Entweder greift der *Zeigefinger* einen Barré am 5. Bund oder er springt schnell zu den hohen Saiten und zurück.

II. Der Standard Blues-Riff

Tipp!

- Du hast es sicher schon gemerkt: Die verschiebbaren Versionen sind alles andere als leicht zu spielen. Aber gerade darin liegt auch eine große Chance für dich! Denn eben weil es nicht ganz so leicht ist, kannst du hier gitarristische Pfade betreten, die noch nicht so ausgelatscht sind. Wenn du an solchen Stellen weitersuchst und probierst, wirst du deinen ganz *eigenen Stil finden*. Viel Spaß und Erfolg auf deiner Entdeckungsreise!

Den eigenen Stil finden: vgl. Nachwort, S. 148–149

11. Fill mit Hammer On – Grundton A und D

Wenn man die *Hammer On-Figur* von der kleinen zur großen Terz mit dem **Grundton A** spielen möchte, ist das eine Spur schwieriger als mit dem Grundton E. Der Hammer On findet jetzt nämlich nicht von einer ungeriffenen Saite zum 1. Bund statt, sondern vom 1. zum 2. Bund.

Dazu greifen wir einfach den Ton am 1. Bund mit dem *Zeigefinger* und führen das Hammer On mit dem *Ringfinger* aus. Alternativ kann man auch den A⁷-Griff einen Bund zu tief aufsetzen und dann anstelle des Hammer On einen *Slide* in den 2. Bund spielen. Das ist die von mir bevorzugte Variante. Der Ton auf der hohen E-Saite wird nicht transponiert, da er sonst nicht spielbar wäre. Die ungegriffene E-Saite passt aber auch wunderbar zum Grundton A, da E die Quinte von A ist.

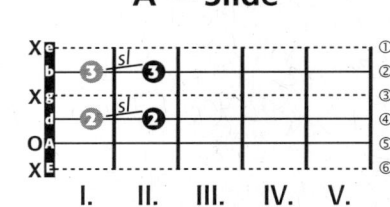

Fill-In mit Hammer On in A

Auf der Zählzeit ,1' im zweiten Takt kannst du die Basssaiten auch wieder weglassen, vgl. CD-Track 51–52 auf S. 49.

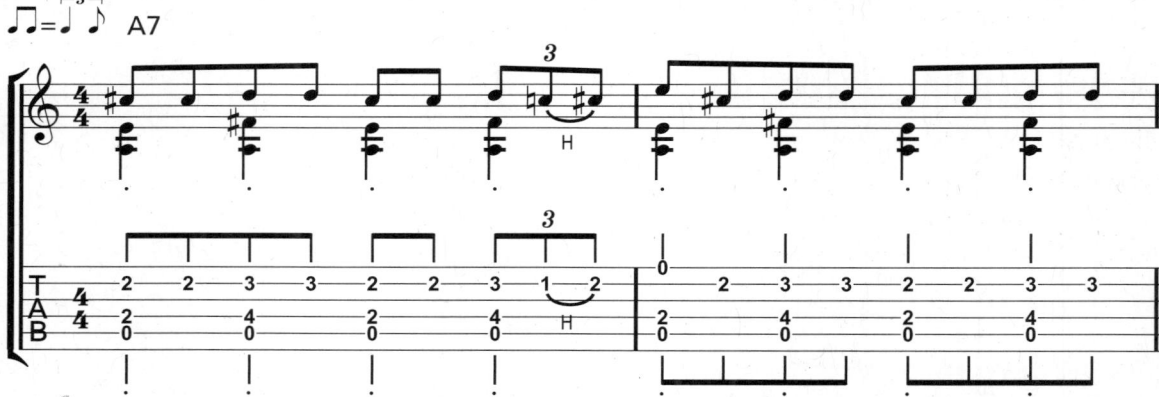

Aufgabe

- Spiele einen 12-taktigen Blues in E mit dem neuen Pattern. Beim B⁷ in Takt 9 musst du kurz das Pattern unterbrechen und eines der bisher gelernten Pickings für B⁷ spielen.

E	E	E	E	oder Quick Change:	E	A	E	E
A	A	E	E		A	A	E	E
B	A	E	E		B	A	E	E

In den letzten beiden Takten kannst du einen Turnaround deiner Wahl einbauen.

12. Turnaround-Ableitungen

Bei der **D-Version** mit dem Hammer On haben wir ein Problem:

Es gibt beim besten Willen keinen höheren Akkordton, den man nach dem Hammer On spielen könnte. Deshalb habe ich auf der Zählzeit ‚1' dieses Mal einen tieferen Ton eingebaut:

Hammer On mit tieferem Ton in D

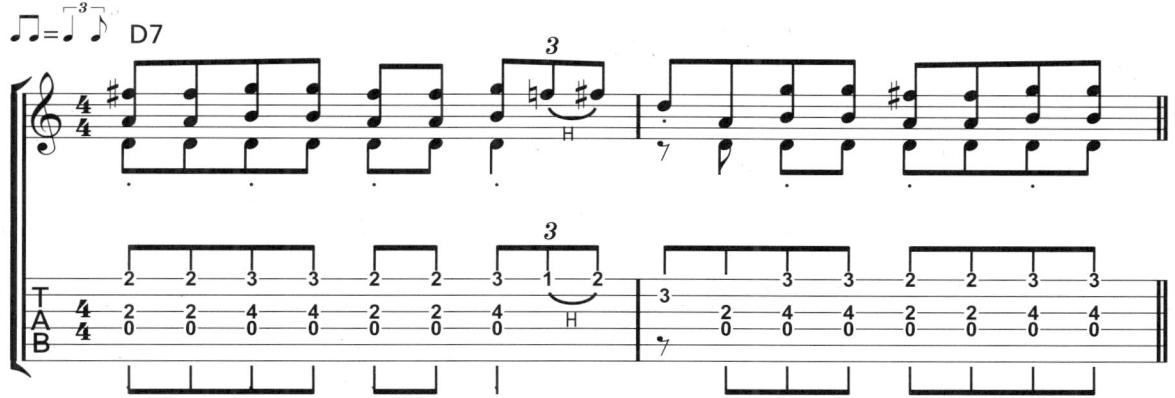

Tipp!

- Greife die Töne genauso wie eben beim Pattern mit dem Grundton A. Den neu hinzugekommenen tieferen Ton (3. Bund B-Saite) greifst du mit dem kleinen Finger. Auch bei diesem Pattern kann man den ersten Griff wieder einen Bund zu tief aufsetzen und anstelle des Hammer Ons einen **Slide** spielen.

12. Aus dem harmonisierten Boogie-Shuffle abgeleitete Turnarounds

Mit den in diesem Kapitel gelernten Griffen kannst du auch einen richtig coolen Turnaround spielen. Position 1 und Position 3 sind wie erwähnt identisch, nur um drei Bünde verschoben. Wenn wir die beiden Bünde dazwischen auch noch mitnehmen und den Griff von Position 3 bis Position 1 <u>chromatisch</u> verschieben, sieht das so aus:

Chromatisch = in Halbtonschritten, vgl. <u>Garantiert Bluesgitarre lernen</u>, S. 117

Turnaround in E mit tiefen Sexten

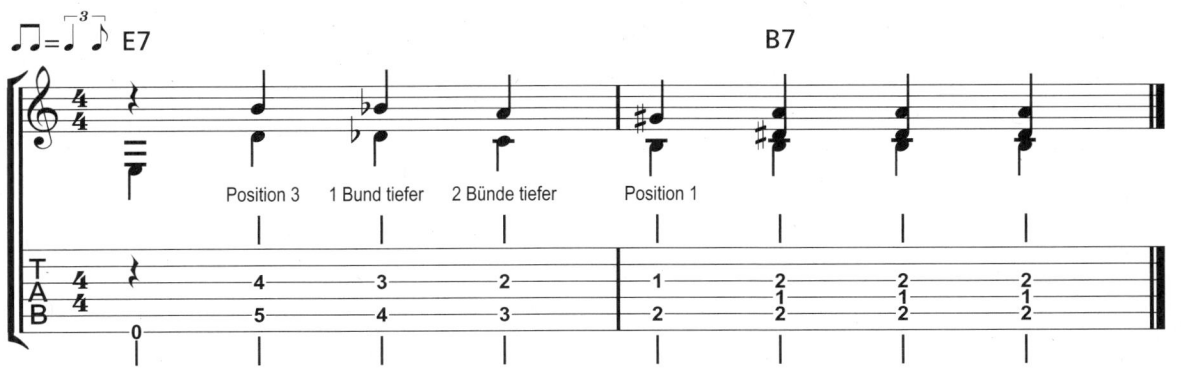

II. Der Standard Blues-Riff

Tipp!

- **Nur zur Erinnerung:** Auf der Zählzeit ‚1' spielt man den Grundton. Der eigentliche Turnaround beginnt auf der Zählzeit ‚2' und endet auf der Zählzeit ‚1' des nächsten Taktes (siehe auch *„Garantiert Bluesgitarre lernen"*, Seite 47–54). Im Rest des Taktes spielst du den <u>Dominant-Akkord</u>, also in unserem Fall (Tonart E) den B⁷.

Dominante, vgl. S. 28

Auch bei diesem Turnaround kannst du wieder die üblichen Variationen spielen.
Ich zeige als Beispiel, wie man die Sexten als Triolen gespielt, füge einen Slide und ein Hammer On ein und gestalte den Anschlag des B⁷-Akkordes etwas interessanter:

Turnaround in E mit Triolen und Slide

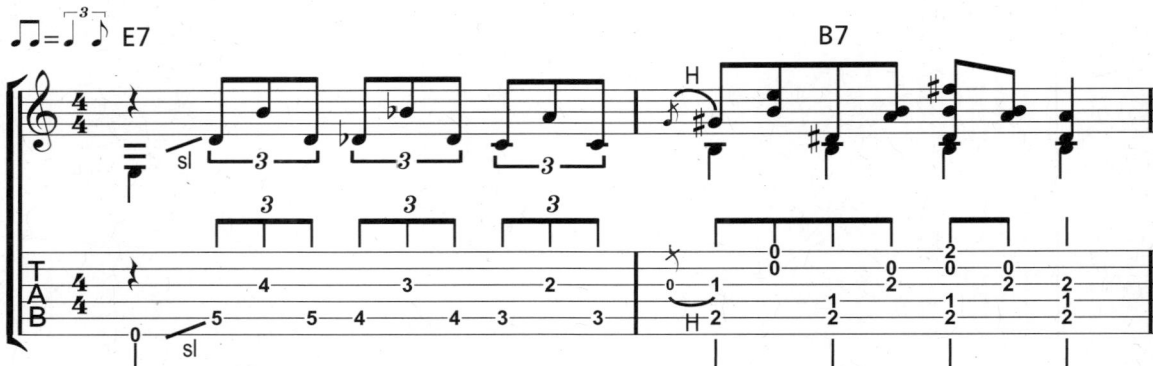

Baue die Verzierungen bei Bedarf einzeln nacheinander ein.

Tipp!

- *Die Töne auf den tiefen drei Saiten schlage ich mit dem Daumen an, die Töne auf den drei hohen Saiten mit einem Aufwärtsschlag des Zeigefingers.*

Und jetzt transponieren wir diesen Turnaround noch in die **Tonart A**.
Zuerst die einfache Variante:

Turnaround in Tonart A

13. Aufgang zur IV. Stufe

Und jetzt die aufgepeppte Version mit Triolen und einem interessanteren Anschlagsmuster im 2. Takt:

Turnaround in A mit Triolen und Slide

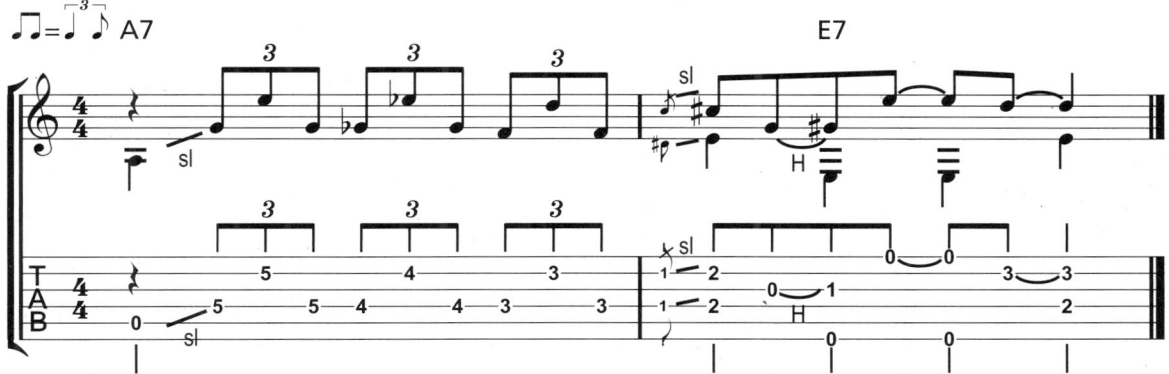

Aufgabe

Übertrage diesen Turnaround auch in die **Tonart D**. Die Auflösung findest du auf der Website *garantiert-bluesgitarre.de*.

13. Aufgang zur IV. Stufe

Dieser coole Aufgang wird im 4. Takt als <u>Überleitung</u> zur IV. Stufe (in der Tonart E ist das der Grundton A) gespielt. Diesen Übergang spielt heutzutage jede Blues- und Bluesrock-Band mehrmals in ihren Konzerten. <u>Robert Johnson</u> hat ihn schon 1937 gespielt!

Überleitungen, vgl. S. 71–75 in „Garantiert Bluesgitarre lernen".

Übergang Takt 4

Robert Johnson hat diesen Aufgang bei einem der beiden Takes von ‚Ramblin' On My Mind' (CD „The Centennial Collection") gespielt.

Zur besseren Übersicht habe ich den ersten Anschlag von Takt 5 auch notiert, da der Aufgang zu diesem Akkord hinführt.

III. Alternating Bass („Wechselbass")

Kapitelübersicht

III. Alternating Bass („Wechselbass") 60
    1. Einfacher Wechselbass in der Tonart E 60
        Wechselbass mit dem E-Akkord 61
        Wechselbass mit dem A^7-Akkord 62
        Wechselbass mit dem B^7-Akkord 63
        Anschlagstechniken – Betonung auf den Zählzeiten ‚2' und ‚4' 64
          ■ *Delta Blues* 65
          ■ *Bassfiguren im Stile von Steve James* 68
    2. Double Alternating Bass 73
          ■ *Licks im Stile von Steve James* 75

1. Einfacher Wechselbass in der Tonart E

Steady Bass, vgl. S. 12ff.

Beim **einfachen Wechselbass** spielt man wie beim *Steady Bass* durchgehende Viertelnoten mit dem *Daumen* der Anschlagshand. Der Unterschied ist, dass der *Daumen* zwischen zwei verschiedenen Basstönen hin- und herspringt.

Palm-Mute, vgl. S. 11

Auch beim Wechselbass werden die Basstöne normalerweise *mit dem Handballen abgedämpft*.

Tipp!

■ *Der **Steady Bass** wird eher im Delta Blues verwendet, wenn es schwer und düster klingen soll, auf englisch würde man sagen „down home and dirty".*

*Der **Wechselbass** wird eher im Country Blues und Ragtime verwendet, wenn es etwas leichter, fröhlicher und moderner klingen soll.*

Es kommt allerdings auch immer darauf an, was man auf den hohen Saiten spielt. Aber die genannte Tendenz ist klar erkennbar.

In diesem Kapitel erarbeiten wir uns die verschiedenen Wechselbass-Varianten, wie sie in Bluesklassikern wie ‚*Sugar Babe*' Anwendung finden. Die bekannteste der zahlreich existierenden Aufnahmen stammt wohl von **Mance Lipscomb**.

Info!

Die Akkordfolge sieht folgendermaßen aus:

E^7 | E^7 | A^7 | A^7 |
E^7 | E^7 | B^7 | E^7 |

Unser Song hat keinen Turnaround.

1. Einfacher Wechselbass

Höre dir zur Einstimmung ein paar Songs zu dieser Spielweise an.

Diskographie
■ Sugar Babe – **Mance Lipscomb** auf: „The Best Of"
■ Sugar Babe – **Hans Theessink** auf: „Hard Road Blues"
■ Sugar Babe – **Salty Dog** auf: „Mudsteppin'"
■ Sugar Babe – **Doc Watson** auf: „'Round The Table Again"
■ Sugar Babe – **Lil' Ian Goodsman** auf: „On Reflection"
■ Sugar Babe – **Tom Rush** auf: „Take A Little Walk With Me"
■ Sugar Babe – **Stefan Grossman** auf: „Black Melodies On A Clear Afternoon"
■ Sugar Babe – **Steve James** auf DVD „Blues/Roots Guitar"
■ Sugar Babe – **Ernie Hawkins** auf DVD „The Guitar Of Mance Lipscomb"
Der Song ‚Sugar Babe' von Pink Anderson ist übrigens ein anderer Song.

> *Steve James*
> Steve, vgl. S. 68ff., ist einer der ganz großen Meister des Wechselbasses. Er spricht nicht von „Seit ich Gitarre spiele ...", sondern von „since I started making my thumb go back and forth ..." („Seit ich meinem Daumen beibrachte, hin und her zu springen ...").

Ich zeige dir zuerst eine Version, die ich von <u>Steve James</u> gelernt habe.
Wir erarbeiten uns die neue Spieltechnik **Wechselbass** wieder *Schritt für Schritt*:
Zuerst üben wir die neue Bewegung des *Daumen*s alleine. Man wechselt in der Regel zwischen zwischen dem Grundton (Zählzeit ‚1' und ‚3') und der Oktave, der Quinte oder der Terz (Zählzeit ‚2' und ‚4'). Seltener nimmt man als ersten Ton die <u>Terz</u>, <u>Quinte</u> oder <u>kleine Septime</u>.

> *Intervalle*
> vgl. S. 161. Das einzige Beispiel, das mir zur kleinen Septime auf der Zählzeit ‚1' einfällt, ist: ‚Write Me A Few Lines' von **Fred McDowell**. Einen Riff im gleichen Stil werde ich in meinem nächsten Buch ‚Garantiert Bluesgitarre lernen – Open Tunings & Bottleneck / Slide' zeigen.

Tipp!

■ *Um einen Wechselbass zu finden, greifst du den entsprechenden Akkordgriff und schlägst abwechselnd den tiefsten Grundton und die nächsthöhere oder die übernächste Saite abwechselnd an. Beim nächsten Akkord machst du dasselbe. Es klingt sehr gut, wenn der obere Ton von allen Akkorden jeweils auf derselben Saite liegt (er ist dann entweder am gleichen Bund oder maximal 2 Bünde höher oder tiefer – der Sprung des oberen Tones ist also sehr klein und hält die Bassfigur klanglich zusammen).*

III. Alternating Bass („Wechselbass")

Wechselbass mit dem E-Akkord

Greife den E-Akkord ...

... und schlage abwechselnd die **tiefe E-Saite** und die **D-Saite** an:

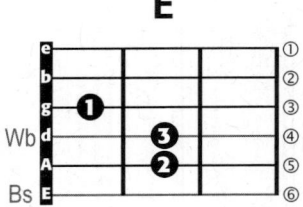

Das ist noch ziemlich einfach, oder? Warten wir mal ab, wie einfach das ist, wenn wir das gleich zusammen mit der Melodie spielen ... ☺

Wechselbass mit dem A⁷-Akkord

Greife den A⁷-Akkord ...

... und schlage abwechselnd die **A-Saite** und die **D-Saite** an:

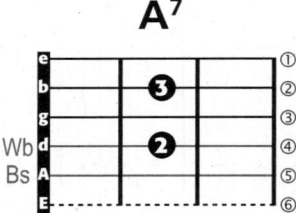

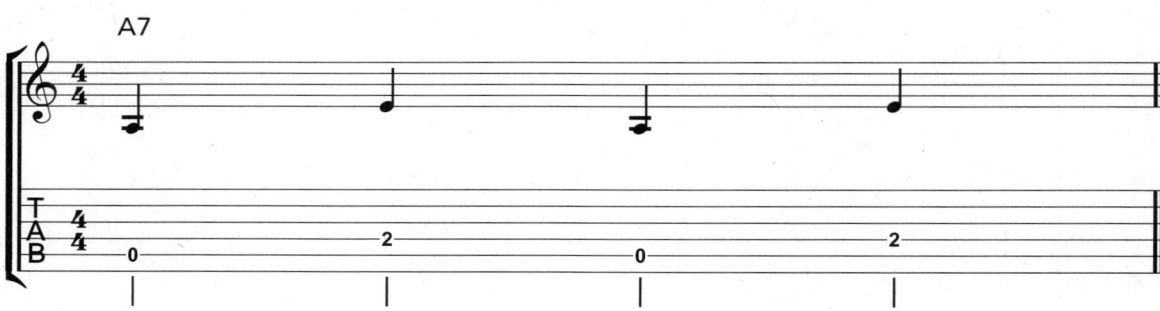

Wechselbass E- und A⁷-Akkord abwechselnd

Im nächsten Schritt üben wir das Wechseln zwischen dem Akkord mit dem Grundton auf der E-Saite und dem Akkord mit dem Grundton auf der A-Saite.

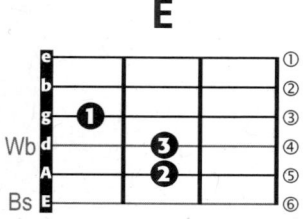 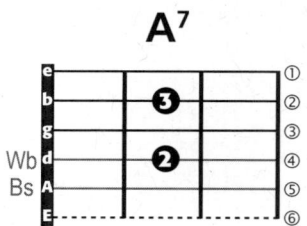

Garantiert Akustik Bluesgitarre lernen

1. Einfacher Wechselbass

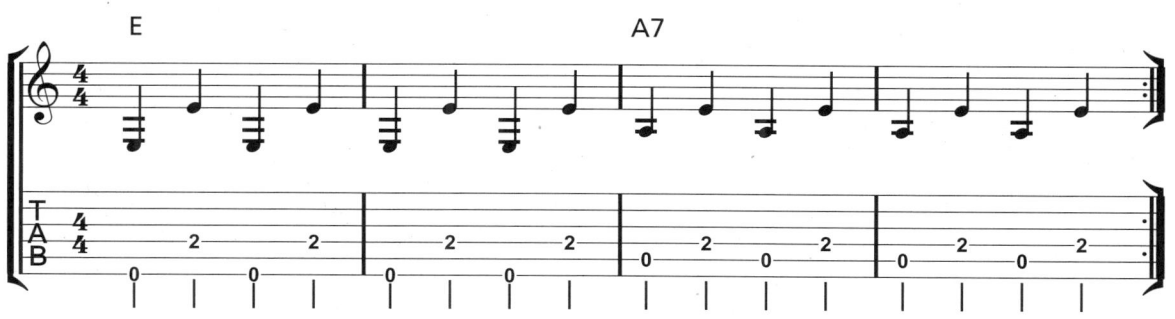

Tipp!

- Diesen Wechselbass mit Akkordwechsel solltest du so lange spielen, bis du nicht mehr darüber nachdenken muss, welche Saite der Daumen bei dem jeweiligen Akkord anschlagen soll. Ziel ist, dass dein Daumen auf Autopilot läuft, schließlich wollen wir uns ja auf die Melodie oder den Gesang konzentrieren können. Wenn der zweitaktige Wechsel gut von der Hand geht, wechselst du nach jedem Takt.

Wechselbass mit dem B⁷-Akkord

Greife den B⁷-Akkord ...

... und schlage abwechselnd die **A-Saite** und die **D-Saite** an:

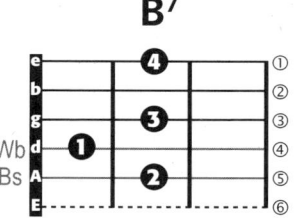

Wechselbass E- und B⁷-Akkord abwechselnd

Jetzt üben wir wieder den Wechselbass mit Akkordwechsel, zuerst wieder alle zwei Takte und dann jeden Takt:

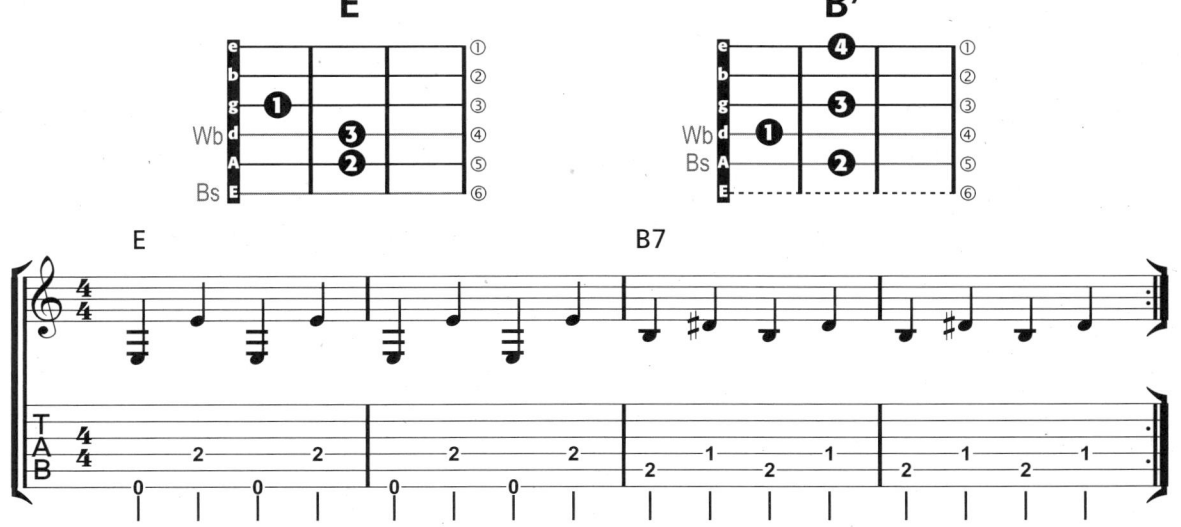

Garantiert Akustik Bluesgitarre lernen

III. Alternating Bass („Wechselbass")

Anschlagstechnik – Betonung auf den Zählzeiten ‚2' und ‚4'

Es klingt sehr gut, wenn man auf den Zählzeiten ‚2' und ‚4' kräftiger anschlägt, also die ‚2' und ‚4' <u>*betont*</u> und am besten noch durch die Stärke des Anschlags eine Saite mehr erwischt.

Akzent
Diese Betonung nennt man „Akzent". Sie wird in den Noten mit dem Zeichen „>" dargestellt.

Soll der Akzent kurz gespielt werden, zeigt die Pfeilspitze nach oben (∧ = *marcato*). Manchmal wird zur Sicherheit noch ein **Staccato-Punkt** hinzugefügt.
Vgl. Glossar, S. 210

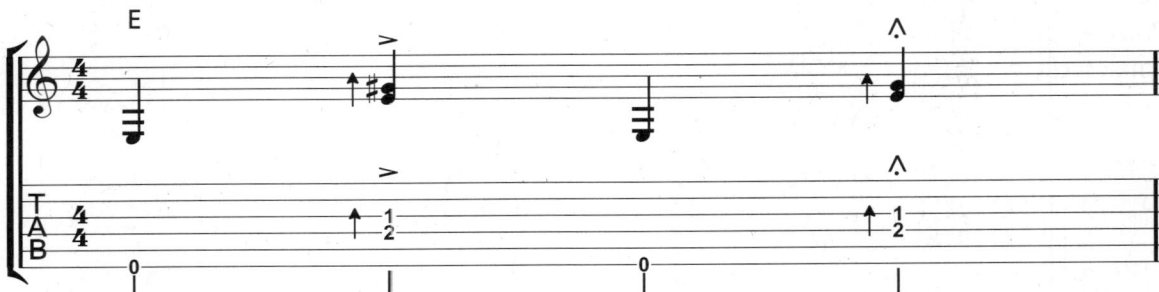

 Aufgabe

Höre dir beliebige Songs an und versuche erst, auf den Zählzeiten ‚1' und ‚3' mitzuklatschen und dann auf den Zählzeiten ‚2' und ‚4'. Achte darauf, wie sich das jeweils anfühlt.

 Tipp!

Durch die Betonung den Zählzeiten ‚2' und ‚4' klingt deine Begleitung viel grooviger.
Sie erzeugt ein bisschen das Gefühl, als würde ein Schlagzeug mitspielen, denn das würde auf den Zählzeiten ‚1' und ‚3' die tiefe Kick Drum spielen und auf den Zählzeiten ‚2' und ‚4' die Snare Drum, die höher und lauter klingt und eine starke Betonung hat. Anstelle der Kick Drum spielen wir den tiefen Bastson und anstelle der Snare Drum den betonten Anschlag auf dem höheren Wechselbasston. Diese Betonung der Zählzeiten ‚2' und ‚4' nennt man auch **„Backbeat"**.
Er ist ein Merkmal von fast allen „coolen" Musikstilen (Jazz, Blues, Rock ...), während bei deutscher Volksmusik und beim Schlager die Betonungen meist auf den Zählzeiten ‚1' und ‚3' liegen. Interessanterweise scheinen diese unterschiedlichen Betonungen kulturelle Gründe zu haben.
In Deutschland klatscht der Durchschnittsbürger erst mal grundsätzlich auf den Zählzeiten ‚1' und ‚3', egal ob das passt oder nicht.
Ich erinnere mich an ein Konzert eines afro-amerikanischen Musikers, der nach den ersten paar Takten eines Songs seine rechte Hand hob und „Hold it! Hold it!" ins Mikro rief, um seine Band zu stoppen. Dann sagte er: „I'll show you how to clap!" und klatschte mit den Zuschauern auf den Zählzeiten ‚2' und ‚4', während seine Band den Groove des Songs spielte. Als das Publikum an den richtigen Stellen mitklatschte, spielte die Band den Song noch mal. Das war das einzige Mal, dass ich mitbekommen habe, wie ein Profimusiker vor Publikum einen Song abbricht. Aber dieses Klatschen an den falschen Stellen ging dem Musiker offensichtlich so gegen den Strich, dass er seinen Song nicht richtig spielen konnte!
Mach doch beim nächsten Konzert (davon ausgehend, dass du nicht beim Musikantenstadl oder ähnliches bist ☺) mal folgenden Test: Wenn neben dir jemand auf den falschen Zählzeiten mitklatscht, klatschst du den Backbeat dagegen. Manchmal erntet man dafür einen fragenden Blick, manchmal einen bösen Blick (als würdest du etwas falsch machen) und manchmal wechselt der Falsch-Klatscher auf den Backbeat und klatscht mit dir.

‚Delta Blues' – Melodie

‚Delta Blues' – Melodie

Jetzt lernen wir die Melodie vom ‚Delta Blues', der sich – wie der Name schon sagt – aus überlieferten Delta Blues-Bausteinen zusammensetzt.

Die Töne der Melodie werden *mit den Fingern* angeschlagen, nicht mit dem *Daumen*. Den *Daumen* brauchen wir ja zum Anschlagen der Basstöne. Am besten parkst du den *Daumen* auf der tiefen E-Saite, dann kommst du gar nicht erst in Versuchung, ihn zum Spielen der Melodie zu benutzen ...

Tipp!

Während wir die Melodie spielen, wird immer der jeweilige Akkord gegriffen! Beim E^7- und beim A^7-Akkord spielt der kleine Finger die Melodietöne am 3. Bund, beim B^7-Akkord entsteht die Melodie durch das Anschlagen verschiedener Saiten. Auf der **CD** erkläre ich das alles Ton für Ton.

‚Delta Blues' – Melodie

Traditional
Bearbeitung: Andi Saitenhieb

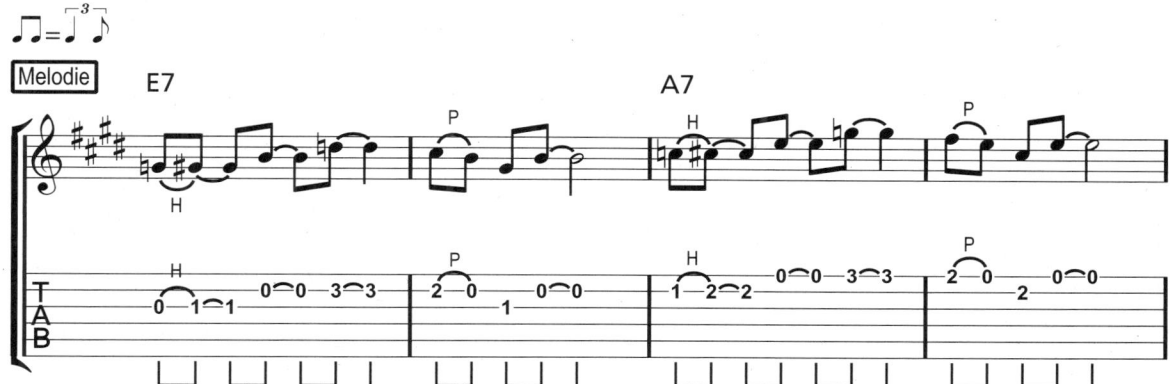

© Copyright 2014 by Alfred Music Publishing GmbH, Köln

Tipp!

Die Verzierungen mit Hammer On und Pull Off kann man auch erst mal weglassen und jeden Ton anschlagen. Wenn du das sicher spielen kann, kannst du die Verzierungen nacheinander einbauen.

III. Alternating Bass („Wechselbass")

‚Delta Blues' – Melodie mit Wechselbass

Das Zusammenfügen dieser beiden Teile (Melodie und Wechselbass) kann ganz schön schwierig sein, wenn man bisher noch keinen Wechselbass gespielt hat oder wenn man versucht, gleich alles auf einmal zu spielen. Deshalb schauen wir uns die einzelnen Teile getrennt an.

Wir beginnen mit den ersten beiden Takten. Spiele zuerst den Wechselbass mit gegriffenem E-Akkord. Dann fügst du nach und nach die Melodietöne hinzu.

Nicht vergessen: Einzeln kannst du die beiden Teile schon spielen! Auf der CD gehen wir das Ganze wieder Ton für Ton gemeinsam durch. Wenn man diesen ersten Teil erst einmal geschafft hat, wird der nächste Teil viel einfacher!

‚Delta Blues' – Takt 1 und 2

Auf Seite 68 zeige ich noch eine kleine rhythmische Variation: Manchmal ziehe ich den 4. Melodieton auf die Zählzeit „3und" vor, manchmal spiele ich den Ton auf der Zählzeit „4".

Beim A⁷-Akkord passiert exakt dasselbe eine Saite höher. Aber auf Grund der Stimmung der Gitarre müssen wir alle Töne auf der B-Saite (also auch den Hammer On) einen Bund höher spielen.

‚Delta Blues' – Takt 3 und 4

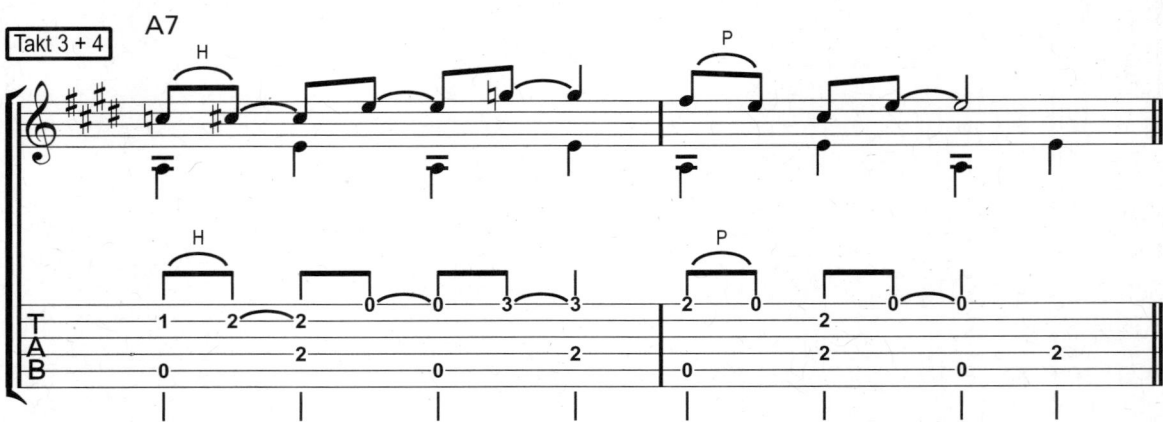

In Takt 5 und 6 wiederholen wir die ersten beiden Takte.

„Delta Blues' – Melodie mit Wechselbass

Takt 7 mit dem B⁷-Akkord ist ganz einfach, so etwas ähnliches hatten wir auch schon beim E⁷ bei ‚*Kind Hearted Woman Blues*' gespielt: Die hohen Töne werden genau zwischen den Basstönen auf den Offbeats gespielt. Du kannst zuerst wieder alle drei hohen Töne auf der ungegriffenen B-Saite spielen und erst wenn das klappt, den mittleren Ton eine Saite tiefer spielen (der *Ringfinger* ist ja schon am 2. Bund der G-Saite, weil er Teil des B⁷-Griffs ist).

Kind Hearted Woman Blues, vgl. S. 32–33

‚Delta Blues' – Takt 7

CD-Track 77

Im letzten Takt spielen wir wieder den Hammer On auf der G-Saite und dann die ungegriffene hohe E-Saite zwischen den beiden Basstönen.

‚Delta Blues' – Takt 8

CD-Track 78

Wenn du diese Teile einzeln sicher spielen kannst, setzt du sie nach und nach zusammen: Erst spielst du die ersten vier Takte langsam und steigerst das Tempo wieder in kleinen Schritten bis zum gewünschten Tempo, dann die Takte 5 bis 8 und dann erst alles zusammen.
Jetzt wäre ein guter Zeitpunkt, sich noch mal den Anhang „*Wie übe ich richtig?*" durchzulesen.

Wie übe ich richtig?, vgl. S. 158–159

III. Alternating Bass („Wechselbass")

Hier noch die gleiche achttaktige Bluesform im Stile von **Steve James** mit einer kleinen, abweichenden rhythmischen Variation in Takt 5.

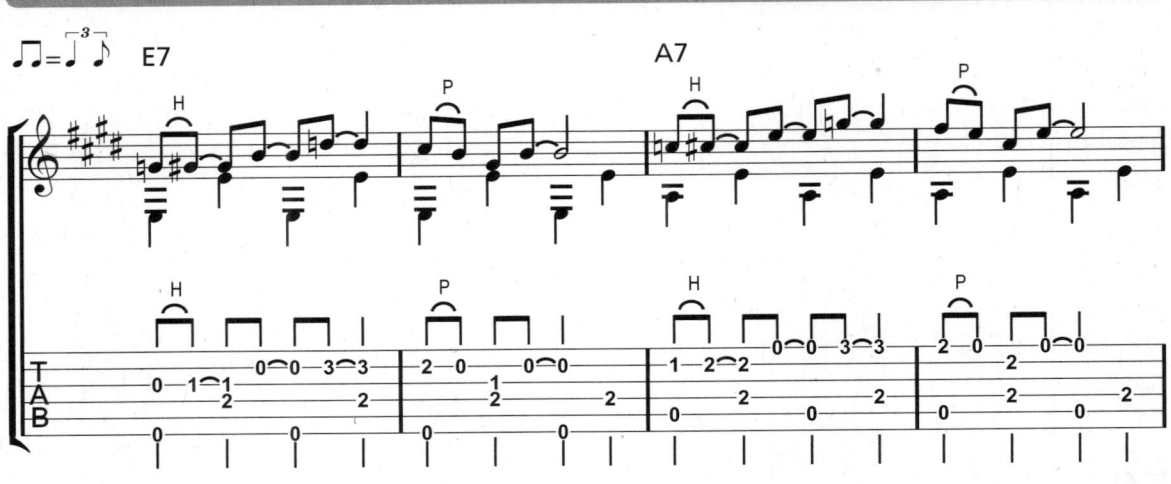

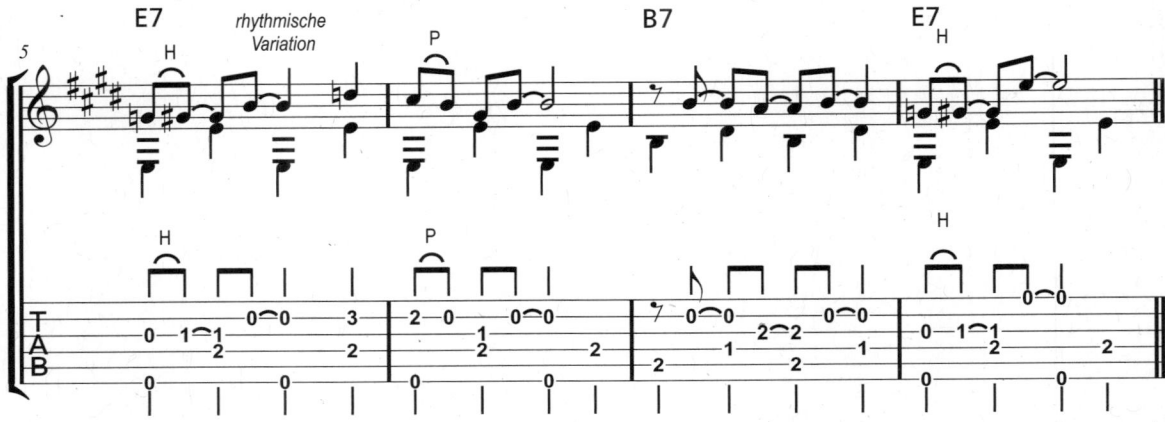

© Copyright 2014 by Alfred Music Publishing GmbH, Köln

Info!

Im September 2013 bin ich zum ersten Mal als Konzertveranstalter in Erscheinung getreten und hatte dafür **Steve James** aus den USA gebucht. Was für ein Erlebnis! Zwei Tage lang konnte ich einem der ganz großen Meister des akustischen Blues auf die Finger schauen. Dabei habe ich nicht nur Steve selbst kennengelernt, sondern von diesem wandelnden Blueslexikon auch viel über die Geschichte des Blues und seiner Protagonisten gelernt. Steve hat mir zum Beispiel erzählt, dass der Kaninchendraht vor der Bühne im Blues Brothers-Film kein Scherz sei, sondern es in einigen Gegenden von Steves Heimat Texas tatsächlich so aussehe – weil die Zuschauer wirklich Flaschen werfen! Und einmal wollte Steve einen alten schwarzen Blueser in einem armen Viertel besuchen, aber obwohl dieser offensichtlich zu Hause war, hat er Steve nicht geöffnet. Später vor einem gemeinsamen Konzert mit diesem Musiker fragte Steve ihn, warum dieser damals nicht die Tür geöffnet habe. Ob es bei ihm im Viertel so schlimm wäre? Die Antwort lautete: ‚Willst du wissen, wie schlimm es in meinem Viertel ist? Bei mir wurde schon mehrmals eingebrochen, und einmal haben sie mir ein Stück Seife geklaut. Gebrauchte Seife. So schlimm ist es.' Da kann man wirklich den Blues kriegen ... ☺
Mittlerweile veranstalte ich solche Konzerte mit nationalen und internationalen Top-Künstlern alle paar Monate. Die jeweils aktuellen Termine findest du auf **www.andisaitenhieb.de**.

1. Einfacher Wechselbass

Die folgenden Bausteine kann man auch mit *Steady Bass* spielen. Der besondere Stil von **Steve James** ist aber, dass er auch solche Delta Blues-typischen Bausteine mit Wechselbass spielt. Deshalb zeige ich sie in diesem Kapitel.

Wir lernen zuerst den jeweilgen Baustein mit Steady Bass und dann zeige ich in einem zweiten Schritt, welche teilweise ziemlich originellen Wechselbass-Ideen ich von Steve gelernt habe. Ich überlasse dir die Entscheidung, ob du das übernimmst oder bei der Standardversion mit Steady Bass bleibst. Seitdem ich diese coole Sexten-Figur bei Steve gesehen habe, ist sie mir bei zahlreichen Delta Blues-Aufnahmen aufgefallen. Ein echter Klassiker! Zuerst die Version mit Steady Bass:

Steady Bass, vgl. S. 12ff.

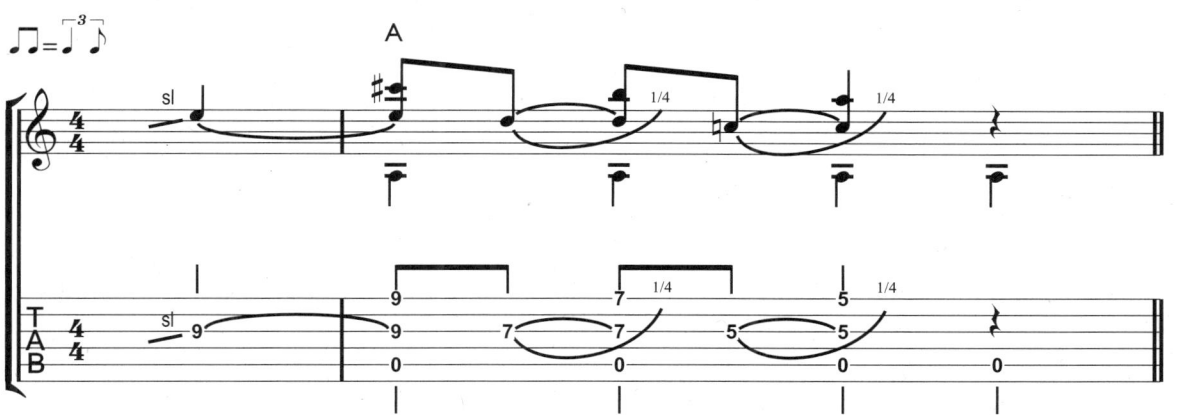

Beachte die beiden *Blues-Bends*, ohne die dieser Baustein nicht richtig klingt. Hier ist derselbe Baustein mit einer schönen Wechselbass-Idee:

Blues-Bend, vgl. S. 37.

Der Wechselton ist tiefer als der erste Basston! Der normale Wechselbass ist bei diesem Lick nicht möglich, weil wir ja nicht gleichzeitig den Basston am 2. Bund greifen und diesen Lick in den hohen Lagen spielen können.

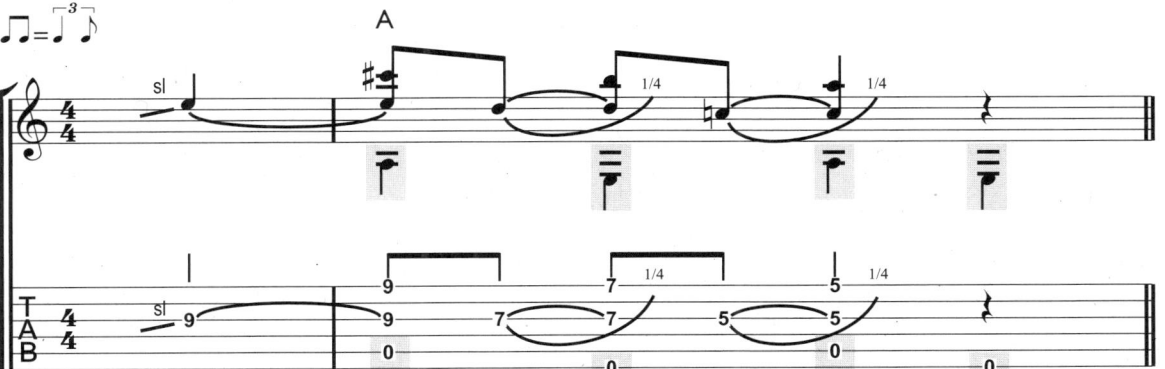

III. Alternating Bass („Wechselbass")

Das folgende Pattern habe ich entdeckt, als ich mir überlegt habe, woher die Intervalle des vorherigen Licks kommen.

Es sind Ausschnitte aus folgenden Akkorden:

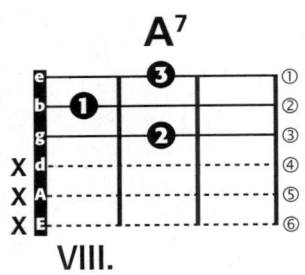 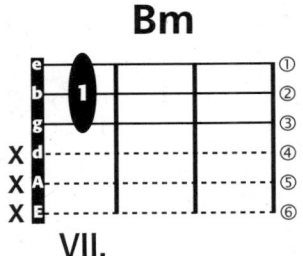 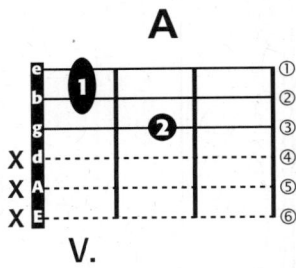

Vgl. auch Kapitel Von den Bausteinen lernen, S. 136ff

Info!

Diese Akkorde bilden auch das Hauptriff von ‚Soul Man' von den **Blues Brothers**, sie werden dort nur in einer anderen Tonart und mit einem ‚funky' Rhythmus gespielt.

Beim Klassiker ‚**Killing Floor**' von **Howlin' Wolf** spielt **Hubert Sumlin** sie als Bläser-Ersatz. Vermutlich wirst du in Zukunft einige Aufnahmen entdecken, bei denen diese Akkorde (oder Ausschnitte) davon gespielt werden.

Steve James-Figur, vgl. S. 69

Wenn man anstelle der beiden äußeren Töne (wie bei der *Steve James-Figur*) die beiden unteren Töne aus diesen Akkorden anschlägt, klingt dieser Baustein so:

Sexten-Figur mit Steady Bass 1 in A

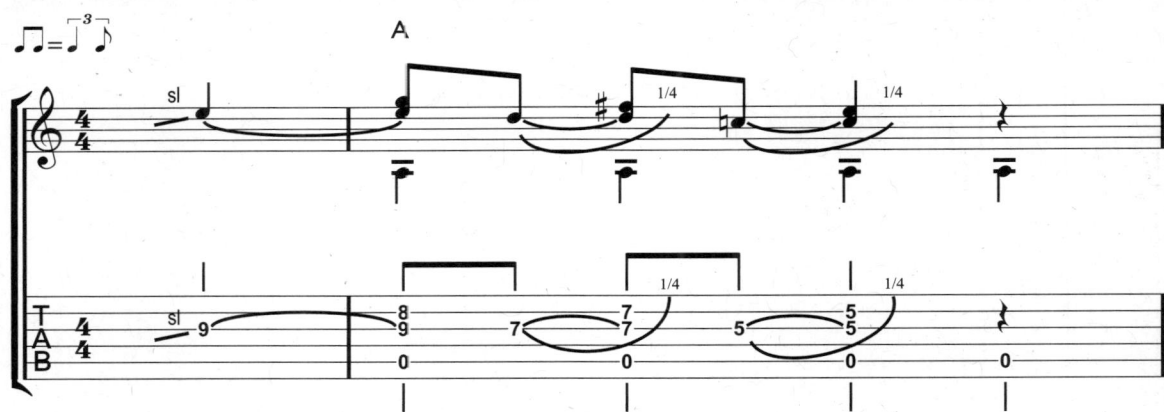

Greife die Töne am 7. und 5. Bund mit zwei verschiedenen Fingern, nicht mit Barré, denn sonst kannst du die beiden Blues-Bends nicht ausführen.

Diese beiden Patterns kann man auch sehr schön hintereinander spielen und damit ein zweitaktiges Pattern bilden.

Der nächste Lick ist auch im Stil von **Steve James**. Er erinnert mich sehr an Sachen von **Lightnin' Hopkins**. Der Schluss ist ein absoluter Klassiker im Delta Blues, den viele andere Musiker wie z. B. **Robert Johnson** auch des öfteren spielen.

1. Einfacher Wechselbass

Steady Bass à la Steve James 2 in A

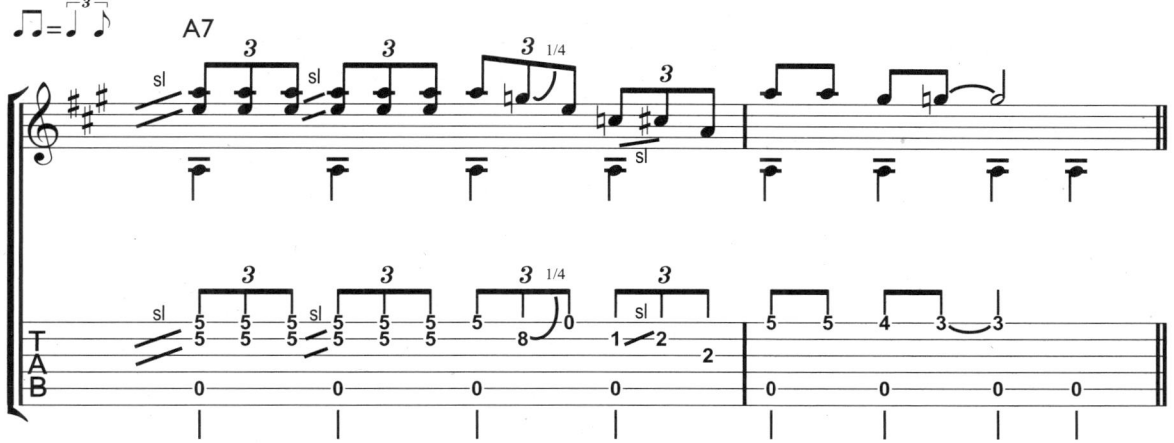

Tipp!

Die ersten sechs Anschläge werden als kleiner Barré mit dem Zeigefinger gegriffen. Beim ersten Anschlag der beiden Triolen kann man jeweils in die Töne reinrutschen (Slide).

Der Akkord auf der Zählzeit ‚4' ist wieder ein Slide mit dem Barré-Zeigefinger, der auch während des kompletten 2. Taktes gehalten wird.

Und hier noch eine Idee von mir, wie man den Sexten-Lauf mit dem Schluss von eben verlängern könnte. Ich habe die Schluss-Figur auch in Sexten harmonisiert.
Der Schlussakkord ist ein $A^{7/9}$.

Sexten-Figur mit Steady Bass 2 in A

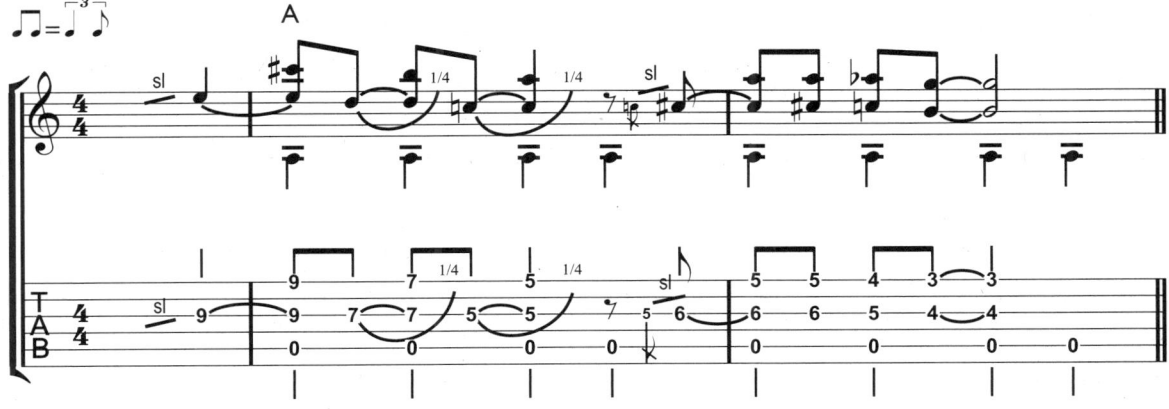

Aufgabe

Spiele die beiden letzten Beispiele mit dem eben gezeigten Wechselbass (der mit dem tiefen Wechselton auf der ungegriffenen tiefen E-Saite, vgl. Steve James-Figur – Wechselbass, S. 69).

III. Alternating Bass („Wechselbass")

Die folgenden Handpositionen sind beliebte Improvisationstöne im Delta Blues. Steve James hat sie mit seinen Wechselbass-Ideen wieder sehr interessant und originell gemacht.

Zuerst schauen wir uns die A-Position an. Wir greifen einen einfachen A⁷-Akkord mit dem *Mittelfinger* (2. Bund D-Saite) und dem *Ringfinger* (2. Bund B-Saite). In den ersten Ton kann man auch reinrutschen (Slide). Der 3. Bund auf der hohen E-Saite wird mit dem *kleinen Finger* gespielt und mit einem <u>Blues-Bend</u> verziert. Du wolltest doch schon immer deinen *kleinen Finger* trainieren, oder?☺ Zuerst wieder die einfachere Variante mit Steady Bass.

Blues-Bend, vgl. S. 37

Steady Bass à la Steve James 2 in A

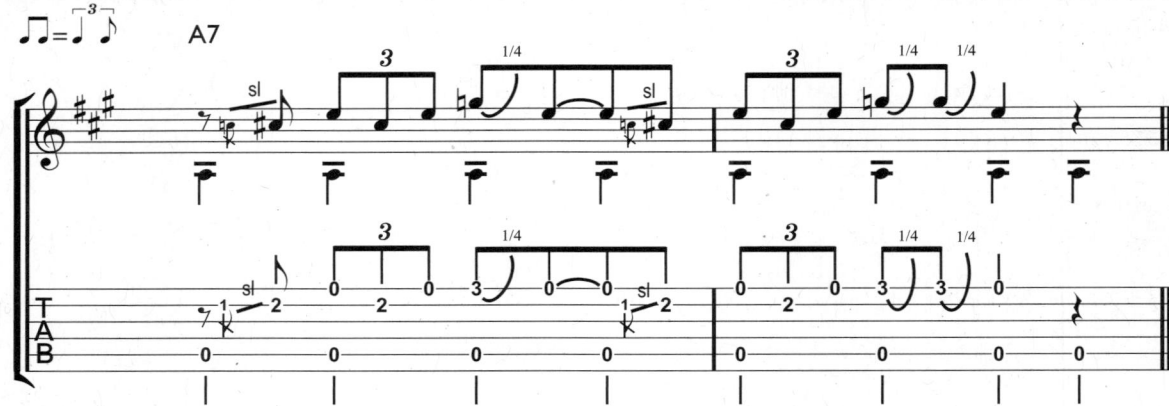

Tipp!

- Beachte, dass ich in beiden Takten zweimal fast dieselbe Melodie gespielt habe, sie aber auf einer anderen Zählzeit beginnt. Sie ist also rhythmisch verschoben. Dadurch entsteht das Gefühl einer 2-taktigen Melodie.
- Probiere diesen „Trick" auch mit anderen Melodien und Licks, die du schon kennengelernt hast bzw. im Verlaufe dieses Buchs noch kennenlernst.

Aufgabe

Ersetze die Basstöne auf den Zählzeiten ‚2' und ‚4' wieder durch die ungegriffene tiefe E-Saite.

Jetzt verschieben wir das Ganze 5 Bünde höher auf den D-Akkord. Der Baston ändert sich natürlich dementsprechend.

Steady Bass à la Steve James 2 in D

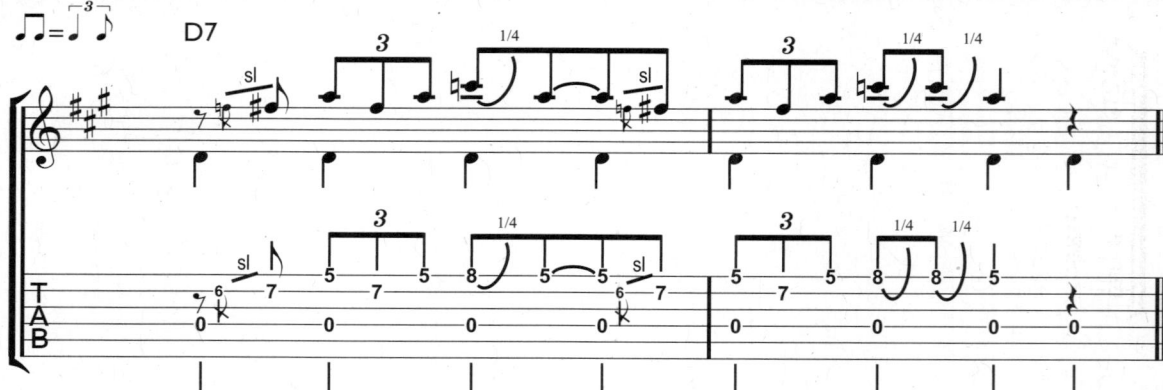

2. Doppelter Wechselbass

Aufgabe

Spiele auch dieses Beispiel wieder mit Wechselbass mit dem tiefen Wechselton auf der nächsttieferen Saite (in diesem Fall also die ungegriffene A-Saite).

2. Double Alternating Bass / Doppelter Wechselbass

Beim D-Akkord gibt es natürlich noch eine weitere Möglichkeit, die wir auf *Seite 18* im Kapitel ‚*Steady Bass*' schon kennengelernt haben.

Wir haben dort das tiefe F# am 2. Bund der tiefen E-Saite als Basston genommen. Natürlich kann man auch die ungegriffene D-Saite als Basston nehmen. Und die ungegriffene A-Saite passt auch als Wechselbass ... Könnte man da nicht ein Bass-Pattern aus allen 3 Basstönen basteln? Natürlich kann man! Das nennt man **"Double Alternating Bass"**, auf deutsch also **"Doppelter Wechselbass"**.

Doppelter Wechselbass – Standardfolge

Die Standard-Reihenfolge für den doppelten Wechselbass ist für einen Blues in A beim ...

- *A⁷-Akkord:* **A** *(A-Saite)* – **E** *(2. Bund D-Saite)* – **E** *(tiefe E-Saite)* – **E** *(2. Bund D-Saite).*
- *D⁷-Akkord:* **F#** *(2. Bund tiefe E-Saite)* – **D** *(D-Saite)* – **A** *(A-Saite)* – **D** *(D-Saite).*
- *E⁷-Akkord:* **E** *(tiefe E-Saite)* – **E** *(2. Bund D-Saite)* – **B** *(2. Bund A-Saite)* – **E** *(2. Bund D-Saite).*

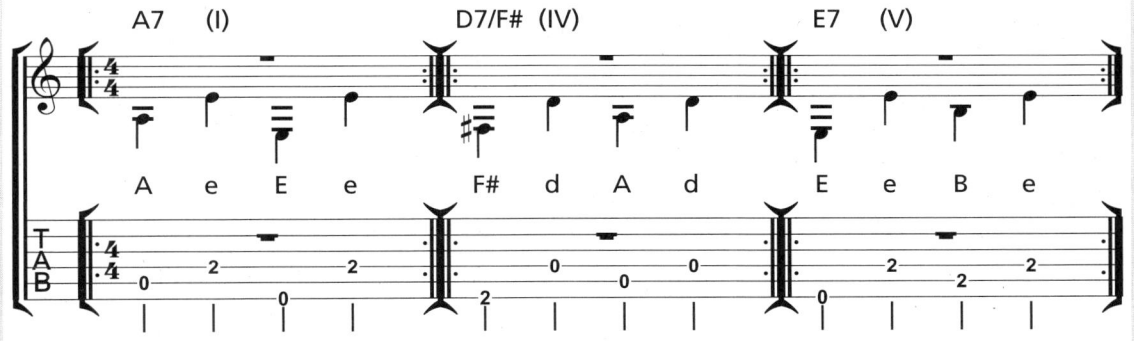

und für einen Blues in E beim ...

- *E⁷-Akkord:* **E** *(tiefe E-Saite)* – **E** *(2. Bund D-Saite)* – **B** *(2. Bund A-Saite)* – **E** *(2. Bund D-Saite).*
- *A⁷-Akkord:* **A** *(D-Saite)* – **E** *(2. Bund A-Saite)* – **E** *(tiefe E-Saite)* – **E** *(2. Bund D-Saite).*
- *B⁷-Akkord:* **E** *(tiefe E-Saite)* – **E** *(2. Bund D-Saite)* – **B** *(2. Bund A-Saite)* – **E** *(2. Bund D-Saite).*

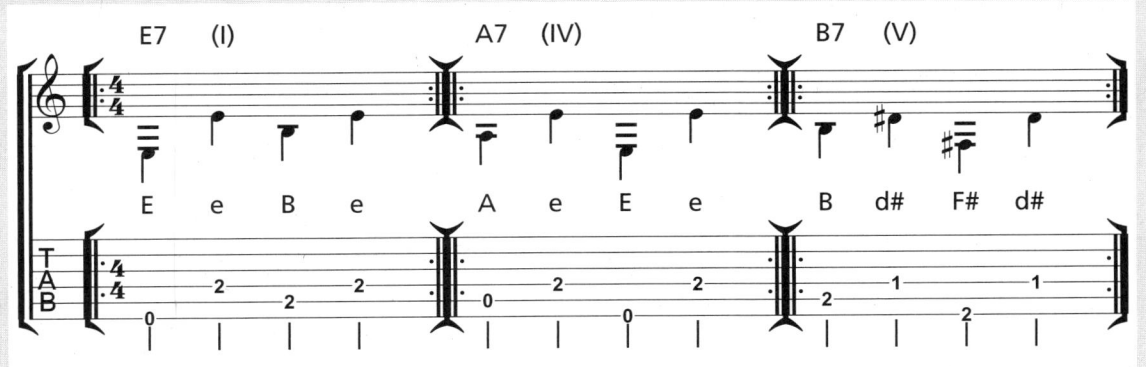

B7-Wechselbass, Der Mittelfinger springt zwischen 2. Bund A-Saite und 2. Bund E-Saite hin und her.

III. Alternating Bass („Wechselbass")

D⁷-Melodie,
vgl. S. 34,
CD-Track 26

Hier ist eine <u>Melodie</u> für den **D⁷**-Akkord, die wir schon kennen und die jetzt mit dem typischen **Double Alternating Bass** versehen wurde:

A⁷-Melodie,
vgl. S. 72,
CD-Track 85

Hier ist eine uns schon bekannte <u>Melodie</u> für den **A⁷**-Akkord, ebenfalls mit **Double Alternating Bass** gespielt:

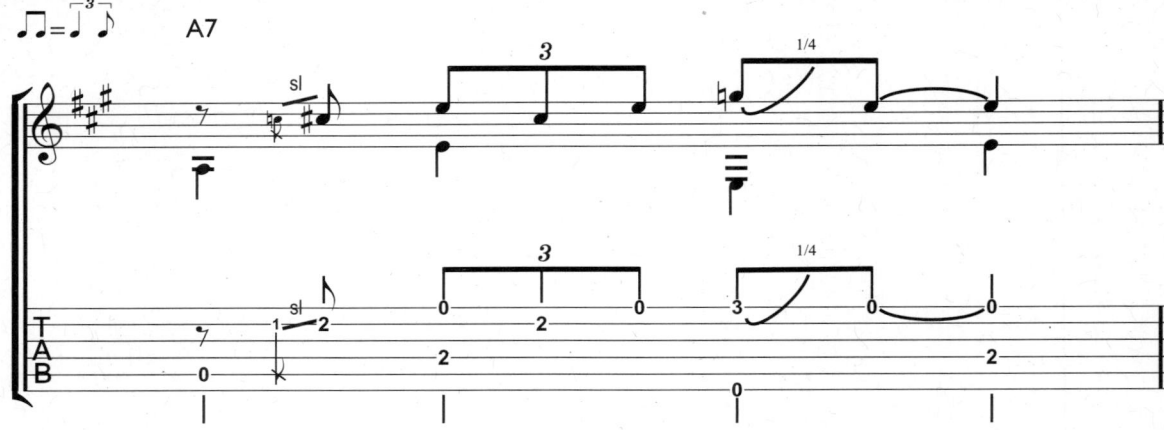

E⁷-Melodie,
vgl. S. 25,
CD-Track 16

Und noch ein <u>Beispiel für E⁷</u>, das wir bisher mit Steady Bass gespielt haben:

Garantiert Akustik Bluesgitarre lernen

2. Doppelter Wechselbass

Und zum Abschluss zwei Ideen für die Bassführung vom Meister **Steve James**.
Der 7. Bund auf der tiefen E-Saite wird mit dem *Daumen* gegriffen. Die Melodie entspricht CD-Track 90, ist aber nach D transponiert.

Doppelter Wechselbass à la Steve James

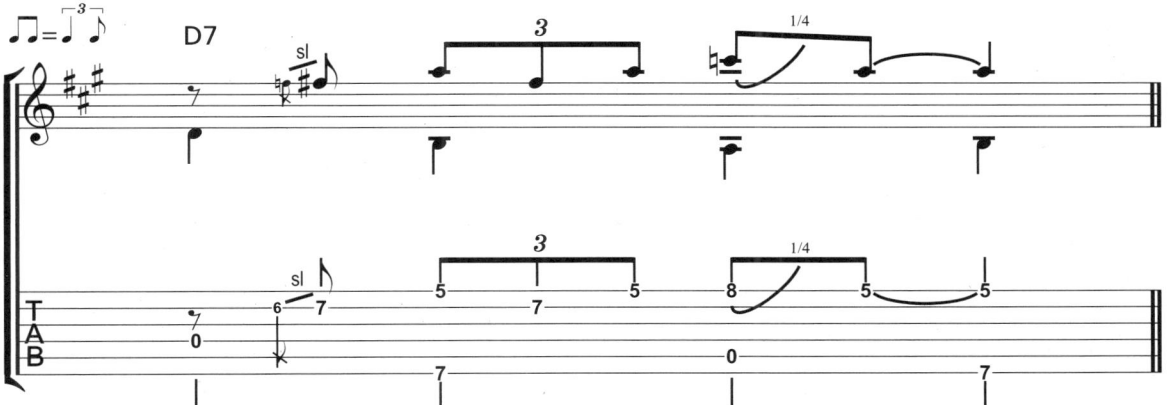

Der zweite ist kein Wechselbass mehr, sondern schon ein *Walking Bass*!
Der 2. Bund auf der tiefen E-Saite wird mit dem *Daumen* gegriffen. Die Melodie entspricht CD-Track 89.

Walking Bass, vgl. Glossar, S. 212

Walking Bass à la Steve James

Aufgabe

Erfinde selbst ein paar Beispiele mit mehr als 2 Basstönen und einer einfachen Melodie. Wenn du etwas für alle drei Grundtöne gefunden hast, kannst du dir ein 12-taktiges Solo zusammensetzen.

Tipp!

- *Bloß weil etwas schwieriger zu spielen ist, ist es noch lange nicht „besser"!*
  Steady Bass, Alternating Bass und Double Alternating Bass klingen unterschiedlich, nicht besser oder schlechter. Im Zweifelsfall lieber etwas Einfacheres SICHER spielen als etwas Schwierigeres zu VERHOLPERN!

IV. Ragtime

Kapitelübersicht

IV. Ragtime	76
1. Ragtime – Tonart C	76
■ *Spicy Cat*	76
Alternating Bass (Wechselbass)	77
Fingerpicking-Pattern mit Wechselbass	78
■ *Rag Papa Rag*	81
Alternating Bass (Wechselbass)	82
Fingerpicking-Pattern mit Wechselbass	83
Variationen zur ‚Rag Papa Rag'-Akkordfolge	86
A. Double Alternating Bass (Doppelter Wechselbass)	86
B. Fills und Melodie-Variationen	88
2. Ragtime in anderen Tonarten	89
■ *Truckin' My Blues Away – Akkordfolge*	93

> **Ragtime,**
> Ragtime ist eine Musikrichtung, die ursprünglich auf dem Klavier gespielt wurde. Sie entstand zu Beginn des 20. Jahrhunderts. Ihr bekanntester Vertreter war **Scott Joplin**, dessen Ragtime ‚*The Entertainer*' Jahrzente später als Titelsong des Kinohits ‚*The Sting*' (‚*Der Clou*') noch einmal populär wurde.

1. Ragtime – Tonart C

Bisher haben wir uns mit den beiden blues-typischen Gitarren-Tonarten A und E beschäftigt. Viele Bausteine konnten wir in beiden Tonarten verwenden, da in beiden Tonarten die Akkorde A⁷ bzw. E⁷ vorkommen. Jetzt wenden wir uns einer neuen Tonart mit ganz neuen Bausteinen zu. Es ist die **Tonart C**, die sehr häufig für Ragtime-Stücke verwendet wird.

‚Spicy Cat'

Zuerst schauen wir uns eine typische Ragtime-Akkordfolge an:

Aufgabe (CD-Track 94)

> *Zum Üben vereinfachen wir uns die Akkordfolge erst einmal und spielen auch im ersten Takt A7.*

Merke dir zuerst einmal die neue Akkordfolge.

| C | A⁷ | D⁷ | D⁷ |
| G⁷ | G⁷ | C | C |

Höre dir zur Einstimmung ein paar Versionen des Songs ‚*Salty Dog*' mit dieser Akkordfolge an.

Diskographie

- **Salty Dog – Leadbelly** auf: „Leadbelly ARC & Library of Congress Recordings Vol. 1 (1934-1935)" (Document 5591)
- **Salty Dog – Blind Willie McTell** auf: „Last Session"
- **Salty Dog – Mississippi John Hurt** auf: „Revisited" und „Candy Man Blues"
- **A Salty Dog Rag – Stefan Grossman** auf: „How To Play Ragtime Guitar" und „Black Melodies On A Clear Afternoon"
- **Salty Dog Rag – Chet Atkins** auf: „Down Home" und „Big City Sounds"
- **Salty Dog – The Allen Brothers** auf: „Salty Dog Blues – 1920s Classics"
- **Salty Dog – Papa Charlie Jackson** auf: „Complete Recorded Works Vol. 1 1924–1926" (Document 5087)
- **Salty Dog – Red Willie Smith** auf: „Negro Folk Music Of Alabama Vol. 1: Secular Music"

1. Ragtime – Tonart C

Der Song ‚Salty Dog' ist ein alter Folk Song. Der gleichnamige Titel von **Kokomo Arnold** ist übrigens ein anderer Song.

Alternating Bass (Wechselbass)

Eine beliebte Variation ist es, im ersten Takt auch schon A^7 zu spielen (z. B. bei dem Klassiker ‚Rag Mama Rag'). Zuerst üben wir den Wechselbass über diese Akkordfolge. Solltest du noch nicht alle vier Akkordgriffe kennen, musst du sie natürlich erst einmal üben. Selbstverständlich wird *nur* der *Daumen* für den Anschlag verwendet, die Finger schlagen ja später noch die hohen Saiten an.

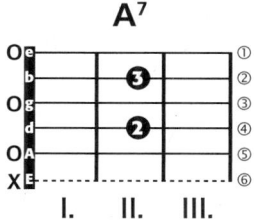 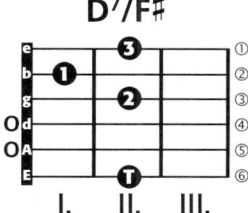 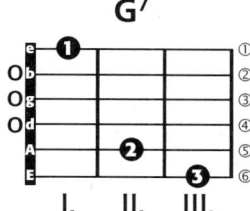 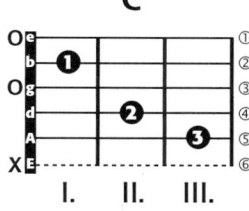

Aufgabe

Probiere doch einmal selbst aus, welche Töne man als Wechselbass spielen könnte, bevor du weiter machst.

Hier ist mein Vorschlag:

Wir wechseln jeweils zwischen dem Grundton des jeweiligen Akkords (E- oder A-Saite) und der D-Saite. Beim D^7-Akkord nehmen wir als tiefen Ton die Terz F# auf der tiefen E-Saite, weil der Grundton auf der D-Saite liegt.

‚Spicy Cat' – Wechselbass

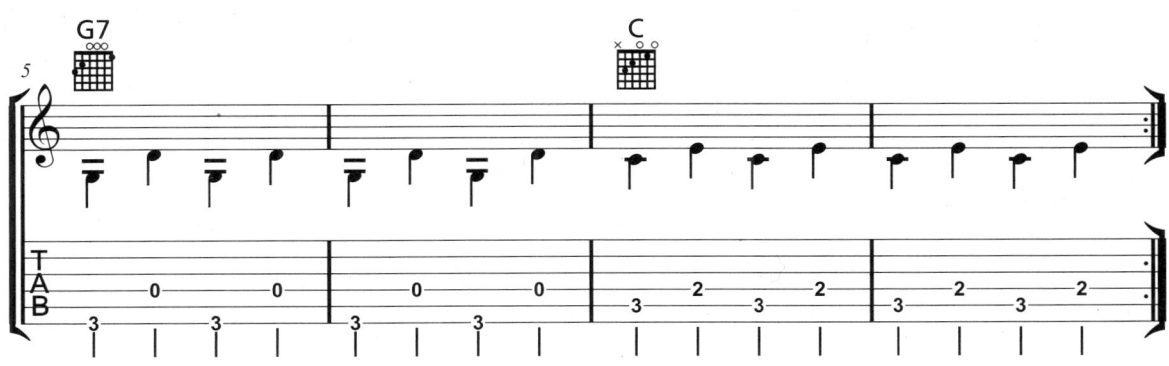

Garantiert Akustik Bluesgitarre lernen

IV. Ragtime

Fingerpicking-Patterns mit Wechselbass

Jetzt kommen die Finger der Anschlagshand dazu. Wir spielen ein **zweitaktiges Zupfmuster** mit durchgehendem Wechselbass. Der *Daumen* macht also exakt dasselbe wie eben, es kommen nur weitere Anschläge mit den Fingern der Greifhand hinzu.

Tipp!

Die Möglichkeiten der Anschlagshand sind bei einem typischen __Fingerpicking__-Pattern mit Wechselbass deutlich übersichtlicher als man denken könnte:

- *Die Saiten können entweder nur vom Daumen oder nur von einem Finger oder von beiden zusammen angeschlagen werden. Die Anschlagshand kann also nur drei verschiedene Dinge tun!*
- *Der Daumen schlägt immer genau auf den Zählzeiten an und zwar ausschließlich. Daraus ergibt sich, dass auf den Zählzeiten entweder nur der Daumen anschlägt oder der Daumen und ein Finger zusammen. Auf den Zählzeiten schlägt nie ein Finger alleine an. Auf den ‚und'-Zählzeiten kann nur ein Finger anschlagen oder aber es wird gar kein Ton angeschlagen.*

Fingerpicking,
Sollte dir das
Fingerpicking
noch schwer
fallen, findest du
im Anhang auf
Seite 151-157
eine systematische
Anleitung
zum Üben dieser
Spieltechnik.

Grundsätzlich gibt es **zwei Möglichkeiten** für die Anschlagshand:

1. Der *Daumen* spielt den Wechselbass und der *Zeigefinger* (oder der *Mittelfinger*) schlägt die hohen Töne an. Viele der alten Meister haben so gespielt, nur mit *Daumen* und einem Finger.

2. Der *Daumen* spielt den Wechselbass, der *Zeigefinger* schlägt die Töne auf der B-Saite an und der *Mittelfinger* schlägt die Töne auf der hohen E-Saite an.

Zweitaktiges Picking-Pattern mit C-Akkord

Sobald das Picking-Pattern rund läuft, fügen wir die Akkordwechsel hinzu.

1. Ragtime – Tonart C

„Spicy Cat' – Zweitaktiges Picking-Pattern *by Andi Saitenhieb*

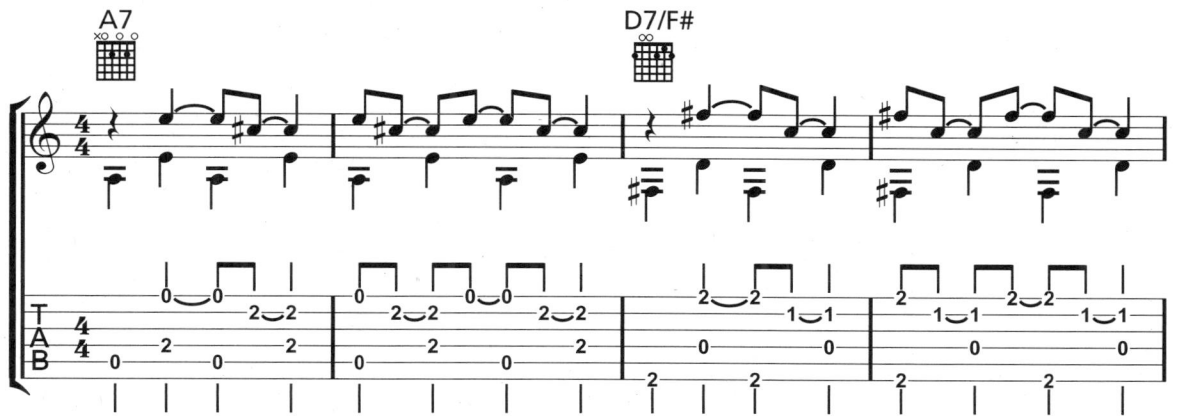

© Copyright 2014 by Alfred Music Publishing GmbH, Köln

Jetzt peppen wir das Ganze noch etwas auf. Wir müssen dazu mitten im Picking-Pattern wechseln, denn wir spielen gleich im ersten Takt den C-Akkord. Diesen Wechsel mitten im Picking-Pattern üben wir erst mal einzeln:

„Spicy Cat' – Akkordwechsel im Picking-Pattern

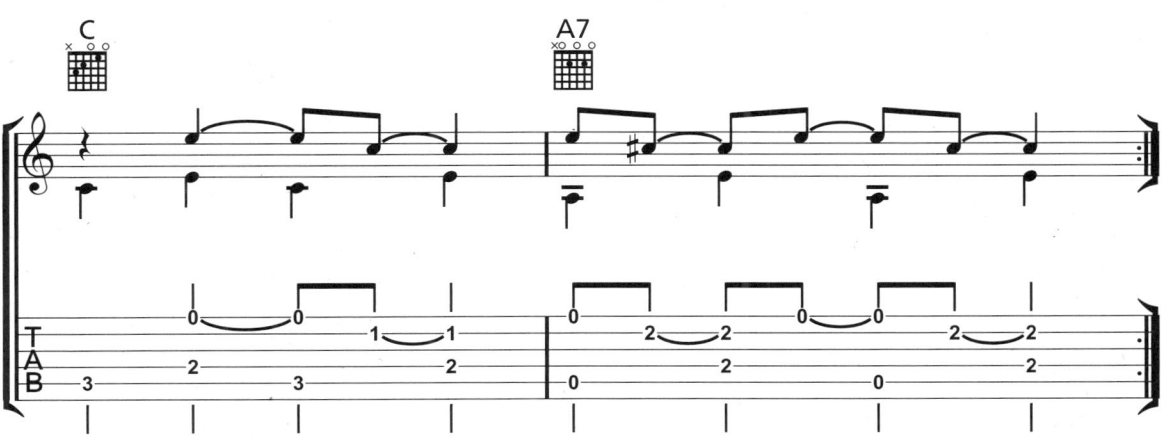

IV. Ragtime

Im letzten Takt bauen wir jetzt noch einen Basslauf ein. Während des Basslaufs setzen die Finger kurz aus, um ihn hervorzuheben. Dieser Basslauf wird komplett mit dem *Daumen* angeschlagen.

„Spicy Cat' – Bass-Lauf Takt 8

 Aufgabe

Denke dir Variationen zu diesem Picking-Pattern aus. Wenn du diese sicher beherrschst, versuche doch einmal, ob du verschiedene Picking-Patterns mischen kannst. Wenn du das geschickt machst, kommt dabei ein Solo-Stück mit einer interessanten Melodie heraus.

1. Ragtime – Tonart C

‚Rag Papa Rag'

Wie bereits erwähnt, wird bei bei vielen anderen Gitarren-Ragtime-Aufnahmen wie dem Klassiker ‚*Rag Mama Rag*' auch im ersten Takt schon ein A^7-Akkord gespielt.

Aufgabe

Hier zur Erinnerung noch einmal die Akkordfolge:

A^7	A^7	D^7	D^7
G^7	G^7	C	C

Höre dir zur Einstimmung ein paar Versionen des Songs ‚*Rag Mama Rag*' mit dieser Akkordfolge an.

Diskographie

- **Rag Mama Rag – Blind Boy Fuller** auf: „Volume 1" (Document 5091)
- **Rag Mama Rag – Carolina Slim** auf: „Carolina Blues 1950–1952"
- **Rag Mama Rag – Roy Book Binder** auf: „Polk City Ramble"
- **South Carolina Rag – Willie Walker** auf: „Ragtime Blues Guitar 1927–1930" (Document 5062)
- **Wabash Rag – Blind Blake** auf: „Volume 2" (Document 5025)

Im Vergleich zum vorherigen Song gibt es folgende **Neuerungen**:

1. Anstelle des A^7-Akkords im 2. Bund spielen wir dieses Mal das sogenannte „*Long A*" (s.u.).
2. Anstelle des D^7-Akkords in der ersten Lage spielen wir jetzt einen **verschobenen C^7-Griff**.
3. Wir bauen ein paar **Verzierungen und Fills** ein.
4. Letztlich spielen wir also **kein durchgehendes Pattern** mehr.

Zuerst üben wir wieder die Griffwechsel:

„*Long A*", Wenn man mit dem Mittelfinger den Ton am 3. Bund der hohen e-Saite spielt, wird dieser Akkord natürlich zum A^7. Seinen Namen hat dieser Griff aber von der Basisversion mit kleinem Finger am 5. Bund.

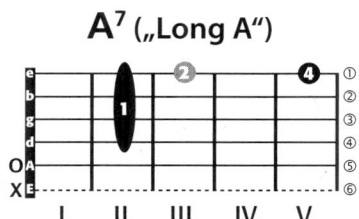

A^7 („Long A")

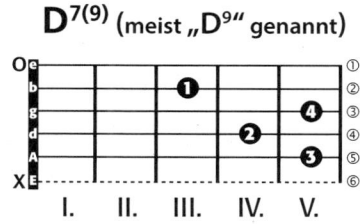

$D^{7(9)}$ (meist „D^9" genannt)

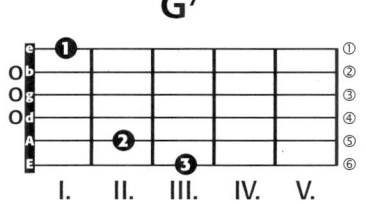

G^7

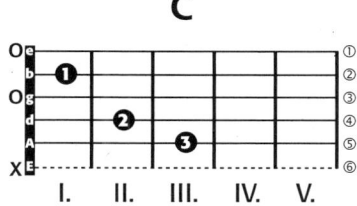

C

IV. Ragtime

Dann spielen wir einen einfachen Wechselbass über diese Akkordfolge:

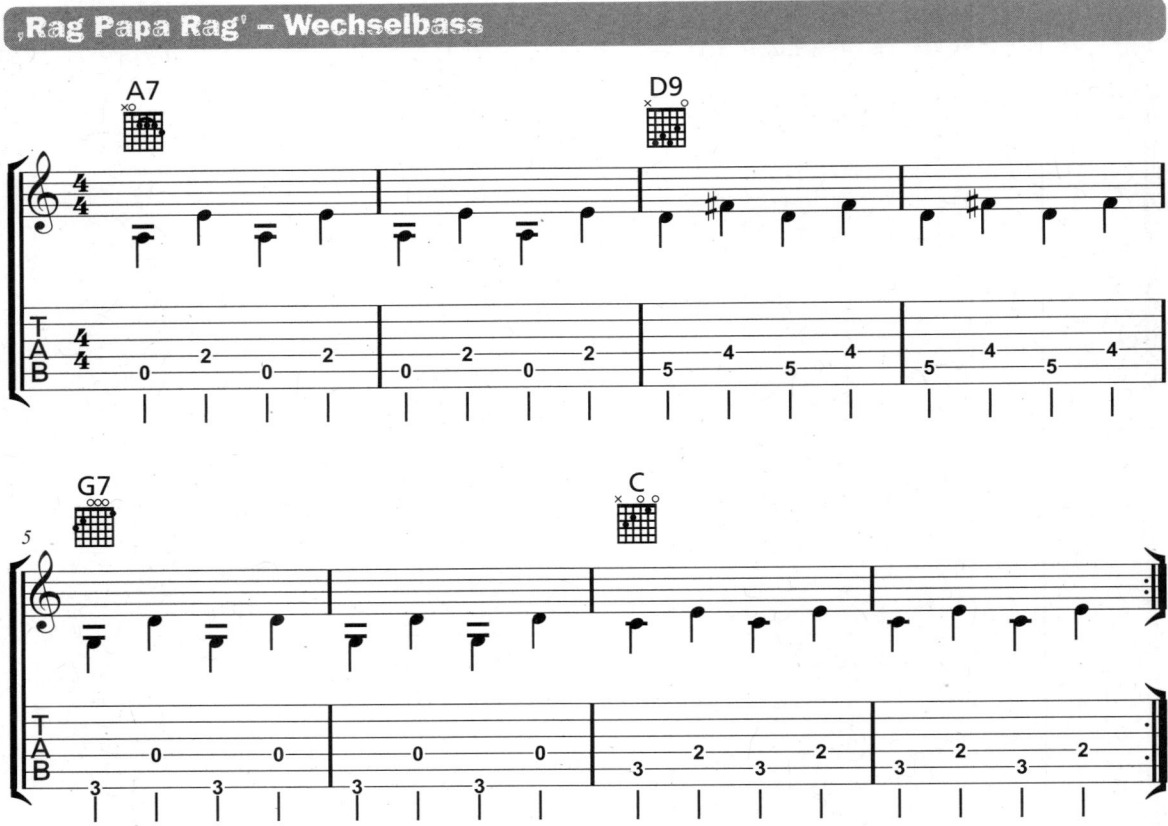

Und jetzt kommen wieder die Finger der Anschlagshand dazu.

Info!

Wenn du dir Noten / Tabs von einem Song kaufst, dann bekommst du den Song normalerweise in einem Stück serviert. An diesem Beispiel möchte ich einmal ausführlich demonstrieren, wie du beim Üben eines so notierten Stücks am besten vorgehst.

- Zuerst zerlegst du den Song in leicht verdauliche Häppchen, die musikalisch Sinn ergeben. Beim folgenden Arrangement der ‚Rag Papa Rag'-Akkordfolge wären das zweitaktige Abschnitte. Den Basslauf des Intros lassen wir anfangs weg.
- Wenn du die einzelnen Abschnitte eingeübt hast, setzt du alles wieder zusammen.

Hier also nun zuerst die Version, wie du sie in einem Notenbuch finden würdest:

1. Ragtime – Tonart C

„Rag Papa Rag' – Notenbuchversion *by Andi Saitenhieb*

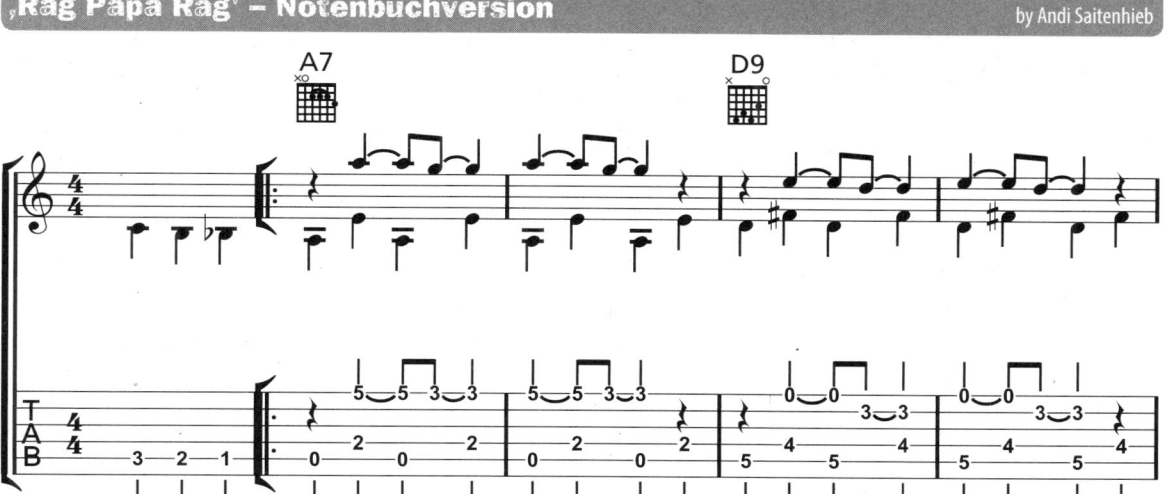

© Copyright 2014 by Alfred Music Publishing GmbH, Köln

Um das einzuüben, wäre der erste musikalisch sinnvolle Abschnitt Takt 1 bis 2 (ohne Auftakt):

„Rag Papa Rag' – Takt 1 und 2

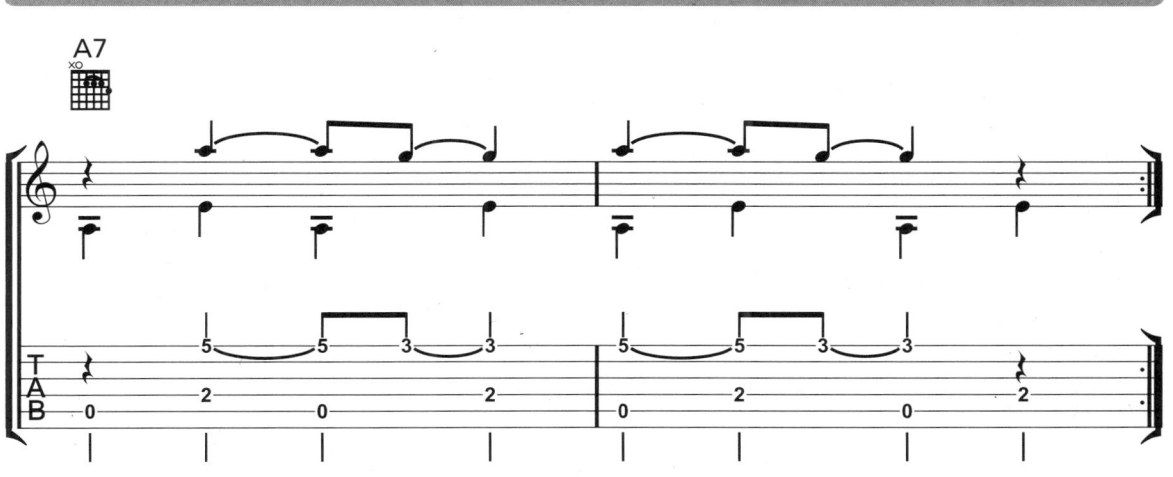

Garantiert Akustik Bluesgitarre lernen

IV. Ragtime

Der nächste musikalisch sinnvolle Übungsabschnitt wäre wieder zwei Takte lang:

‚Rag Papa Rag' – Takt 3 und 4

Der dritte Abschnitt wäre wieder zwei Takte lang, allerdings würde ich noch den nächsten Baßton mitspielen, damit die Phrase musikalisch vollständig klingt.

‚Rag Papa Rag' – Takt 5 bis 7

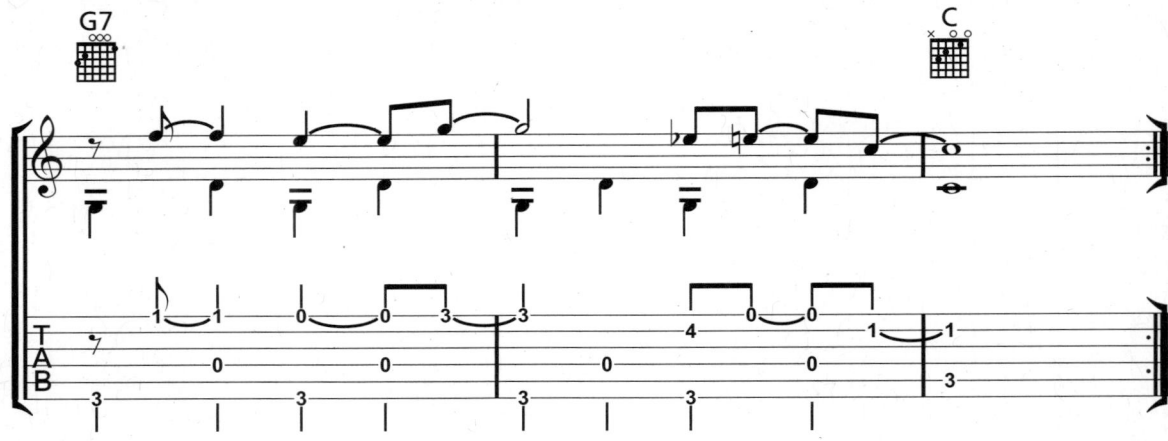

„Im Kreis spielen": Übe-Methode, bei der man einen Abschnitt ohne Unterbrechung mehrmals hintereinander spielt.

An diesem Abschnitt stört mich allerdings, dass man ihn nicht *„im Kreis spielen"* kann. Deshalb würde ich eher die letzten drei Melodietöne weglassen, weil sie musikalisch eigentlich schon zum nächsten Abschnitt gehören (Auftakt).

‚Rag Papa Rag' – Takt 5 bis 6

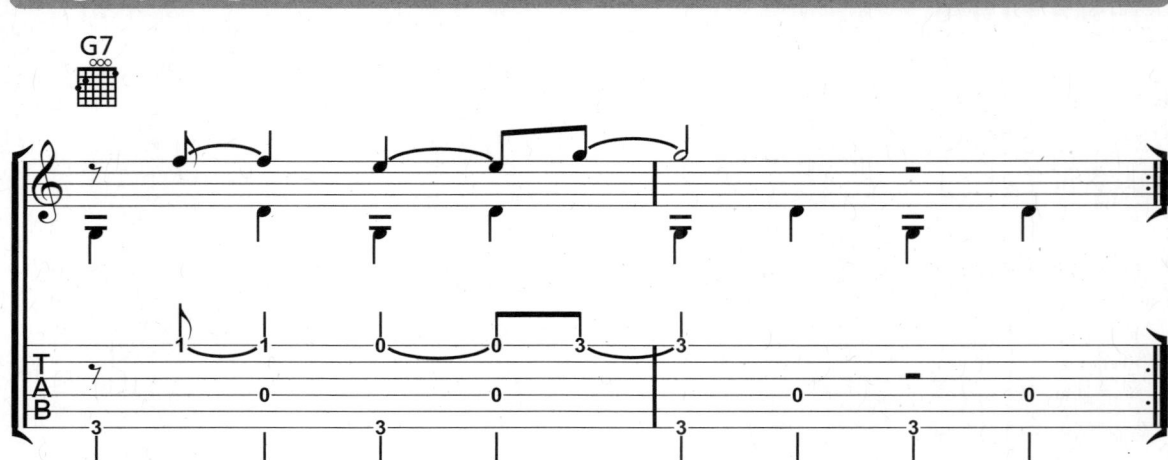

1. Ragtime – Tonart C

Und jetzt kommen die letzten beiden Takte dran:

‚Rag Papa Rag' – Takt 7 bis 8

An diesem Abschnitt stört mich auch schon wieder etwas: Der Basslauf führt ins Nichts. Deshalb würde ich ihn weglassen und lieber den Takt davor mit üben, da dort ja der Auftakt zu diesem Abschnitt zu finden ist:

‚Rag Papa Rag' – Takt 6 – 7 – 6

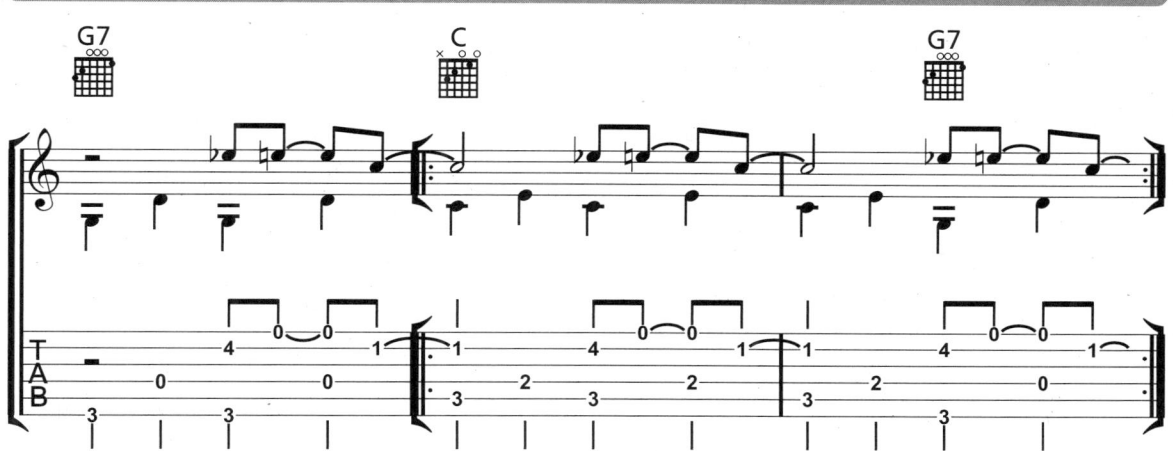

Der *kleine Finger* muss sich bei diesem Abschnitt ganz schön strecken, um den Ton am vierten Bund zu greifen. Ich setze jeweils nur den *Mittelfinger* und den Ringfinger als G- bzw. C-Akkord auf, da ich ja den *Zeigefinger* und den *kleinen Finger* für die Melodietöne brauche.

Jetzt bauen wir die gesamte Akkordfolge zusammen und setzen den weggelassenen Melodieton (Takt 6) und den den Basslauf (Takt 8) dabei ein. Das Notenbeispiel findest du auf *Seite 83*.

Tipp!

Auch wenn du die einzelnen Abschnitte jetzt schon kannst, solltest du mit dem zusammengesetzten Song wieder ziemlich langsam beginnen und das Tempo erst schrittweise steigern. Eventuell übst du erst mal nur jeweils viertaktige Abschnitte.

IV. Ragtime

Variationen zur ‚Rag Papa Rag'-Akkordfolge

A. Double Alternating Bass (Doppelter Wechselbass)

Jetzt überlegen wir uns noch ein paar Variationen. Der Song hat einen Wechselbass? Da könnte man doch vielleicht einen doppelten Wechselbass einbauen? Probieren wir es aus!

Wenn du einen doppelten Wechselbass spielen möchtest, könntest du beim ersten Abschnitt den jeweils dritten Bastton in beiden Takten durch die ungegriffene tiefe E-Saite ersetzen.

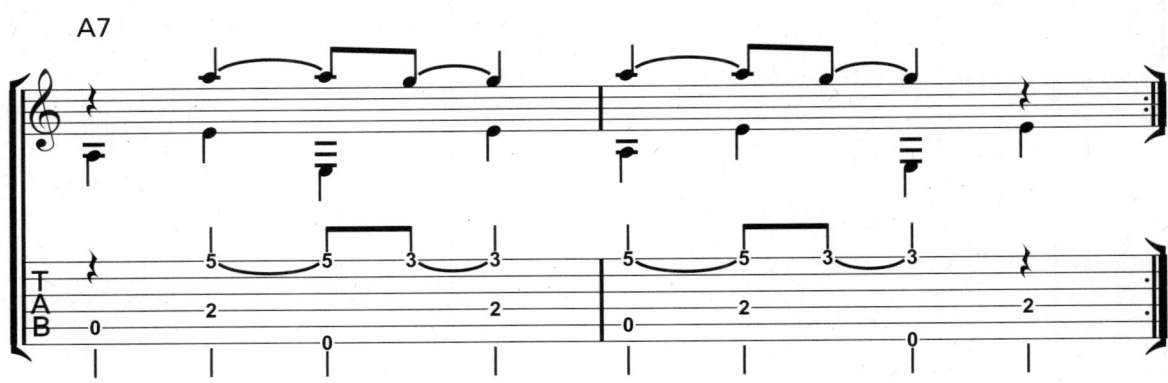

‚Rag Papa Rag' – A7-Variation „Doppelter Wechselbass'

Beim D7 müssen wir für einen doppelten Wechselbass umgreifen: Der *Ringfinger* der Greifhand greift abwechselnd die Töne am 5. Bund der A-Saite bzw. der tiefen E-Saite:

‚Rag Papa Rag' – D7(9)-Variation „Doppelter Wechselbass'

1. Ragtime – Tonart C

Im dritten Abschnitt spielen wir die (am 2. Bund gegriffene) A-Saite als dritten Baston:

„Rag Papa Rag' – G⁷-Variation „Doppelter Wechselbass'

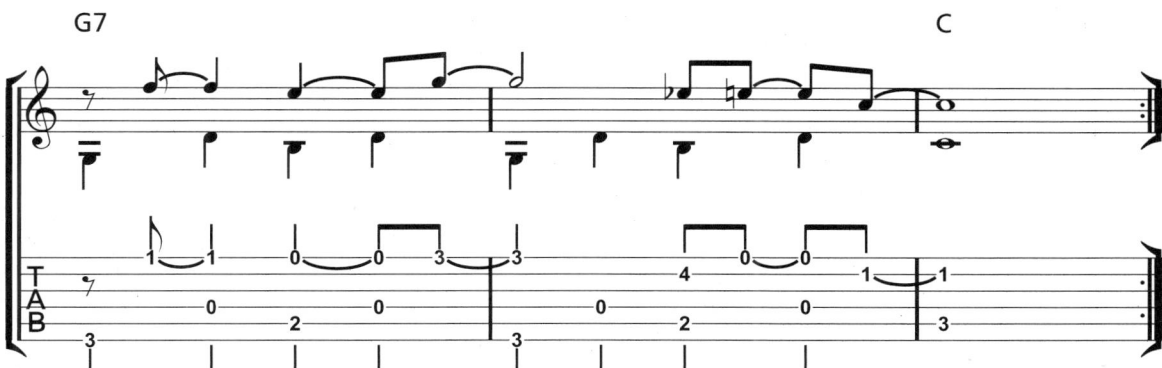

Wegen des Basslaufs im letzten Takt muss man im letzten Abschnitt nur einen Baston ändern. Wie schon beim D⁷-Akkord springt auch hier der *Ringfinger* der Greifhand zwischen der A-Saite und der tiefen E-Saite hin und her.

„Rag Papa Rag' – C-Variation „Doppelter Wechselbass'

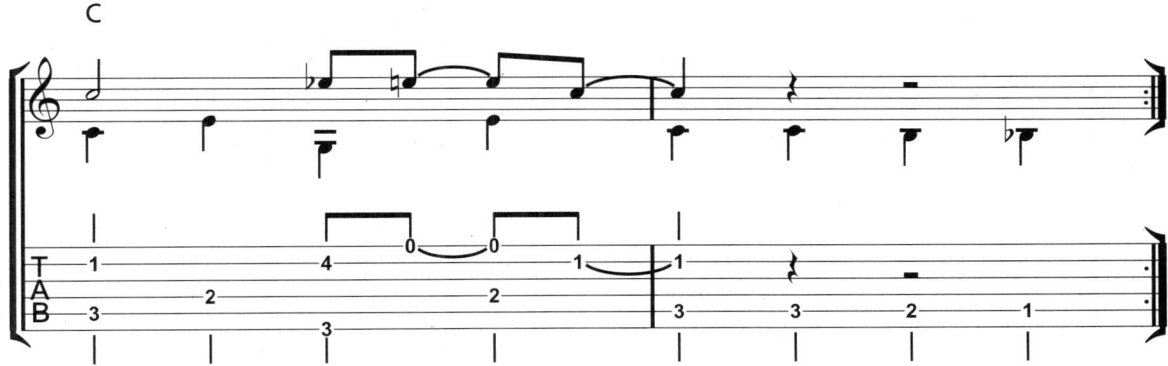

Aufgabe

Setze die vier Abschnitte mit dem doppelten Wechselbass zusammen.

IV. Ragtime

B. Fills und Melodie-Variationen

Die zwei Takte mit dem G7-Akkord könnte man auch so spielen:

„Rag Papa Rag' – G7-Variation mit veränderter Melodieführung

Und zum krönenden Abschluss noch ein fetziger Lauf für die letzten beiden Takte mit dem C-Akkord. Das ist jetzt schon ziemlich schwierig, insbesondere wenn das Tempo höher wird!

Also erst langsam üben und dann langsam das Tempo steigern. Viel Spaß und Erfolg!

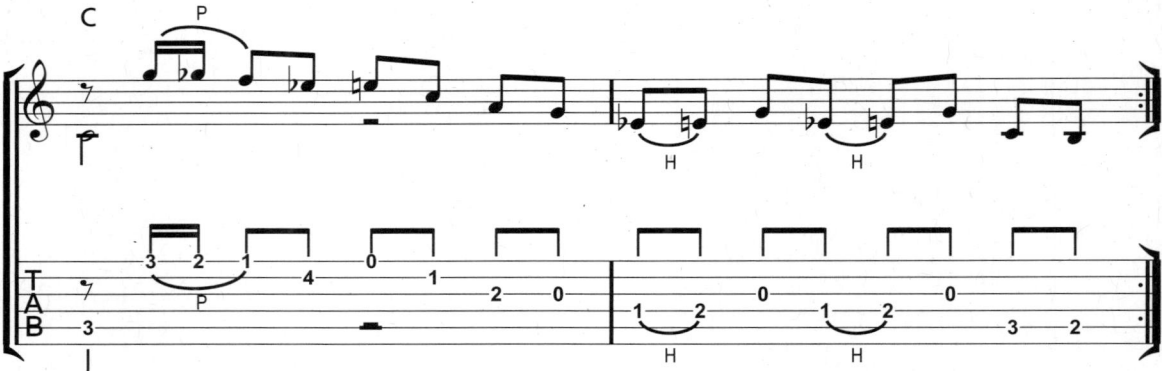

„Rag Papa Rag' – C-Variation mit Schluss-Fill

Aufgabe

- Kombiniere die gezeigten Patterns beliebig miteinander, um immer wieder neue Durchgänge zu spielen und dich nicht ständig zu wiederholen. Das funktioniert natürlich erst, wenn die einzelnen Teile sicher gespielt werden können.

- Denke dir weitere Variationen aus und baue sie ein.

2. Ragtime in anderen Tonarten

2. Ragtime in anderen Tonarten

Die Tonart C ist eine sehr häufig verwendete Tonart für Ragtimegitarre, aber natürlich kann man auch problemlos in anderen Tonarten spielen. Wir übertragen jetzt das bisher Gelernte in weitere gitarrentypische Tonarten.

Tonart G

Mit den bisher gezeigten Bausteinen können wir schon einen 12-Takter in der **Tonart G** spielen. Die Akkordfolge lautet:

G	G	G	G
C	C	G	G
D	C	G	G

Diese Akkordfolge spielen wir jetzt mit dem Picking-Pattern aus ‚*Spicy Cat*'.

Mir gefällt allerdings der Wechsel vom D zum C nicht, hier würde ich eher auf dem D bzw. D⁷ bleiben. Das sähe dann so aus:

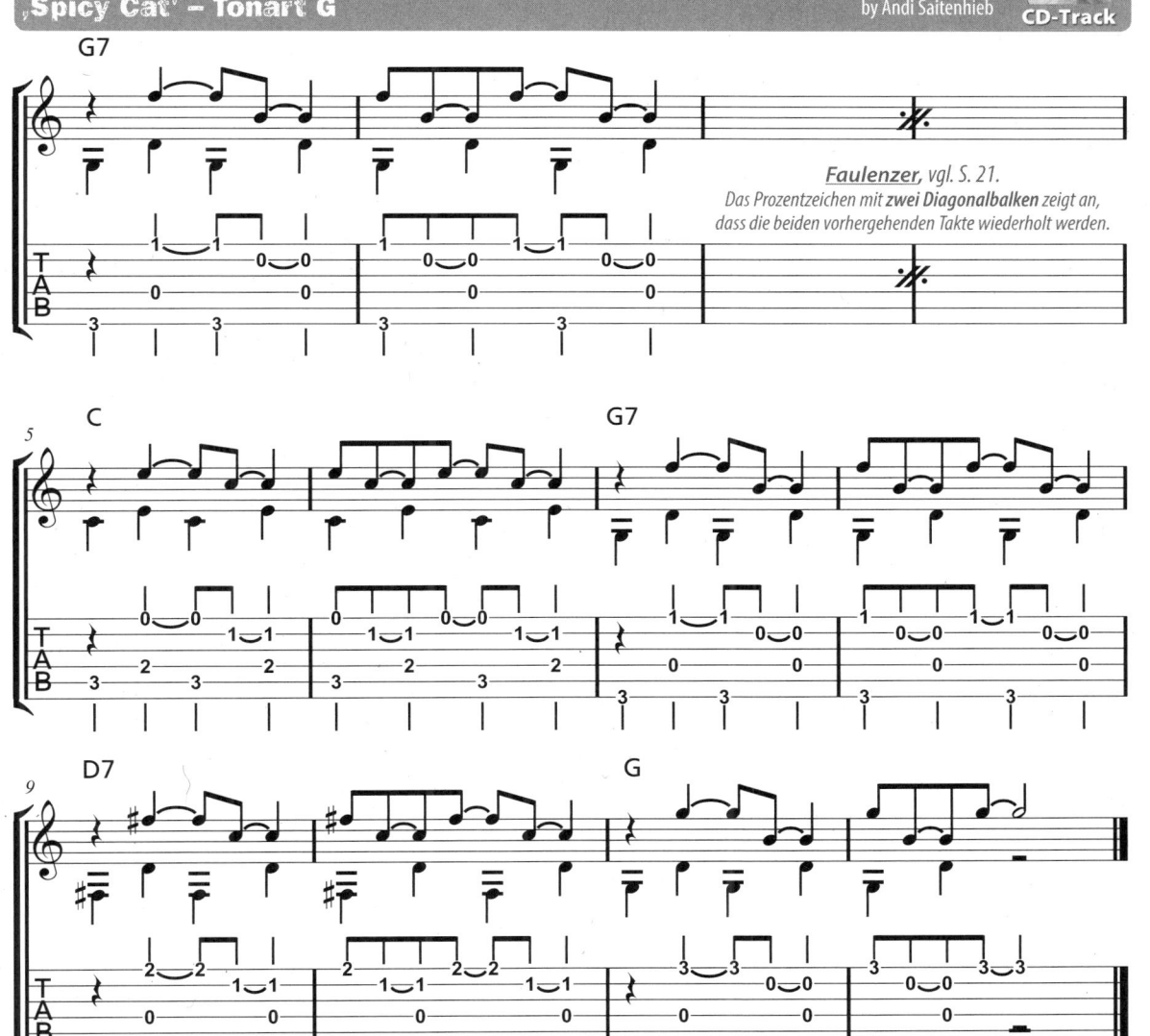

„Spicy Cat' – Tonart G   by Andi Saitenhieb   CD-Track 115

Faulenzer, vgl. S. 21.
Das Prozentzeichen mit **zwei Diagonalbalken** zeigt an, dass die beiden vorhergehenden Takte wiederholt werden.

Spicy Cat, vgl. S. 79.

Die Akkordgriffe lasse ich im Rest dieses Kapitels weg, wenn wir sie schon besprochen haben. Blättere bei Bedarf ein paar Seiten zurück und schaue dort nach.

© Copyright 2014 by Alfred Music Publishing GmbH, Köln

IV. Ragtime

Ich habe mal den G⁷-Akkord gespielt und mal den einfachen G-Dur. Der G⁷ klingt etwas bluesiger. Probiere auch D-Dur statt D⁷ aus (ebenfalls mit F# im Bass) und C⁷ statt C.

Was gefällt dir besser? Hier zur Sicherheit noch die Griffbilder dieser drei Akkorde:

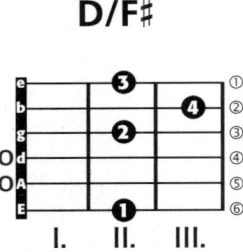
D/F#

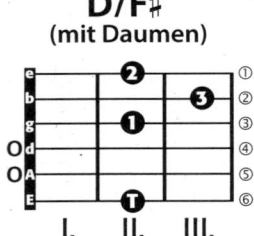
D/F# (mit Daumen)

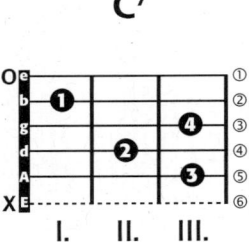
C⁷

Aufgabe

*Spiele einen **12-taktigen Blues in G** unter Verwendung von anderen Bausteinen aus diesem Kapitel (Picking-Patterns, Bassläufe etc.).*

Die allgemeine Formel der ‚Rag Papa Rag'-Akkordfolge mit römischen Ziffern sieht so aus:

| VI⁷ | VI⁷ | II⁷ | II⁷ |
| V⁷ | V⁷ | I | I |

In der Tonart G ist die Akkordfolge also:

| E⁷ | E⁷ | A⁷ | A⁷ |
| D⁷ | D⁷ | G | G |

Der E⁷-Griff wird folgendermaßen gespielt:

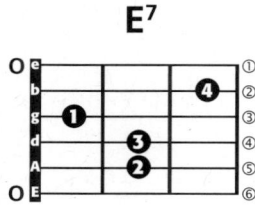
E⁷

2. Ragtime in anderen Tonarten

So sieht diese Akkordfolge mit dem *Spicy Cat*-Picking-Pattern aus:

'Rag Papa Rag' – Tonart G by Andi Saitenhieb

CD-Track 116

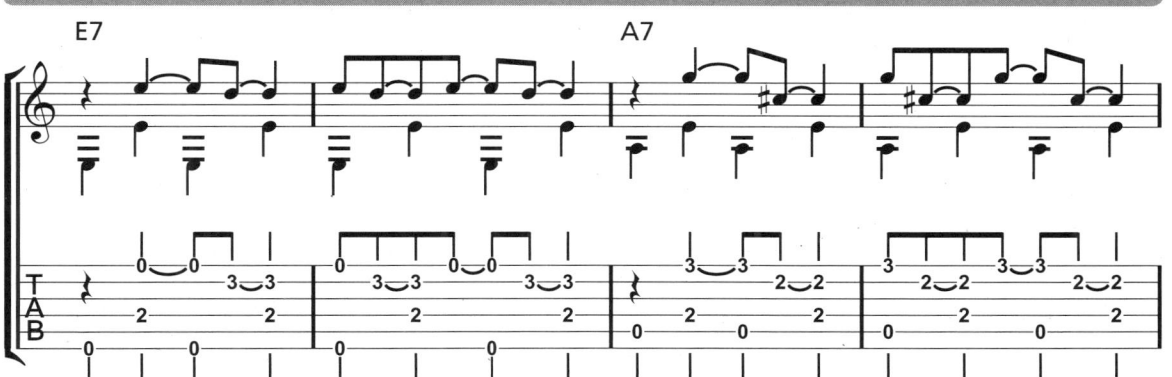

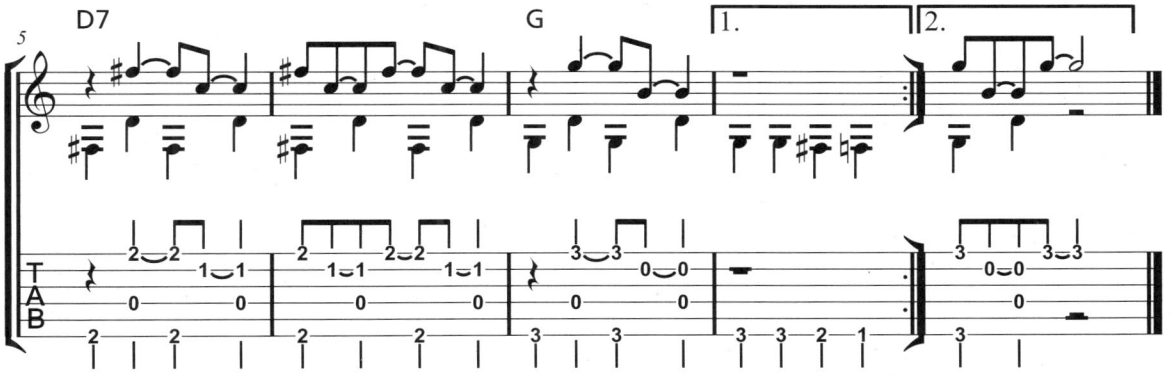

© Copyright 2014 by Alfred Music Publishing GmbH, Köln

Tonart D

Die Bausteine, die du für einen Ragtime-Blues in der Tonart D brauchst, kennst du schon aus den vorherigen Beispielen.

Aufgabe

- Spiele einen **12-taktigen Ragtime-Blues in D**. Verwende erst die schon gelernten Bausteine und finde dann eigene Variationen:

D	D	D	D
G	G	D	D
A	A oder G	D	D

- Schreibe selbstständig die *'Rag Papa Rag'*-Akkordfolge in der Tonart D auf. Nimm bei Bedarf die Griffbrett-Übersicht auf Seite 164 zu Hilfe – der Abstand der Töne zueinander ist in jeder Tonart gleich. Zur Erinnerung hier noch einmal die Formel für die *'Rag Papa Rag'*-Akkordfolge:

VI⁷	VI⁷	II⁷	II⁷
V⁷	V⁷	I	I

Die Auflösung findest du auf der nächsten Seite.

IV. Ragtime

Die ‚Rag Papa Rag'-Akkordfolge in der Tonart D:

| B⁷ | B⁷ | E⁷ | E⁷ |
| A⁷ | A⁷ | D | D |

Die Bausteine für A⁷ und D kennst du schon länger, einen möglichen Baustein für E⁷ hast du eben kennengelernt. Uns fehlt also nur noch ein B⁷-Baustein. Dafür nehmen wir einfach den D-Baustein aus der ersten Version von ‚Rag Papa Rag' und verschieben ihn drei Bünde tiefer. Ich spiele die Töne auf den hohen Saiten jeweils eine Saite tiefer, weil mir der Klang so besser gefällt. Was gefällt dir besser?

‚Rag Papa Rag':
vgl. CD-Track 104,
S. 84

‚Rag Papa Rag' – B⁷-Baustein

‚Truckin' My Blues Away' – Akkordfolge

‚Truckin' My Blues Away'-Akkordfolge

Eine weitere recht verbreitete Akkordfolge ist die Akkordfolge des **Blind Boy Fuller**-Klassikers ‚*Truckin' My Blues Away*'. Ungewöhnlicherweise ist diese Akkordfolge 18 Takte lang. Nach dem **12-taktigen Intro** (kein Blues-Schema) wird folgende Akkordfolge <u>im Kreis</u> gespielt:

	C		A⁷		D⁷ G⁷		C	

```
| C   | A⁷  |D⁷ G⁷| C   |
| C   | A⁷  | D⁷  | G   |
| C   | C⁷  | F   | C°⁷ |
| C   | A⁷  |D⁷ G⁷| C   |
|D⁷ G | C   |
```

„Im Kreis spielen": Übe-Methode, bei der man einen Abschnitt ohne Unterbrechung mehrmals hintereinander spielt.

Sehr markant sind die sogenannten **Stopps** in der dritten Zeile, bei denen der Akkord jeweils auf der Zählzeit ‚1' angeschlagen und von einer Pause gefolgt wird.

Versuche, die Akkordwechsel beim Anhören zu erkennen.

Beachte, wie die Nachahmer die Akkordfolge teilweise vereinfachen, indem sie z. B. die letzten zwei Takte weglassen, um eine „runde" 16-taktige Form zu bekommen (**Milton Brown**) oder einzelne Akkordwechsel weglassen und dafür den vorherigen Akkord entsprechend länger spielen.

Aufgabe

Höre dir folgende Songs mit Variationen dieser Akkordfolge an:

Diskographie

- **Truckin' My Blues Away – Blind Boy Fuller** auf:
  „Complete Recorded Works Volume 1" (Document Records 5091) oder
  „Truckin' My Blues Away" (Yazoo 1060)
- **Truckin' My Blues Away No. 2 – Blind Boy Fuller** auf:
  „Complete Recorded Works Volume 2" (Document Records 5092)
- **Take It Slow And Easy – Jesse Fuller** auf:
  „The Lone Cat Sings and Plays Jazz, Folk Songs, Spirituals and Blues"
- **Take It Slow And Easy – Milton Brown** auf:
  „Complete Recordings of the Father of Western Swing 1932–37"
- **They're Red Hot – Robert Johnson** auf: „The Centennial Collection"

Dieser Song ist für unseren derzeitigen Stand noch etwas schwierig zu spielen, aber ich vermute, dass er dir einige Anregungen gegeben hat, was so alles möglich ist.

Als Nächstes solltest du dir je eine <u>Best Of-CD</u> von **Blind Boy Fuller** und von **Blind Blake** besorgen.

Best Of-CDs, vgl. Anhang „CD-Empfehlungen" ab Seite 189.

V. Bass-Riffs

Kapitelübersicht

V. Bass-Riffs 95

- *Baby, Please Don't Go* 95
  - Der Bass-Riff als Antwort auf die Melodie 95
  - Melodie – Verse 1 96
  - Steady Bass-Arrangement 97
  - Bass-Variationen 98
  - Komplett-Arrangement 99

- *Big Street Blues* 100
  - Der Bass-Riff als Gesangbegleitung & Variationen 100
  - Der Bass-Riff-Baustein – Takt 1–4 101
  - Der Bass-Riff-Baustein – Takt 5–6 103
  - Der Bass-Riff-Baustein – Takt 7–8 104
  - Der Bass-Riff-Baustein – Takt 9 104

- *Future Blues* 105
  - Dropped D-Stimmung 105

- *Im Stile von ‚Boom Boom'* 106
  - Basslauf in E 106
  - Basslauf in A 107
  - Basslauf in B 107
  - Solo-Licks 107
  - Blues Solo im Stile von ‚Boom Boom' 108

- *Nobody Knows You When You're Down And Out* 110
  - Bassläufe als Übergänge zwischen Akkorden 110
  - Blues Solo im Stile von ‚Nobody Knows You When You're Down And Out' ... 113
  - Zwischenspiel im Stile von ‚Nobody Knows You When You're Down And Out' ... 114

- Walking Bass à la Steve James 115

- Walking Bass à la Toby Walker 116

- Das ‚Pig Meat Strut'-Motiv 118

- Boogie Woogie-Walking Bass in der Tonart E 119

- Chicago Blues – Basslauf 122

- Boogie Woogie-Walking Bass in der Tonart G 123

- Fingerstyle-Solo in der Tonart G 127

‚Baby, Please Don't Go'

Bass-Riffs

Bass-Riffs sind auf den tiefen Saiten gespielte Motive / **Licks**, die im Laufe eines Songs immer wieder wiederholt werden und dem Song so eine bestimmte Stimmung und einen möglichst hohen Wiedererkennungswert geben. Der Bass-Riff kann entweder immer nur auf einem bestimmten Akkord / einer bestimmten Stufe gespielt werden (z. B. in den ersten vier Takten auf der I. Stufe wie beim Klassiker ‚*Big Road Blues*' oder jeweils als Antwort auf die Melodie wie bei ‚*Baby, Please Don't Go*') oder aber auf die verschiedenen Stufen des Blues-Schemas transponiert werden (z. B. ‚*Boom Boom*').

‚Baby Please Don't Go'

‚*Baby, Please Don't Go*' ist ein **Traditional**, das älter ist als die ersten Schellack-Blues-Platten. Egal wer als Autor des Songs genannt wird, der Song geht vermutlich noch viel weiter zurück. Seine Melodie geht scheinbar zurück auf ‚*Long John*', einen alten amerikanischen Folk-Tune aus dem 18. oder 19. Jahrhundert zu den Zeiten der Sklaverei in den Vereinigten Staaten. Populär gemacht haben ihn die Aufnahmen von **Big Joe Williams** in den 30er Jahren.

‚*Baby, Please Don't Go*' wurde schon unzählige Male von unterschiedlichsten Musikern unter den unterschiedlichsten Titeln aufgenommen. Zur Inspiration solltest du dir verschiedene Versionen anhören (dazu reicht schon die Vorhörfunktion der einschlägigen Online-Shops, die Audio-Files zum Download anbieten). Es gibt Versionen von Unplugged-Delta Blues über Rockabilly und Surf bis hin zu Hard-Rock. Hier nur eine kleine Auswahl. Viel Spaß beim Entdecken!

Riffs / Licks:
Die Begriffe „Licks" und „Riffs" bezeichnen umgangssprachlich musikalische Motive. Mit „Licks" sind meist kleine Solo-Bausteine auf den höheren Saiten gemeint und mit „Riffs" meist wiederkehrende Rhythmus-Bausteine auf den tieferen Saiten.

Aufgabe

Höre dir zur Einstimmung folgende Aufnahmen an:

Diskographie

- **Baby, Please Don't Go – Lightnin' Hopkins**
  auf: „All The Classic Sides 1946–1951" (JSP7705: 5-CD-Box mit 120 Aufnahmen)
- **Baby, Please Don't Go – Big Joe Williams**
  auf: „Complete Recorded Works Vol. 1" (Document 6003)
- **Don't Leave Me Here – Henry Thomas**
  auf: „Complete Recorded Works 1927–1929" (Document 5665)
- **Turn Your Lamp Down Low – Melvin Lil' Son Jackson** auf: „Blues Come To Texas"
- **Elder Green Blues – Charley Patton**
  auf: „Complete Recorded Works Vol. 1 1929" (Document 5009)
- **Another Man Done Gone – Johnny Cash** auf: „The Troubadour"

Der Bass-Riff auf dem Akkord der I. Stufe (als Antwort auf die Melodie)

Beispiel: ‚*Baby, Please Don't Go*'

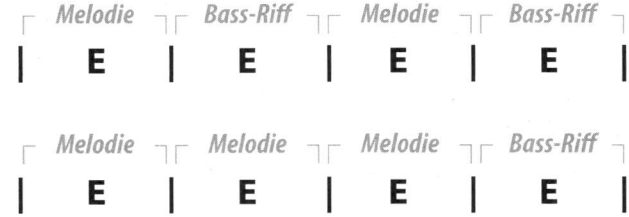

Achte bei allen Beispielen in diesem Kapitel auf den Fingersatz, den ich auf der CD jeweils genau erkläre.

V. Bass-Riffs

>
> **Tipp!**
>
> Manche Aufnahmen dieser Melodie haben Akkordwechsel, manche nicht. Mein Arrangement orientiert sich an der **Lightnin' Hopkins**-Version ohne Akkordwechsel. Einen durchgehenden Groove ohne Akkordwechsel nennt man auch **'One Chord-Vamp'** oder manchmal kurz **'Vamp'** (Weitere Songbeispiele für One Chord-Vamps im Anhang auf Seite 173).

'One Chord-Vamp',
vgl. S. 173

'Baby, Please Don't Go' – Melodie

Traditional
Bearbeitung: Andi Saitenhieb

© Copyright 2014 by Alfred Music Publishing GmbH, Köln

Garantiert Akustik Bluesgitarre lernen

‚Baby, Please Don't Go'

Dieses Arrangement steht in der Tonart E, einer typischen Gitarren-Tonart. Wir begleiten uns selbst, indem wir die Melodie mit einem **Steady Bass** begleiten. Das ist ganz einfach, da wir in der Tonart E die ungegriffene tiefe E-Saite verwenden können. Vergiss nicht das _Abdämpfen_ mit dem Handballen! Die Bends und Vibratos habe ich der Übersichtlichkeit wegen in der Notation weggelassen, spiele sie aber auf der Aufnahme:

▲ _Palm-Mute_, vgl. S. 11

> ### Tipp
> Eventuell musst du das gleichzeitige Spielen von Melodie und _Steady Bass_ noch in kleinen Abschnitten (z. B. taktweise) üben, wie wir das im Kapitel ‚Steady Bass' auf Seite 13–14 gemacht haben.

‚Baby, Please Don't Go' – Steady Bass-Arrangement

Traditional
Bearbeitung: Andi Saitenhieb

CD-Track 121

© Copyright 2014 by Alfred Music Publishing GmbH, Köln

Garantiert Akustik Bluesgitarre lernen

V. Bass-Riffs

In der ersten, zweiten und vierten Zeile könnte man noch einen schönen Basslauf spielen im Stile von **Lightnin' Hopkins** oder **John Lee Hooker**. In der 3. Zeile spielen wir keinen Basslauf, weil hier stattdessen die Melodie weitergeht.

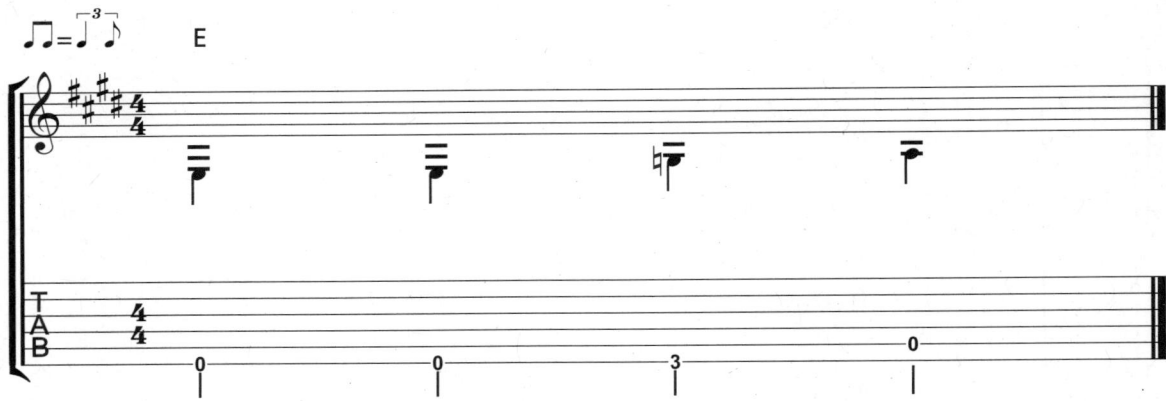

Noch cooler klingt dieser Basslauf, wenn wir einen Aufwärts-**Rake** einbauen:

Rake

*Der **Rake** ist eine **rhythmisch-perkussive Spieltechnik**, bei der mehrere benachbarte Saiten leicht verzögert **nacheinander** angeschlagen werden (aufwärts oder abwärts; mit dem Plek, einem Finger oder mehreren Fingern). Das Klangergebnis ist schwer zu beschreiben, das hörst du dir am besten auf der CD an.*

Und so sieht das komplette Arrangement aus. Die Bends, Vibratos und Rakes habe ich der Übersichtlichkeit wegen wieder nicht notiert.

‚Baby, Please Don't Go'

‚Baby, Please Don't Go' – Komplettarrangement

Traditional
Bearbeitung: Andi Saitenhieb

123
CD-Track

Arrangement

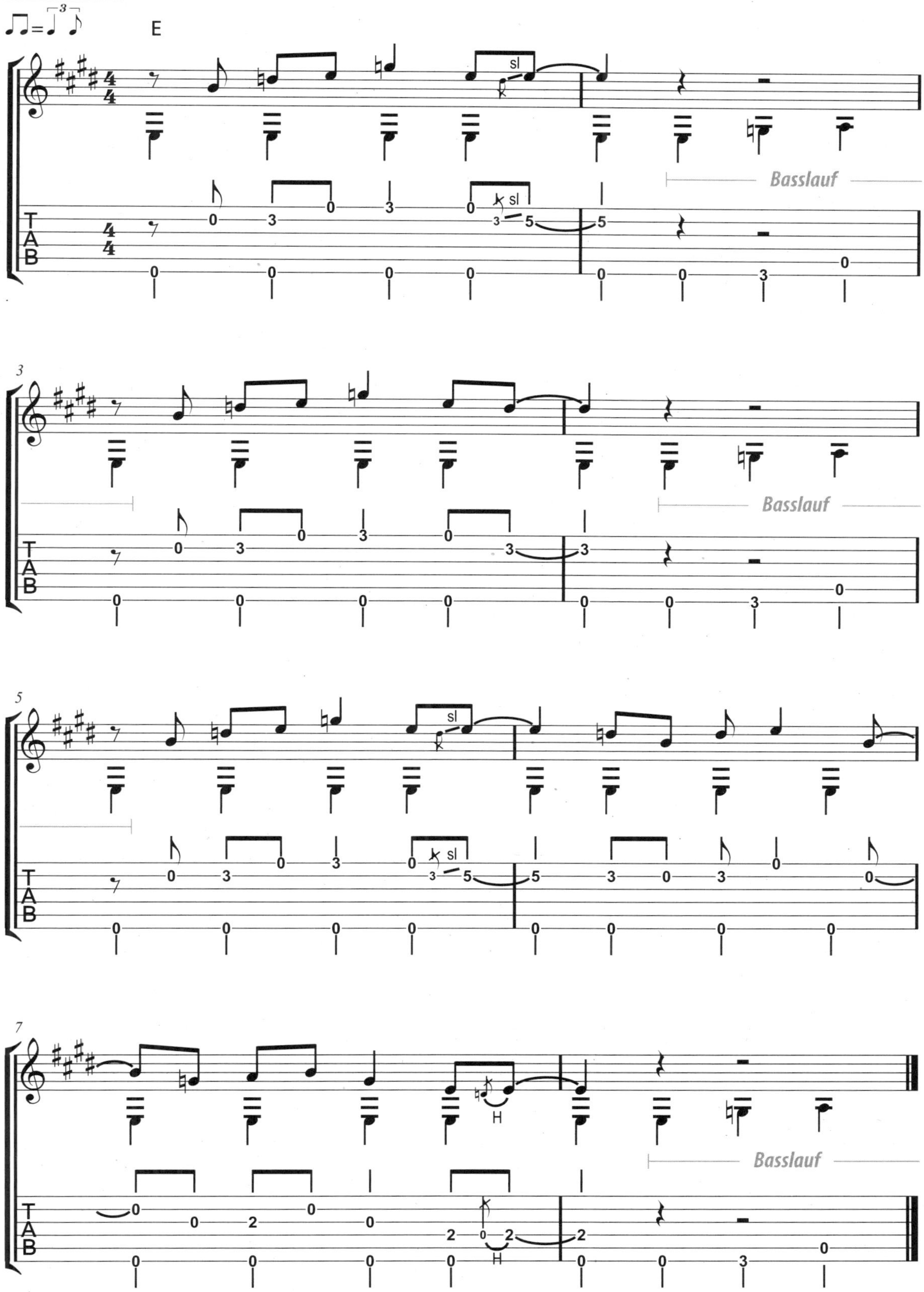

V. Bass-Riffs

Beim Basslauf lasse ich die Saiten jeweils auf das Griffbrett knallen (*vgl. Seite 122*). Der Basslauf beginnt jeweils auf Zählzeit ‚2' mit der ungegriffenen tiefen E-Saite und endet jeweils auf Zählzeit ‚1' des nächsten Taktes, ebenfalls mit der ungegriffenen tiefen E-Saite. Am Ende des Songs musst du den Basslauf natürlich auch mit einem E oder E(7)-Akkord beenden.

Info!

Diese Version ist leicht zu spielen und klingt gut. Das könnte schon die endgültige Version sein.

‚Big Street Blues'

Beim ‚*Big Street Blues*' handelt es sich um einen 12-taktigen Blues in der Tonart D im Stil des Blues-Klassikers ‚*Big Road Blues*'. Der Song wird in **Dropped D-Stimmung** gespielt und der Bass-Riff ist ein schönes Beispiel für einen aufwärts gerichteten Bass-Riff.

Der Bass-Riff als Gesangbegleitung (Takt 1 – 4: I-Akkord)

Beispiel: ‚Big Street Blues'

Bass-Riff in D	Bass-Riff in D	Bass-Riff in D	Bass-Riff in D
G	G	D	D
A	G	D	D

Bei der Dropped D-Stimmung ergeben die ungegriffenen Basssaiten einen D-Powerchord (D-A-D). Damit ist sie besonders für Stücke in D geeignet.

Dropped D-Stimmung

Abweichend von der **Standard-Gitarrenstimmung E A D G B E** wird bei der **Dropped D-Stimmung** die tiefe E-Saite (⑥ = sechste Saite) einen Ton tiefer auf den **Ton D** runtergestimmt:

⑥ ⑤ ④ ③ ② ①
D A D G B E

Aufgabe

Höre dir zur Einstimmung ein paar Songs mit dieser Spielweise an:

Diskographie
■ **Big Road Blues – Tommy Johnson** auf: „Complete Recorded Works 1928–1929" (Document 5001)
■ **Big Road Blues – David Evans** auf: „Live At Alte Post" (Blind Lemon Records)
■ **Stop And Listen Blues – Mississippi Sheiks** auf jeder „Best Of" und „Complete Recorded Works Volume 1" (Document 5083) oder auf: „Jackson Blues 1928–1938" (Yazoo)
■ **Dark Road Blues – Willie Lofton** auf: „Big Joe Williams And The Stars Of Mississippi Blues" (JSP7719 5-CD-Box) oder auf: „Jackson Blues 1928–1938" (Yazoo)
■ **Police Dog Blues – Blind Blake** auf jeder „Best Of" von Blind Blake, ab 1:31
■ **Roaches And Bedbugs – Toby Walker** auf: „What You See Is What You Get", ab 0:49
■ **Southern Saga – Big Bill Broonzy** auf: „The 1955 London Sessions", ab 7:10

Garantiert Akustik Bluesgitarre lernen

„Big Street Blues"

Man kann diesen Riff auf zwei Arten spielen: Entweder man beginnt genau auf der Zählzeit ‚1'...

„Big Street Blues"–Bass-Riff (Takt 1–4)

Tipp!

Man kann diesen Bass-Riff entweder nur mit dem Daumen der Anschlagshand spielen oder abwechselnd mit dem Daumen (tiefe E-Saite) und dem Zeigefinger (D-Saite).

... oder man zieht den ganzen Riff um eine Achtelnote vor:

„Big Street Blues"–Bass-Riff (Takt 1–4 – vorgezogen in Auftakt)

Durch dieses Vorziehen um eine Achtelnote verschieben sich natürlich auch die **Betonungen**: Bei der *ersten Version* werden die Töne auf der tiefen E-Saite betont und bei der *zweiten Version* werden die Töne auf der D-Saite betont.

Bei der zweiten Version ist es vermutlich einfacher, alle Töne mit dem *Daumen* anzuschlagen, weil es sich für viele Gitarristen unnatürlich anfühlt, die Anschläge mit dem *Zeigefinger* zu betonen.

V. Bass-Riffs

Aufgabe

Probiere bei beiden Versionen, die betonten Töne auf das Griffbrett knallen zu lassen. Dazu greift der Daumen der Anschlaghand unter die Saite und zieht sie etwas vom Griffbrett weg. Wenn man die Saite jetzt über die Daumenspitze rutschen lässt, knallt sie auf das Griffbrett.

Um das im korrekten Timing zu spielen, muss man etwas üben. Auf der CD demonstriere ich diese Technik. Höre dir auch einmal die Spielweise von **Rory Block** an, die diese perkussiven Techniken sehr häufig – und sehr groovig! – einsetzt.

Wie klingt es, wenn du jeden Ton auf das Griffbrett knallen lässt?

Perkussive Technik
Amerikanische Gitarristen nennen diese Technik z. B. „**String Snap**". Gerade im Blues gibt es für viele Dinge recht unterschiedliche Bezeichnungen, vermutlich weil es sich um eine mündlich überlieferte Tradition handelt. Da entwickeln sich in verschiedenen Gegenden schon mal unterschiedliche Begriffe ...

Auf der Zählzeit ‚1' wird gerne als besonders starke Betonung der D-Akkord gespielt. Auch in diesem Fall schlage ich alle Töne mit dem *Daumen* an. Auf der Zählzeit ‚1' ziehe ich den *Daumen* einfach durch.

‚Big Street Blues'-Bass-Riff (Takt 1–4 – Betonung auf der ‚1' durch D-Akkord)

Manche Gitarristen spielen diesen Basslauf auch etwas wilder, indem sie die Reihenfolge tief / hoch mitten im Basslauf umdrehen. Das könnte z. B. so aussehen:

‚Big Street Blues'-Bass-Riff – Takt 1–4 (Basslauf umgedreht)

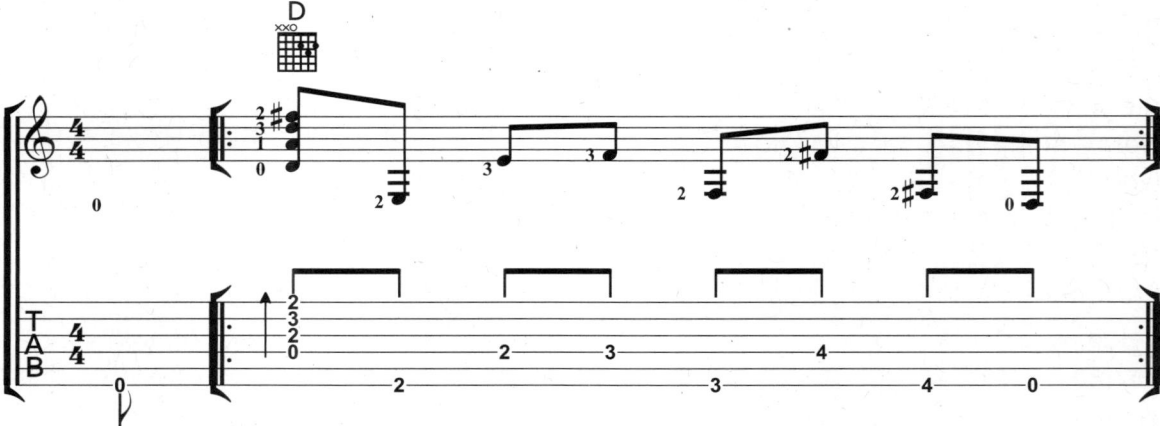

‚Big Street Blues'

Aufgabe

*Wie wir an den verschiedenen Versionen dieses Bass-Riffs gesehen haben, gibt es nicht nur „die eine richtige Möglichkeit". Gerade im Blues geht es weniger um eine möglichst exakte Reproduktion, sondern mehr um Individualität. Jeder bekannte Bluesmusiker hat einen gewissen Wiedererkennungswert. Höre dir in einem Online-Shop deiner Wahl doch mal die verschiedenen Versionen von ein paar Blues-Klassikern an und vergleiche sie. **(Tipp:** Dafür reicht die Vorhör-Funktion, mit der man 30 Sekunden einer Aufnahme anhören kann.)*

Man muss das Rad übrigens nicht neu erfinden: Meist sieht es in der Praxis so aus, dass man Elemente aus verschiedenen Aufnahmen übernimmt.

Fazit: *Probiere deshalb bei jedem Riff, den du neu lernst, ob du nicht eine spannende Variation findest oder dir deine Version aus verschiedenen anderen Versionen zusammenbaust. So entwickelst du nach und nach einen eigenen Stil. Am besten fängst du gleich mit dem Riff vom ‚Future Blues' an.*

Future Blues, vgl. S. 105

Bevor wir uns weitere Bass-Riffs anschauen, lernen wir noch die restlichen Bausteine des ‚Big Street Blues'. Damit können wir nicht nur unseren ersten kompletten Song in Dropped D-Stimmung spielen, sondern haben auch noch einen weiteren großartigen Song für unser Repertoire gelernt.

Nachdem wir in den ersten vier Takten eine der gezeigten Variationen des Bass-Riffs gespielt haben (du kannst natürlich auch verschiedene Variationen mischen), spielen wir in den nächsten zwei Takten jeweils den folgenden Baustein:

‚Big Street Blues' – G-Pattern

CD-Track 128

Da der Grundton G des Akkordes durch die runtergestimmte tiefe E-Saite schwierig zu erreichen ist (der Grundton G liegt jetzt am 5. statt am 3. Bund), spielen wir einfach die große Terz B als Baston. Diesen Trick kennst du schon von dem D⁷-Akkord in Normalstimmung, bei dem wir auch die große Terz (Fis) als Baston gespielt haben (vgl. CD-Track 11–13, S. 22–23). Auch hier nähern wir uns dem Baston von unten in Halbtonschritten an, wie wir das auch beim D⁷ mit Fis im Bass gemacht haben. Dieses Mal spielen wir nur einen Halbton darunter, man könnte aber auch wieder beide Halbtöne unter dem Baston spielen (also ungegriffenes A, dann 1. Bund und schließlich 2. Bund).

Beide Varianten sind üblich, wir spielen dieses Mal nur einen Ton, weil wir sonst dem letzten Melodieton in die Quere kommen. Im übernächsten Beispiel spielen wir die Variante mit beiden Auftakttönen (Takt 9–10 beim Übergang von A nach G (mit B im Bass)).

V. Bass-Riffs

In Takt 7 und 8 spielen wir den folgenden zweitaktigen Baustein:

Die Abwärtsschläge werden mit dem *Daumen* ausgeführt, die Aufwärtsschläge mit dem *Zeigefinger* der Anschlagshand. Die eingeklammerten Noten werden sehr leise gespielt, du kannst sie auch weglassen. Bei dem verkürzten G⁷ kannst du den Ton entweder mit dem *Zeigefinger* spielen oder mit dem *Mittelfinger*, der schnell vom 2. in den 1. Bund rutscht. Bei der zweiten Variante ist der Weg kürzer – bei so einem schnellen Wechsel kein unwesentlicher Vorteil.

Derselbe Baustein wird auch in den letzten beiden Takten des 12-taktigen Blues-Schemas gespielt.

Und schließlich brauchen wir noch den A-Baustein für Takt 9. Hier ist er:

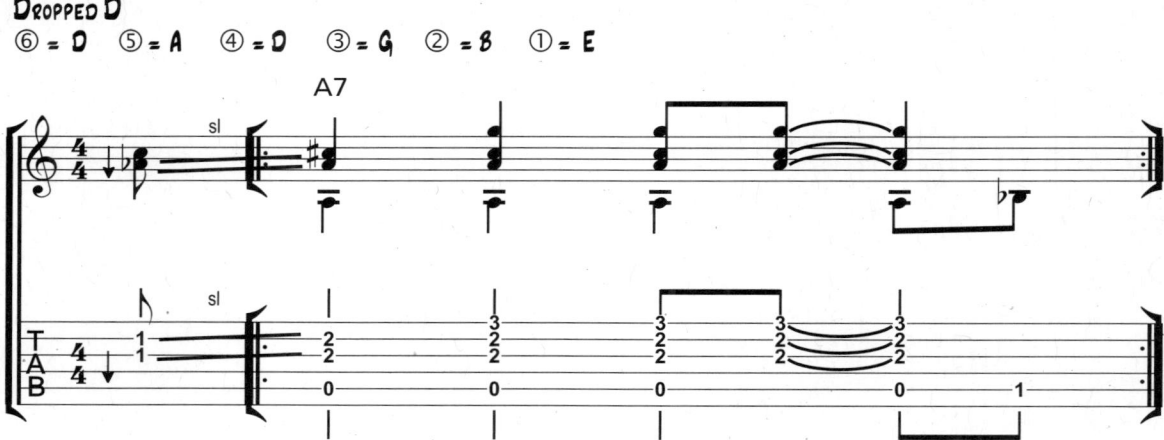

Es ist ein A⁷-Griff (die Variante mit dem Barré) mit einem relativ einfachen Anschlagsmuster. Die letzten beiden Töne sind der Bassaufgang zum G im 10. Takt (*entspricht Takt 5–6, Seite 103, Beispiel 128*), dieses Mal – wie bereits erwähnt – die Variante mit zwei Auftakttönen. Nach dem G-Baustein in Takt 10 folgt in Takt 11–12 noch einmal das eben gezeigte Strumming mit dem Wechsel zwischen D und G⁷.

Mit diesen wenigen Bausteinen kannst du auch den *'Big Road Blues'* sehr authentisch spielen. Der Song-Aufbau ist der Gleiche wie bei meinem *'Big Street Blues'* auf *Seite 120*. Auf *CD-Track 131* spiele ich den *'Big Street Blues'* noch mal komplett durch.

‚Future Blues'

Nachdem wir im *Kapitel ‚Ragtime'* schon die Tonart D in Normalstimmung gespielt haben (S. 91–92), hast du nun auch ein paar authentische Bausteine für einen Blues in D in Dropped D-Stimmung.

‚Future Blues'

Der Bass-Riff als Gesangbegleitung (Takt 1 – 4: I-Akkord)

Beispiel: ‚Future Blues'

Bass-Riff in G	Bass-Riff in G	Bass-Riff in G	G
C	C	G	G
D	G	Bass-Riff in G	G

Beim ‚Future Blues' handelt es sich um einen 12-taktigen Blues in der Tonart G, der sich an das Standard Blues-Schema hält. Eigentlich wird der Song in Open G-Stimmung gespielt. Für den abwärts geführten Bass-Riff reicht es, die tiefe E-Saite auf D runterzustimmen.

Aufgabe

Höre dir zur Einstimmung ein paar Songs mit dieser Spielweise an:

Diskographie

- **Future Blues – Willie Brown**
  auf: „Son House & The Great Delta Blues Singers 1928–1929" (Document 5002)
  Es gibt leider (!!) nur drei Aufnahmen von Willie Brown, eine davon ist der „Future Blues".
  Sie sind auch einzeln als mp3-Download erhältlich.
- **Jinx Blues – Son House** auf: „Clarksdale Moan"
- **Maggie Campbell Blues – Tommy Johnson**
  auf: „Complete Recorded Works 1928–1929" (Document 5001)

Bei diesem Bass-Riff wird interessanterweise der Grundton G gar nicht gespielt, sondern erst die kleine Septime F, und dann geht es *chromatisch* (in Halbtonschritten) abwärts bis zur Quinte D. Jeder Ton wird eine Oktave höher wiederholt.

‚Future Blues' – Bass-Riff (chromatisch abwärts)

Der Fingersatz und die Anschlagsmöglichkeiten der Anschlaghand entsprechen dem *‚Big Street Blues'-Riff*.

---

*Um den Basslauf originalgetreu spielen zu können, reicht es, wenn wir die tiefe E-Saite auf D runterstimmen (Dropped D-Tuning). Um den Rest des Songs zu spielen, müssten wir weitere Saiten umstimmen (Open G-Tuning), was aber nicht Thema dieses Buches ist. („**Open Tunings & Bottleneck / Slide-Gitarre**" ist das Thema meines nächsten Buches.)*

Chromatisch = in Halbtonschritten, vgl. Garantiert Bluesgitarre lernen, S. 117

Big Street Blues-Riff, vgl. S. 101ff.

V. Bass-Riffs

Aufgabe

*Wende die Variationsmöglichkeiten an, die wir uns beim ‚**Big Street Blues**' angeschaut haben. Welche Variationen fallen dir noch ein?*

Im Stile von ‚*Boom Boom*'

Der Bass-Riff auf verschiedenen Stufen des Blues-Schemas (als Antwort auf Melodie)

Beispiel im Stile von: ‚*Boom Boom*'

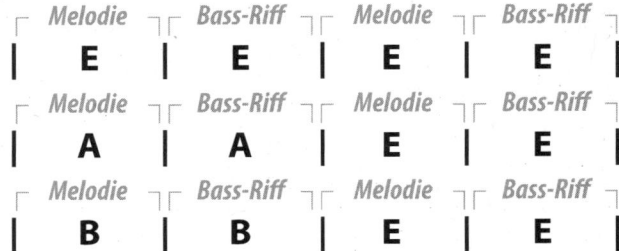

Aufgabe

Höre dir zur Einstimmung ein paar Songs mit dieser Spielweise an:

Diskographie
■ **Boom Boom – John Lee Hooker** auf jeder „Best Of", z. B. „The Ultimate Collection 1948–1990" Doppel-CD
■ **Baby, Please Don't Go – Lightnin' Hopkins** auf: „All The Classic Sides 1946–1951" (JSP7705 – 5-CD-Box mit 120 Aufnahmen) Enthält den gleichen Basslauf, allerdings ohne Akkordwechsel. Siehe oben.

Hier ist der Basslauf mit dem Grundton E. Im Gegensatz zu ‚*Baby, Please Don't Go*' haben wir dieses Mal noch eine Achtelnote eingeschoben (vorletzter Ton). Diese beiden Bass-Riffs mit bzw. ohne diesen Ton sind austauschbar. Bei schnelleren Tempi würde ich auf den zusätzlichen Ton eher verzichten, bei langsameren Tempi würde ich ihn spielen.

Basslauf in E

106 · Garantiert Akustik Bluesgitarre lernen

Im Stile von "Boom Boom"

Diesen Bass-Riff können wir ganz einfach auf den Grundton A verschieben, indem wir ihn einfach eine Saite höher spielen.

Basslauf in A

Auch auf dem Grundton B kann man diesen Basslauf spielen, hier ändert sich allerdings der Fingersatz etwas:

Basslauf in B

Hier haben wir noch einen kurzen Solo-Lick, den man zwischen den Bassläufen spielen kann.

Solo-Lick 1 in E

Bei diesem Lick spiele ich alle Töne bis auf den 3.Bund auf der B-Saite mit dem *Mittelfinger*. Wenn ich diesen Ton mit dem *Zeigefinger* greife, lasse ich den *Mittelfinger* auf dem vierten Bund der G-Saite liegen, damit beide Töne ineinander klingen. Das klingt sehr bluestypisch.

V. Bass-Riffs

Und hier haben wir noch einen zweiten Solo-Lick, um für etwas Abwechslung zu sorgen:

Solo-Lick 2 in E

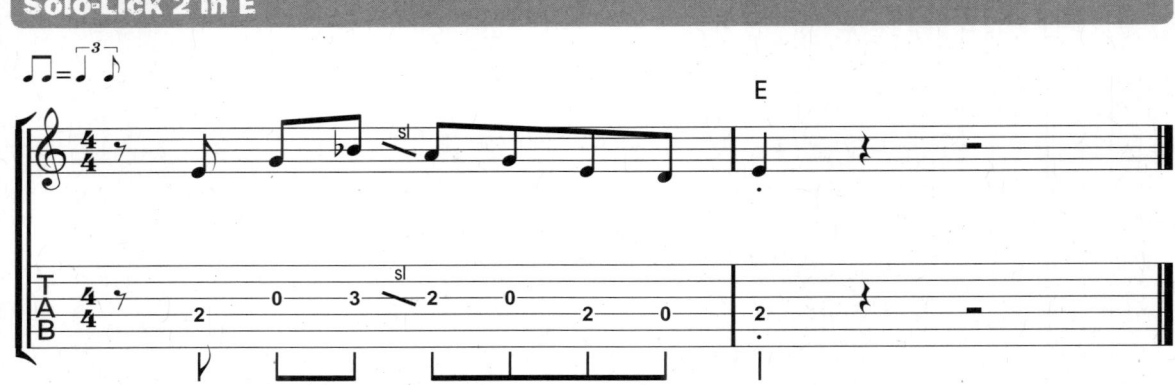

Bei diesem Lick spiele ich alle gegriffenen Töne mit dem *Mittelfinger*.
Wenn wir jetzt abwechselnd Lick 1 und Lick 2 spielen und jeweils mit dem Bass-Riff antworten (natürlich immer unter Beachtung des jeweiligen Grundtons), haben wir folgenden kleinen Song, der dem Klassiker ‚Boom Boom' von John Lee Hooker schon ziemlich ähnlich ist:

Blues Solo im Stile von ‚Boom Boom'

Lick 1:
Bei Lick 1 ändern sich jeweils nur die letzten beiden Töne bei den Akkordwechseln.
Lick 2:
Lick 2 ist immer in E.

Garantiert Akustik Bluesgitarre lernen

Im Stile von ‚Boom Boom'

Tipp!

Dieser Tipp ist mir sehr wichtig, deshalb ist er sehr ausführlich. Einigen Lesern wird wahrscheinlich schon klar sein, was ich jetzt sage, aber für die anderen ist dies ein sehr wichtiger Gedanke!

Ja, auch die großen Legenden übernehmen Ideen von anderen Musikern! Dieses „Klauen" ist nicht verwerflich, sondern ganz im Gegenteil, es ist Teil der Blues-Tradition. Ich würde es eher als Ehre empfinden, wenn andere Musiker etwas, das ich spiele, so cool finden, dass sie es nachspielen. Man muss sich einfach klarmachen, dass das Übernehmen von Elementen von anderen Künstlern ein Teil der eigenen Entwicklung und insbesondere auch ein Teil der Blues-Tradition ist. (Mir ist kein Genre bekannt, in dem so viel gecovert wird wie im Blues.)

Noch ein schöner Satz, dessen Urheber mir leider entfallen ist:

> *„Wer nur von einem Musiker klaut, wird eine Kopie.*
> *Wer von vielen Musikern klaut, wird ein Original."*

*Viele große Bluesmusiker sind übrigens geradezu versessen darauf, ihr Wissen weiterzugeben. Dazu ein kleines Erlebnis von mir: Als ich zum ersten Mal mit **Toby Walker** (der Mann ist eine wandelnde Blues-Enzyklopädie!) in meinem Keller gejammt habe, hat er mir zwei Stunden lang alles Mögliche gezeigt und er fand es gut, dass ich alles mit der Kamera aufgenommen habe, um später davon zu lernen. Er selbst hat das damals bei **Jack Owens**, **Eugene Powell** und all den anderen Legenden nämlich ganz genauso gemacht. Als ich ihm einen kleinen Lick gezeigt habe – den ich wiederum von einer R L Burnside-DVD gelernt hatte – meinte er: „Wow, das ist cool! Wie geht das?" Und nachdem ich ihm das noch mal langsam gezeigt hatte, sagte er: „Das ist jetzt etwas, das ich von dir klaue. Danke!" Diese Worte aus dem Mund von einem der größten lebenden Akustik-Bluesgitarristen zu hören – ich bin vor Stolz fast geplatzt!* ☺

*Höre dir doch mal die Aufnahmen von **Robert Johnson** an und dann die CD „Back To The Crossroads – The Roots Of Robert Johnson" (Yazoo 2070). Gerade beim Werk von Robert Johnson ist das Übernehmen von anderen Künstlern sehr gut dokumentiert.*

V. Bass-Riffs

‚Nobody Knows You When You're Down And Out'

Bassläufe als Übergänge zwischen Akkorden

Beispiel: *‚Nobody Knows You When You're Down And Out'*

| C   E⁷ | A⁷ | Dm   A⁷ | Dm |
| F   F#° | C   A⁷ | D⁷ | G⁷ |

Bei ‚Nobody Knows You When You're Down And Out' handelt es sich um einen 8-taktigen Jazz-Blues. Er hat für einen Blues ungewöhnlich viele Akkorde und Akkordwechsel. Mehrere typische Bassläufe verbinden die Akkorde an verschiedenen Stellen des Schemas.

Aufgabe

Höre dir zur Einstimmung ein paar der unzähligen Aufnahmen dieses Klassikers an:

Diskographie

- **Nobody Knows You When You're Down And Out** – Eric Clapton auf: „Unplugged"
- **Nobody Knows You When You're Down And Out** – Scrapper Blackwell
  auf: „Scrapper Blackwell 1959–1960" (Document Records 5275)
- **Nobody Knows You When You're Down And Out** – Rory Block
  auf: „The Early Tapes 1975–1976"
- **Nobody Knows You When You're Down And Out** – Rory Block auf: „Woman In (E)Motion"
- **Nobody Knows You When You're Down And Out** – Gary Peterson
  auf: „Squeeze Me – Ragtime Guitar And Other Oldies"
- **Nobody Knows You When You're Down And Out** – Dave van Ronk
  auf: „And The Tin Pan Bended And The Story Ended"
- **Nobody Knows You When You're Down And Out** – Rolf Cahn & Eric von Schmidt
  auf: „Rolf Cahn & Eric von Schmidt" ((1961, Smithsonian Folkways Recordings)
- **Nobody Knows You When You're Down And Out** – Lowell Levinger
  auf: „Down To The Roots"
- **Nobody Knows You When You're Down And Out** – Sarah Jane Nelson
  auf: „Wild Women Don't Get The Blues"
- **Nobody Knows You When You're Down And Out** – Catherine Reed
  auf: „Catherine Reed"
- **Nobody Knows You When You're Down And Out** – Walker T. Ryan auf: „13"
- **Nobody Knows You When You're Down And Out** – Fly Amero auf: „Paint It Blue"
- **Nobody Knows You When You're Down And Out** – Gay Marshall
  auf: „Go Back Where You Stayed Last Night"
  (der Fretless-Bass-Part enthält einige tolle Ideen für Bassläufe!)

*Uptempo Swing, Slow Blues im 6/8-Takt, Ragtime, Pop, Soul, Bluesrock, begleitet nur von einer Akustikgitarre oder einem Piano bis hin zu einer ganzen Big Band – ‚**Nobody Knows You When You're Down And Out'** wurde in unzähligen Versionen aufgenommen, u. a. noch von folgenden Musikern: Allman Brothers, Chris Barber, Sam Cooke, Count Basie, Derek And The Dominos, Peter Green Splintergroup, Hot Tuna, Alberta Hunter, Janis Joplin, Louis Jordan, BB King, Leadbelly, Katie Melua, Liza Minnelli, Van Morrison, Popa Chubby, Odetta, Otis Redding, Jimmie Rodgers (der Country-Star, nicht der Bluesmusiker namens Jimmy Rogers!), Nina Simone, Spencer Davis Group, Rod Stewart, Them, Pat Travers, Josh White, Jimmy Witherspoon, Bobby Womack.*

„Nobody Knows You When You're Down And Out"

Zuerst spielen wir eine Basisversion mit Wechselbass und einfachem _Wechselschlag_:

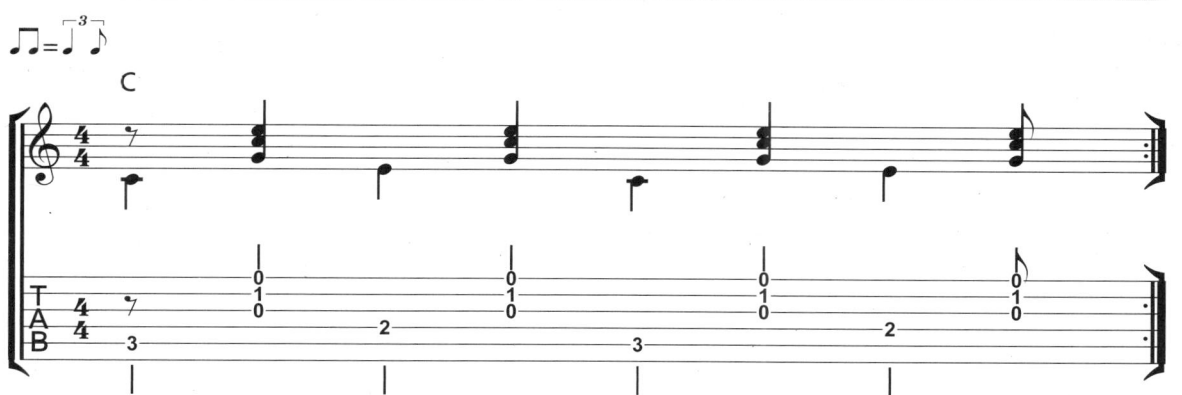

Wechselschlag,
Mit Wechselschlag meine ich hier das abwechselnde Anschlagen der Basssaiten mit dem Daumen (Abschlag) und der hohen Saiten mit dem Zeigefinger (Aufschlag).

Hier sind zur Sicherheit noch mal alle Akkordgriffe abgebildet:

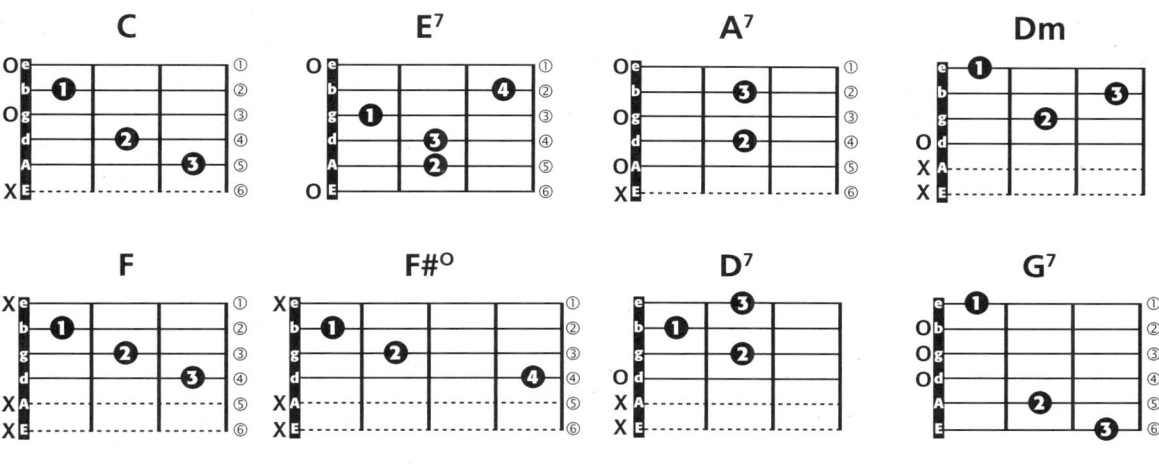

Dm,
Ich nehme beim Dm-Griff übrigens den kleinen Finger, nicht den Ringfinger.

Info!

- Dieser Wechselschlag mit Daumen und Zeigefinger ist eine einfache Art, schnell eine recht gut klingende Version von einem Song spielen zu können.
- Die Zählzeiten ‚2' und ‚4' betone ich jeweils, indem ich mehrere Saiten mit dem Daumen anschlage, während ich auf den Zählzeiten ‚1' und ‚3' nur eine Saite anschlage. Ob man bei den Betonungen den Daumen über zwei oder noch mehr Saiten durchzieht, ist jedem selbst überlassen, in den Noten schreibe ich der Übersichtlichkeit wegen trotzdem nur jeweils einen Ton. Dieses Anschlagen von mehreren Saiten nennen manche Gitarristen „**Brush Stroke**".
- Auch die Aufschläge sind nicht exakt nachzuspielen, man schlägt mit dem Finger aufwärts und erwischt ein paar Saiten, und zwar tendenziell eher die hohen Saiten, während der Daumen ja eher die tieferen Saiten anschlägt. Dadurch erzeugt man ein abwechslungsreiches und volles Klangbild, aber welche Saiten man ganz genau anschlägt, ist nicht so wichtig.
- Bei den Akkorden Dm, F und _F#°_ (F#° wird „Fis vermindert" ausgesprochen) kann man entweder auf dem jeweiligen Grundton auf der D-Saite bleiben oder einen höheren Ton auf der G-Saite spielen. Ich spiele normalerweise beim D den Wechselbass, während ich beim F und beim F#° auf dem Grundton bleibe.

Betonung ‚2' und ‚4',
vgl. S. 64 oben

_F#°_ ist ein verminderter Dreiklang, der nur aus kleinen Terzen besteht.

V. Bass-Riffs

> **Tipp!**
>
> *Wenn die schnellen Akkordwechsel nicht gleich mit Wechselbass gelingen wollen, kann man diesen Song natürlich noch weiter vereinfachen, indem man einfach nur die Akkorde in Viertelnoten anschlägt.*

Und jetzt bauen wir Stück für Stück Bassläufe, Vorzieher und Melodien ein. Wir beginnen mit einer Melodie in den ersten beiden Takten (C – E7 – A7):

CD-Track 139

„Nobody Knows You" ... Takt 1 – 2

Im 4. Takt bauen wir einen Basslauf von D nach F ein. Der letzte Ton ist die vorgezogene Zählzeit ‚1' des fünften Taktes.

CD-Track 140

„Nobody Knows You" ... Takt 4 – Basslauf von D nach F

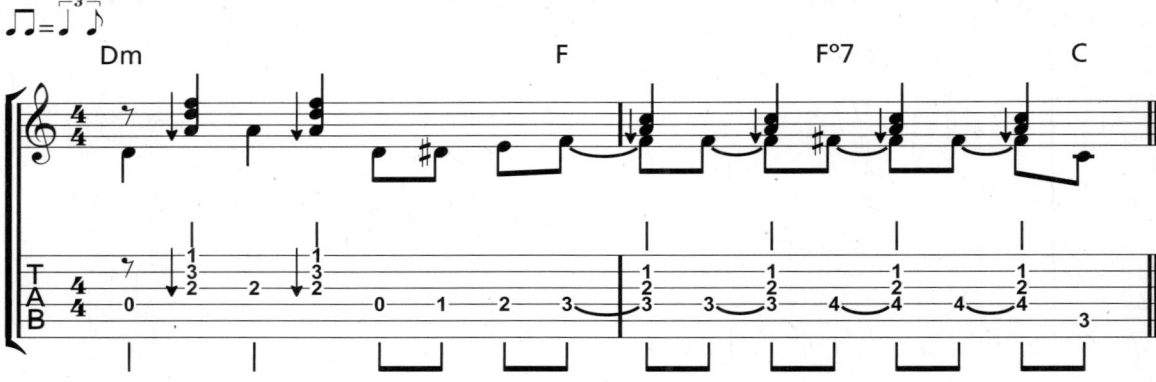

Vom C zum A7 wird gerne dieser Basslauf gespielt:

CD-Track 141

„Nobody Knows You" ... Basslauf von C nach A7

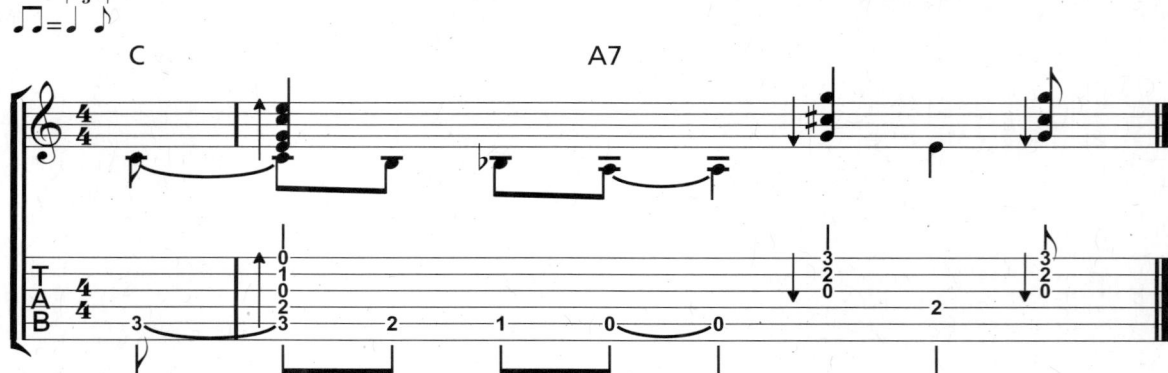

„Nobody Knows You When You're Down And Out"

Und zu guter Letzt noch ein Bass-Fill, der anstelle des G⁷-Akkords im letzten Takt gespielt werden kann:

„Nobody Knows You" ... Bass-Fill über G⁷

So könnte unser Arrangement für einen ganzen instrumentalen Chorus aussehen:

„Nobody Knows You When You're Down And Out" – Blues Solo

by Jimmy Cox (1882–1925); Bearbeitung: Andi Saitenhieb

© Copyright 2014 by Alfred Music Publishing GmbH, Köln

Garantiert Akustik Bluesgitarre lernen

V. Bass-Riffs

Info!

- Man kann diese aufwendig verzierte Version als instrumentales Intro und Zwischenspiel nehmen und eine vereinfachte Version als Gesangsbegleitung. Einige der Verzierungen würde ich auch bei der Gesangsbegleitung spielen, nämlich immer dann, wenn der Gesang gerade pausiert.

Ein instrumentales Zwischenspiel könnte z. B. wie folgt aussehen:

„Nobody Knows You When You're Down And Out" – Zwischenspiel

by Jimmy Cox (1882–1925); Bearbeitung: Andi Saitenhieb

© Copyright 2014 by Alfred Music Publishing GmbH, Köln

Walking Bass à la Steve James

Aufgabe

Baue dir aus den gezeigten Bausteinen einen kompletten Song zusammen. Das instrumentale Zwischenspiel mit Melodie oder die einfache Wechselschlag-Version – aufgemotzt mit sämtlichen Bass-Fills – kannst du als Intro und als Solo nehmen, eine einfache Wechselschlag-Version – eventuell mit ein paar Bass-Fills in den Gesangspausen – kannst du als Strophenbegleitung nehmen. Jetzt hast du ein tolles Repertoire-Stück, das immer gut ankommt!

Walking Bass à la Steve James

Die folgende Walking Bass-Idee habe ich von Steve James gelernt. Einzelne Basstöne werden ausgelassen, um das Ganze einfacher spielen zu können. Das fällt beim Hören aber überhaupt nicht negativ auf, da ständig etwas passiert und es keine „Löcher" gibt.

Tipp!

Die Idee, alles nicht unbedingt Nötige wegzulassen, solltest du dir merken. Was für den Großmeister Steve James gut genug ist, sollte auch für uns gut genug sein ... ☺

Walking Bass à la Steve James in E

CD-Track 145

Hier haben wir eine Variation. Der Slide wird mit dem ganzen E⁷-Griff ausgeführt:

Walking Bass à la Steve James in E – Variation

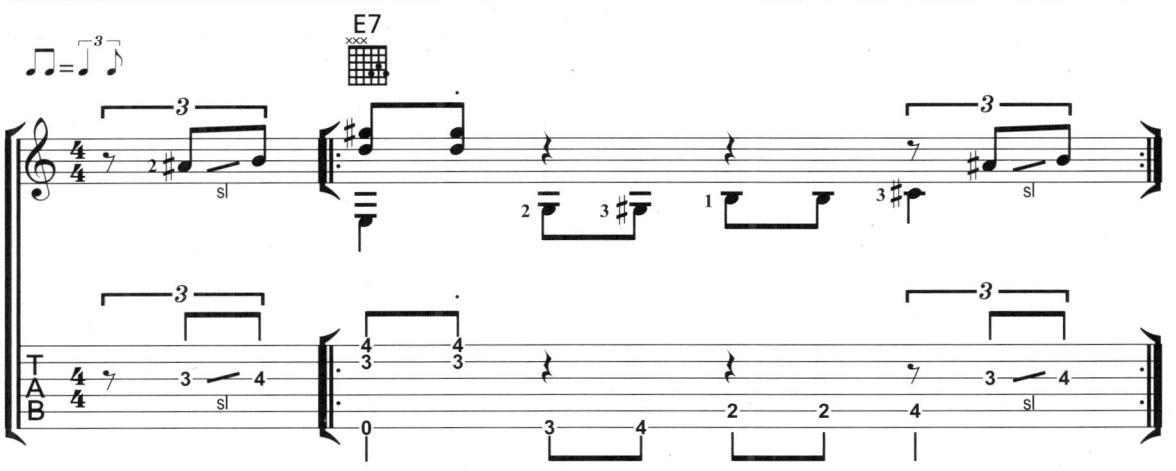

CD-Track 146

V. Bass-Riffs

Und so könnte das Ganze auf der IV. Stufe mit dem Grundton A aussehen. Der Slide vom 1. zum 2. Bund wird mit dem kompletten Barré-Finger ausgeführt:

Walking Bass à la Steve James in A

Walking Bass à la Toby Walker

Die folgenden Ideen sind im Stile von ‚Toby's Boogie Woogie' von Toby Walker. Bis zum ‚Pig Meat Strut'-Motiv können sie sowohl mit geraden Achtelnoten als auch geshuffelt gespielt werden (mit zunehmendem Tempo nähern sich geshuffelte Töne allerdings immer mehr den geraden Achtelnoten an).

Aufgabe

Höre dir zur Einstimmung Tobys Aufnahme an:

Diskographie
- **Toby's Boogie Woogie – Toby Walker** auf: „Lost & Found"

Am besten greifst du den E-Akkord nur mit dem *Zeigefinger* auf zwei Saiten, um die anderen Finger für die Basstöne zur Verfügung zu haben. Der *Zeigefinger* greift also einen kleinen Barré über die A- und D-Saite und bleibt bis auf den Aufschlag auf Zählzeit „4und" liegen (vgl. Audio-Track):

Das Hauptmotiv aus dem ersten Chorus spielt Toby so:

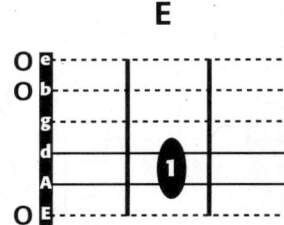

Walking Bass à la Toby Walker 1 in E

Garantiert Akustik Bluesgitarre lernen

Walking Bass à la Toby Walker

Dieser Riff lässt sich ganz leicht auf die IV. Stufe mit dem Grundton A übertragen, indem man einfach alles eine Saite höher spielt. Der Aufwärtsschlag auf der Zählzeit ‚4und' bleibt natürlich wie er ist. Dies ist das Hauptmotiv aus dem zweiten Chorus:

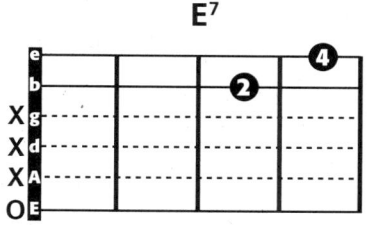

Walking Bass à la Toby Walker 2 in E

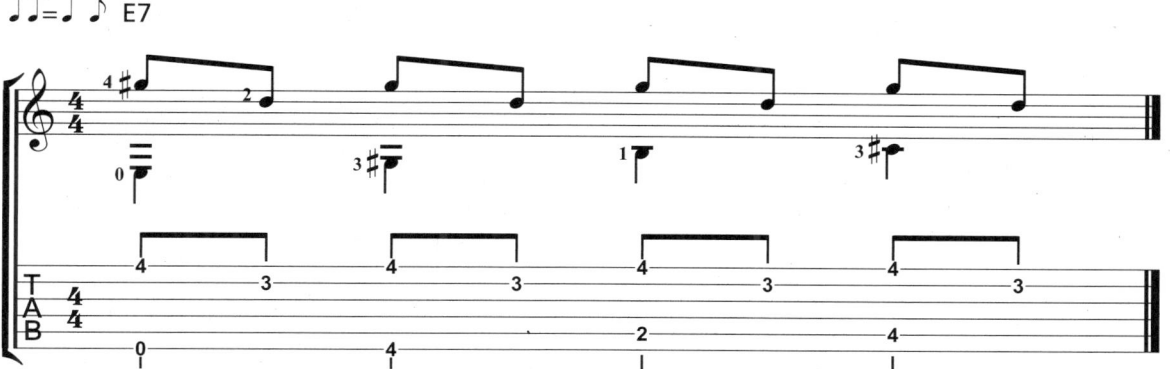

Wenn man diese Idee auf die IV. Stufe mit dem Grundton A überträgt, ergibt sich Folgendes:

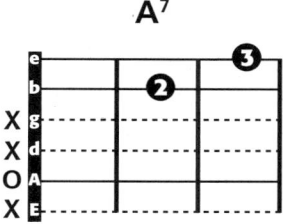

Walking Bass à la Toby Walker 2 in A

Mit diesem Fingersatz, den Toby mir gezeigt hat, komme ich nicht so gut klar. Ich greife stattdessen mit dem *Zeigefinger* einen Barré über die oberen Saiten. So brauche ich mich um die Töne „e" und „cis" nicht mehr zu kümmern.

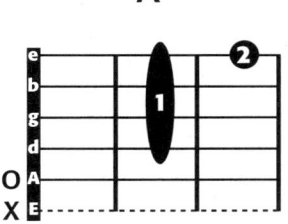

V. Bass-Riffs

Ich spiele dieselben Töne mit folgenden Fingern der Greifhand:

Walking Bass à la Toby Walker 2 in A (Fingersatz 2)

 Tipp!

Wenn dir dieser Song gefällt, solltest du unbedingt auf der Website von Toby Walker vorbeischauen. Er bietet dort für kleines Geld verschiedene Download-Lessons mit Video und Tab an – auch von diesem Song! www.littletobywalker.com

Das ‚Pig Meat Strut-Motiv'

Das folgende Beispiel ist dem Motiv aus **Big Bill Broonzy**s ‚*Pig Meat Strut*' ähnlich, das auch in Toby Walkers ‚*Toby's Boogie Woogie*' recycelt wird.

Aufgabe

Höre dir zur Einstimmung folgende Aufnahmen an:

Diskographie

- **Pig Meat Strut – Big Bill Broonzy** auf: „Do That Guitar Rag 1928–1935" (Yazoo) oder auf: „All The Classic Sides 1928–1937" (JSP7718 – 5-CD-Box)
- **Toby's Boogie Woogie – Toby Walker** auf: „Lost & Found"

Walking Bass à la Big Bill Broonzy

Garantiert Akustik Bluesgitarre lernen

Boogie Woogie-Walking Bass in der Tonart E

Typischer Boogie Woogie-Walking Bass

Aufgabe

Zuerst wie immer ein paar Hörempfehlungen zur Einstimmung. **Leadbelly** *(oft auch Lead Belly geschrieben) war ein Meister dieser Boogie Woogie-Basslinien.*

Diskographie
- **Good Morning Blues – Leadbelly:** „The Definite Lead Belly"
- **Roberta – Leadbelly:** „The Definite Lead Belly"
- **National Defence – Leadbelly:** „60th Anniversary Edition"
- **Hitler Song – Leadbelly:** „60th Anniversary Edition"
- **Step It Up & Go – Blind Boy Fuller:** „Complete Recorded Works Vol. 5" (Document 5095)

Anstelle der mittleren Oktave (D-Saite 2. Bund, *CD-Track 178, S. 116*) kann man beim Boogie Woogie in der Tonart E auch die hohen Saiten anschlagen. Mit dieser Art Begleitung kannst du zahlreiche Blues-Klassiker spielen, z. B. ‚Kansas City Blues', ‚Step It Up And Go' und die oben genannten Leadbelly-Klassiker. Wir beginnen mit dem Akkord der **I. Stufe**, also auf dem Grundton E. Der E⁷-Griff wird die ganze Zeit gehalten, die zusätzlichen Töne am 4. Bund werden mit dem *kleinen Finger* gegriffen.

Boogie Woogie Bass 1 auf dem Grundton E

Manche Gitarristen halten auch einen kompletten E-Dur-Griff, aber wenn man so kurze Finger hat wie ich, dann bekommt man den Ringfinger beim besten Willen nicht auf die Saiten, wenn der kleine Finger am 4. Bund greift.

Anstelle der kleinen Septime D (ungegriffene D-Saite) kann man auch die Oktave E am 2. Bund der D-Saite als höchsten Ton spielen. Dieser Ton wird vom *Mittelfinger* gegriffen oder indem man den kompletten E-Dur-Griff anstelle des E⁷-Griffs greift.

Boogie Woogie Bass 2 auf dem Grundton E

V. Bass-Riffs

Beim A spielen wir folgenden Baustein:

Die Töne am 4. Bund werden mit dem *kleinen Finger* gegriffen. Die beiden Töne des A⁷-Griffs werden ausnahmsweise mit *Zeige-* und *Mittelfinger* gegriffen, sonst sind die Töne am 4. Bund kaum zu erreichen.

Auch beim Grundton A ist es wieder möglich, die Oktave statt der kleinen Septime als höchsten Ton zu spielen. Dafür muss der *Zeigefinger* kurz auf die G-Saite wechseln.

Anstelle des einfachen A⁷-Griffs mit zwei Fingern kannst du auch den A⁷-Griff mit Barré nehmen. Die Töne am 4. Bund werden entweder mit dem *kleinen Finger* oder dem *Ringfinger* gegriffen. Zuerst die Version mit Oktave:

Boogie Woogie-Walking Bass in der Tonart E

Bei diesem A⁷-Griff findest du die kleine Septime am 5. Bund der D-Saite (gegriffen mit dem *kleinen Finger*).

Boogie Woogie Bass 3 mit Barréakkord auf dem Grundton A

Und beim B arbeiten wir ausnahmsweise einmal mit einem Barré:

Boogie Woogie Bass 1 mit Barréakkord auf dem Grundton B

Wenn du die Variante mit Oktave spielen möchtest, findest du sie am 9. Bund der D-Saite. Wenn man diesen Ton mit dem *kleinen Finger* spielt, entsteht eine ungewollte Pause, weil der Finger vom 11. Bund der A-Saite springen muss. Außerdem finde ich diesen Sprung recht unbequem zu spielen. Deshalb würde ich eher den *Ringfinger* nehmen, den man schon am 9. Bund der D-Saite aufsetzen kann, während der *kleine Finger* den 11. Bund auf der A-Saite greift.

Beim A in Takt 10 würde ich das B-Pattern zwei Bünde tiefer spielen, da der Weg bis zum oben gezeigten A-Pattern mit ungegriffenen Saiten doch recht weit ist.

Ab CD-Track 160, S. 123 übertragen wir diese Boogie-Bassläufe in die Tonart G.

V. Bass-Riffs

Chicago Blues Basslauf

Das folgende Beispiel zeigt einen typischen Chicago Blues-Basslauf, den ich mit einer Melodiestimme harmonisiert habe.

Aufgabe

Höre dir zur Einstimmung ein paar der unzähligen Aufnahmen dieses Klassikers an:

Diskographie
■ **I Want To Be Loved – Muddy Waters** auf: „Hard Again"
■ **Hallelujah, I Love Her So – The Animals** auf: „The Complete Animals"
■ **Hallelujah, I Love Her So – Eddie Cochran** auf: „The Best Of"
■ **When The Lights Go Out – Jimmy Witherspoon** auf: „The Complete Jimmy Witherspoon" oder auf: „Chess Pieces – The Very Best Of Chess" (Sampler, diverse Künstler)

Chicago Blues – Basslauf

Aufgabe

Versuche doch auch einmal selbst, einen Basslauf und eine Melodie gleichzeitig zu spielen. Am besten eignen sich dafür einfache Bassläufe und Melodien. Mach dir Gedanken, welcher Fingersatz sich leicht spielen lässt. Du könntest z. B. versuchen, die Melodie eines Beispiels aus diesem Kapitel mit dem Basslauf eines anderen Beispiels zu kombinieren.

Tipp!

Wenn dir diese Art des Gitarrespielens gefällt, solltest du dir die Lehr-DVD „**Boogie Woogie Guitar**" von **Del Rey** besorgen. Du bekommst sie direkt bei **Homespun Tapes** (**www.homespun.com**) oder bei den üblichen Online-Shops. Es versteht sich von selbst, dass diese DVD nicht gerade für Anfänger gedacht ist …

Boogie Woogie-Walking Bass in der Tonart G

Tonart G

Im *Kapitel ‚Ragtime'* haben wir schon einmal kurz in die Tonart G reingeschnuppert, indem wir ein Ragtime-Picking auf einen 12-Takt-Blues in G übertragen haben (*vgl. S. 89*) und indem wir die Ragtime-Akkordfolge nach G transponiert haben (*vgl. S. 90–91*).

Jetzt schauen wir uns eine weitere sehr beliebte Art an, in der Tonart G zu spielen:

Den Boogie Woogie-Basslauf, den wir vorhin schon in der Tonart E gespielt haben. Die Tonart G ist wie geschaffen für diese Art der Begleitung.

Boogie Woogie Bass 1 auf dem Grundton G

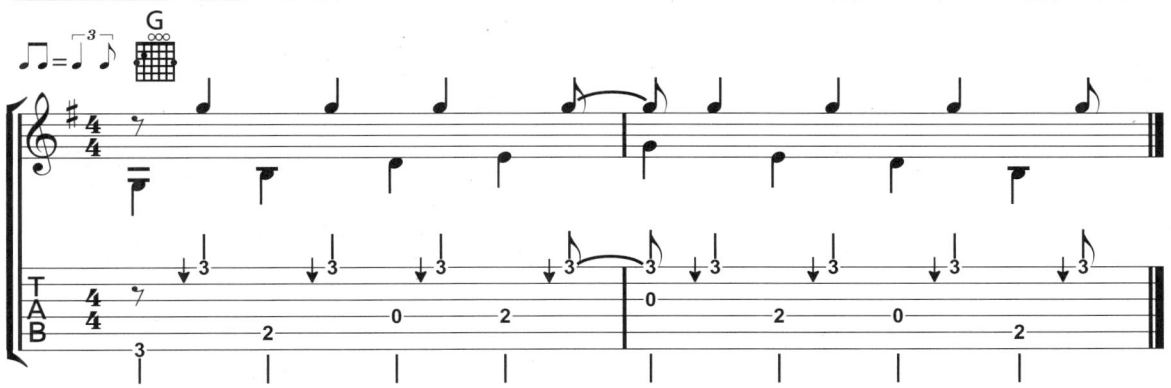

Beachte, dass der G-Griff mit *Ring-*, *Mittel-* und *kleinem Finger* gespielt wird, damit der *Zeigefinger* frei bleibt, um einfach zum G^7-Griff wechseln zu können.

Auch hier ist es natürlich wieder möglich, im Bass die kleine Septime anstelle der Oktave zu spielen:

Boogie Woogie Bass 2 auf dem Grundton G

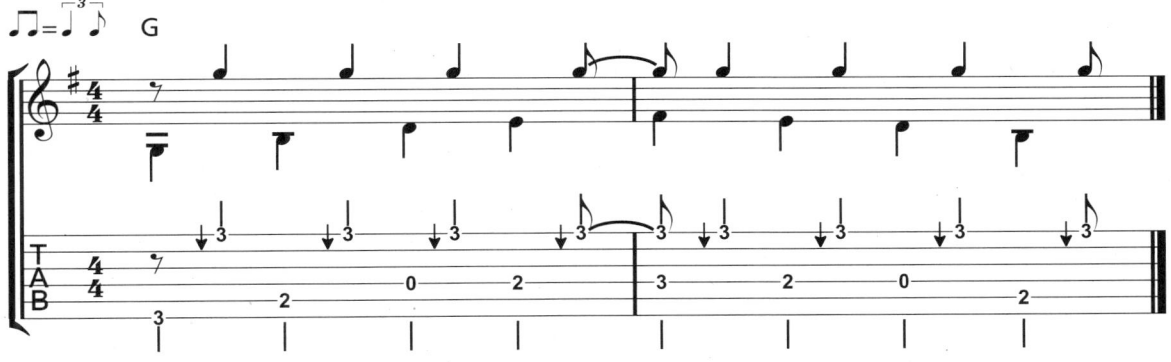

Beim Grundton C spielen wir Folgendes:

Boogie Woogie Bass auf dem Grundton C

Alternativ kannst du die Aufwärtsschläge auch ab der hohen E-Saite ausführen.

V. Bass-Riffs

Beim Grundton D könnte unser Pattern so aussehen:

Boogie Woogie Bass auf dem Grundton D

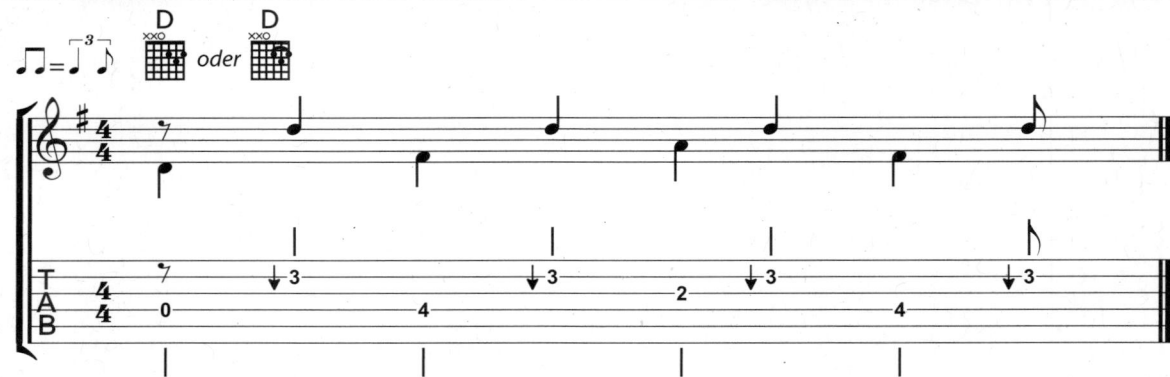

Die Töne am 4. Bund werden mit dem *kleinen Finger* gespielt. Als letzten Baston kannst du auch den 4. Bund auf der G-Saite spielen (die große Sexte von D). Wenn du mal einen zweitaktigen Basslauf mit dem Grundton D spielen möchtest, bietet sich die Griffvariante mit Barré an, denn dann kannst du mit dem *kleinen Finger* die kleine Septime am 5. Bund der G-Saite erreichen. Die Aufwärtsschläge kannst du alternativ auch ab der hohen E-Saite (gegriffen am 2. Bund) ausführen. Was gefällt dir besser?

Viele Gitarristen spielen den Basslauf beim D so wie gerade gezeigt. Mir persönlich ist das für einen Basslauf zu hoch, deshalb habe ich einen Oktavsprung eingebaut und spiele die letzten drei Basstöne tiefer:

Boogie Woogie Bass auf dem Grundton D mit Oktavsprung abwärts

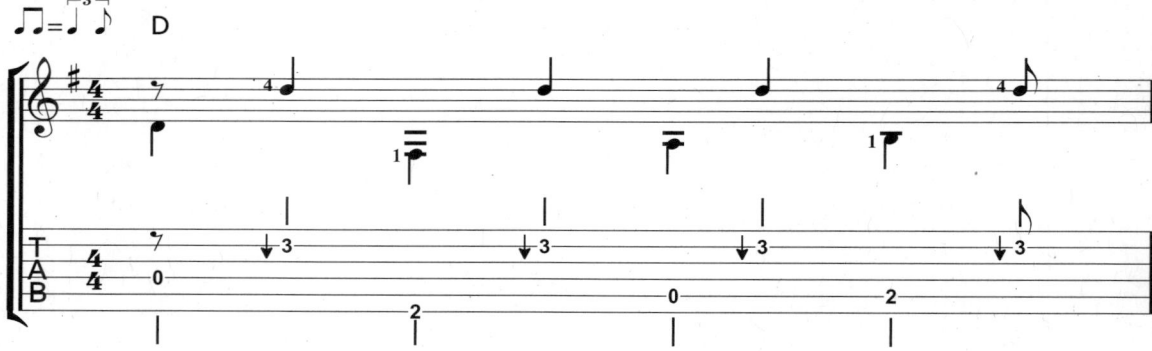

Den Fingersatz erkläre ich auf der CD.

Du könntest in Takt 10 einfach den ersten Takt des oben gezeigten zweitaktigen C-Patterns spielen. Ich habe mir etwas Originelleres ausgedacht:

Einen **chromatischen** Aufgang, der zum G im nächsten Takt führt.

chromatisch, in Halbtönen

Boogie Woogie Bass auf dem Grundton D mit Oktavsprung abwärts

Boogie Woogie-Walking Bass in der Tonart G

Und schließlich noch ein Turnaround. Dazu habe ich den Robert Johnson-Turnaround nach G übertragen, obwohl Johnson – zumindest auf den heute noch erhaltenen Aufnahmen – ihn nie in dieser Tonart gespielt hat. Der erste Ton vollendet den eben gezeigten Basslauf.

Boogie Woogie – Turnaround in G

166 CD-Track

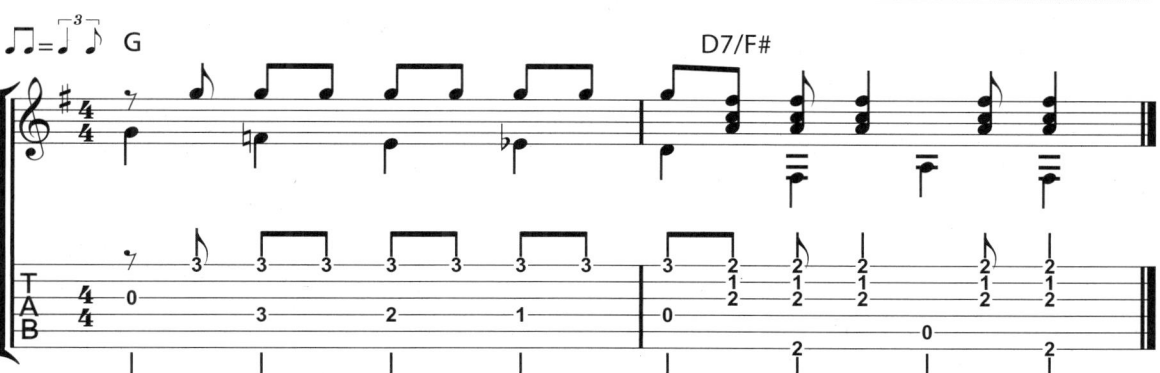

Ein kompletter Chorus könnte so aussehen:

Boogie Woogie – Kompletter Chorus

167 CD-Track

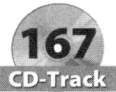

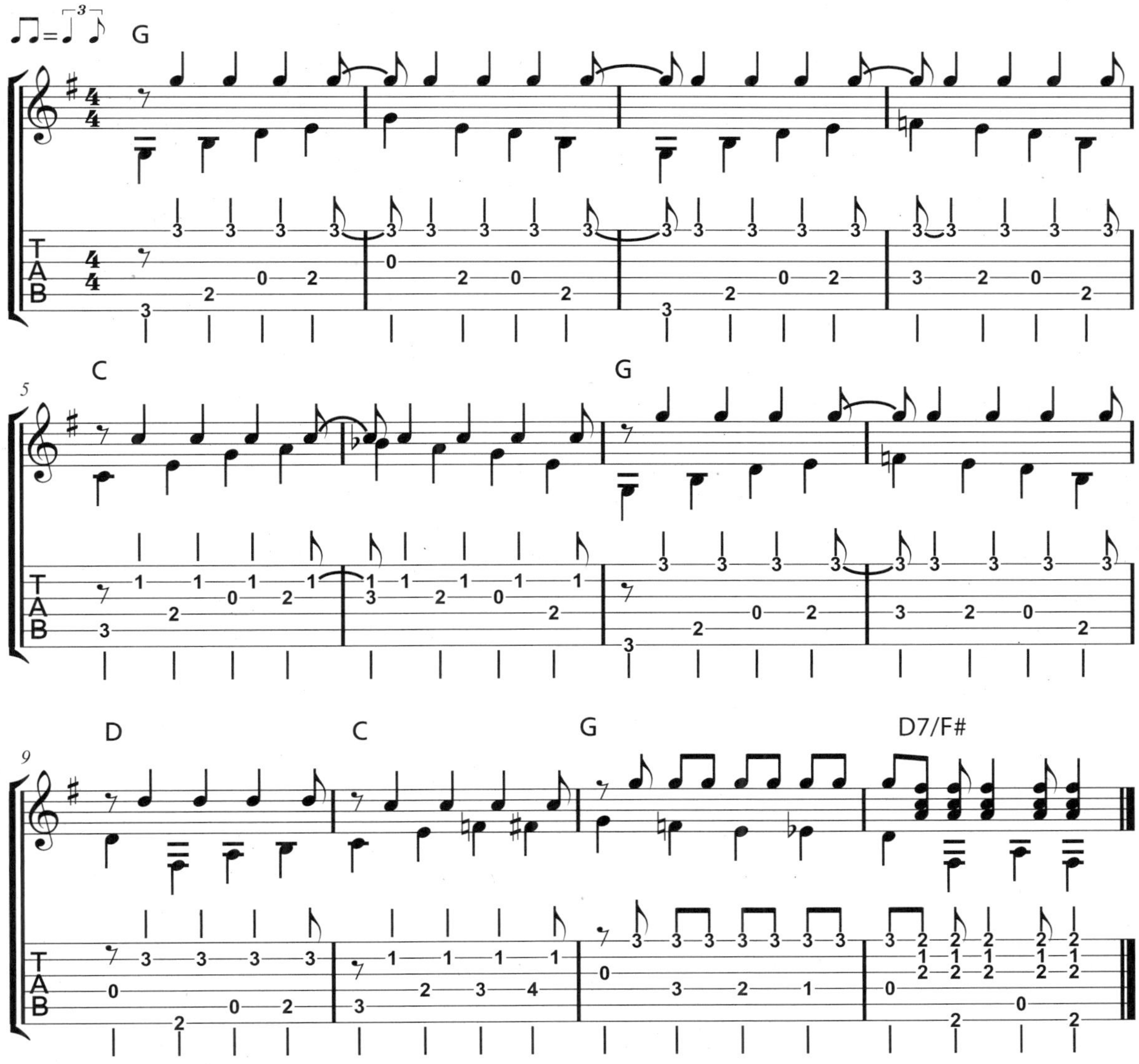

V. Bass-Riffs

Du musst übrigens nicht einen ganzen Song mit diesem Boogie-Bass spielen. Manchmal ist es auch eine interessante Abwechslung, einfach mal mitten im Song einen Chorus oder zwei mit dieser Begleitung zu spielen.

Und jetzt noch ein paar coole Variationen, um diesen einfachen Boogie-Bass in der Tonart G noch etwas aufzupeppen!

Boogie Woogie – Bass-Fill 1

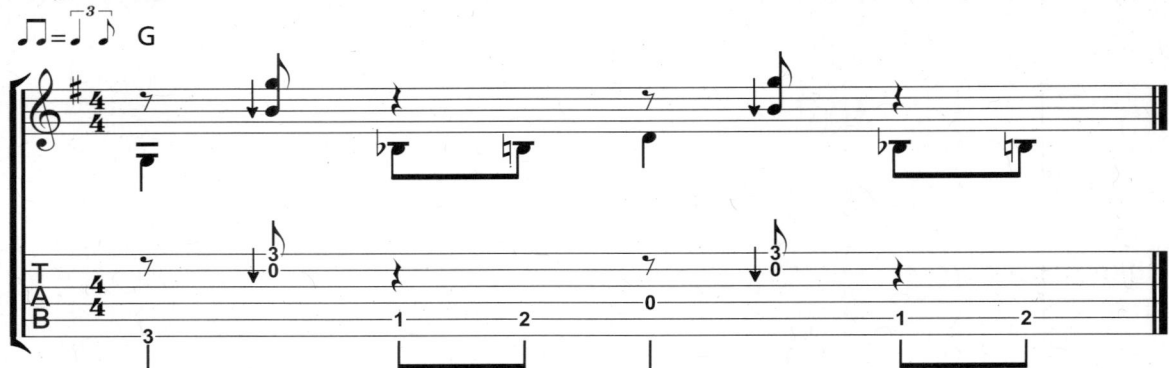

Dieser Bass enthält den Blues-typischen Klang Moll-Terz-zur-Dur-Terz. In die Pausen spielen wir Aufwärtsschläge, um das Shuffle-Feeling aufrecht zu erhalten. Nach diesem Lauf kann man sowohl ein G als auch ein C spielen, er passt also in Takt 1–2, 3–4 und 7–8.

Einen ähnlichen Lauf hatten wir im *Kapitel ‚Ragtime'* in der Tonart C (*vgl. S. 88, Bsp. 114*).

Boogie Woogie – Bass-Fill 2

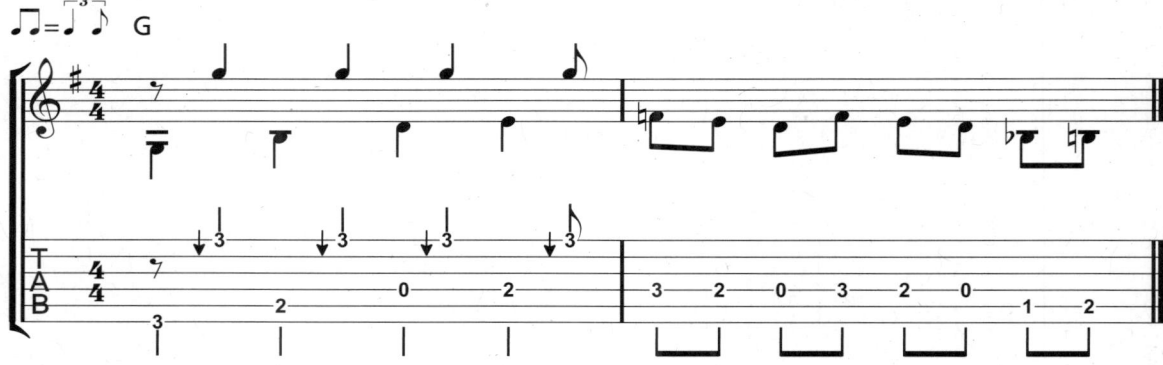

Um mal richtig ein Fass aufzumachen, kann man so einen Bass-Fill auch zwei Takte lang spielen:

Boogie Woogie – Bass-Fill 3

Garantiert Akustik Bluesgitarre lernen

Fingerstyle-Solo in der Tonart G

Aufgabe

Mit solchen Variationen kannst du dir einen kompletten Solo-Chorus zusammenbasteln. Ein solches Bass-Solo ist eine spannende Abwechslung zu den üblichen Soli in höheren Registern der Gitarre. Übertrage die gezeigten Fills auch auf den Grundton C und denke dir weitere Variationen aus. Du kannst diese Variationen auch als Fills in den Gesangspausen einsetzen. **Do it!**

Fingerstyle-Solo in G

Und jetzt lernen wir noch ein Fingerstyle-Solo für die Tonart G im Stile von **Blind Boy Fullers** *Step It Up & Go*. Als Begleitung spielen wir einen Wechselbass. Hier ist das Motiv für die I. Stufe G:

Fingerstyle-Motiv im Stile von ‚Step It Up & Go'

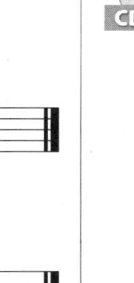

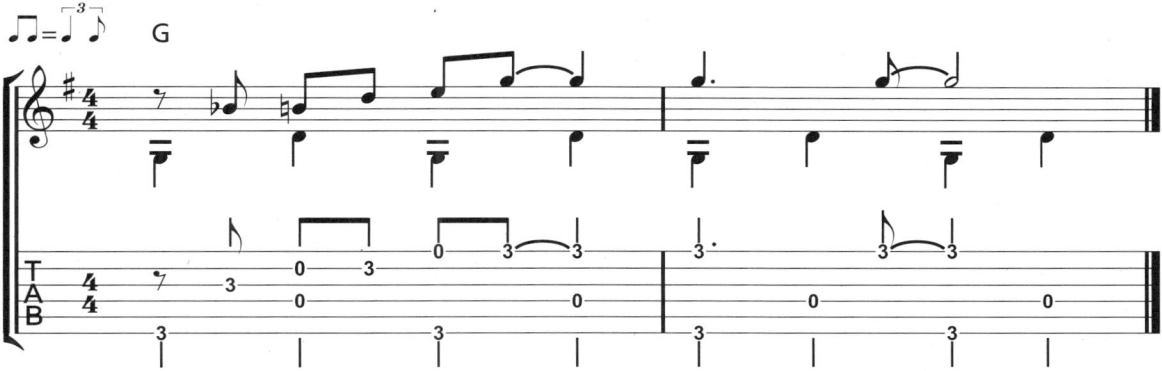

Vergiss nicht, den G-Griff wieder mit *Mittel-, Ring-* und *kleinem Finger* zu greifen.

Und eine kleine Variation für Takt 3–4:

Fingerstyle-Motiv – Variation

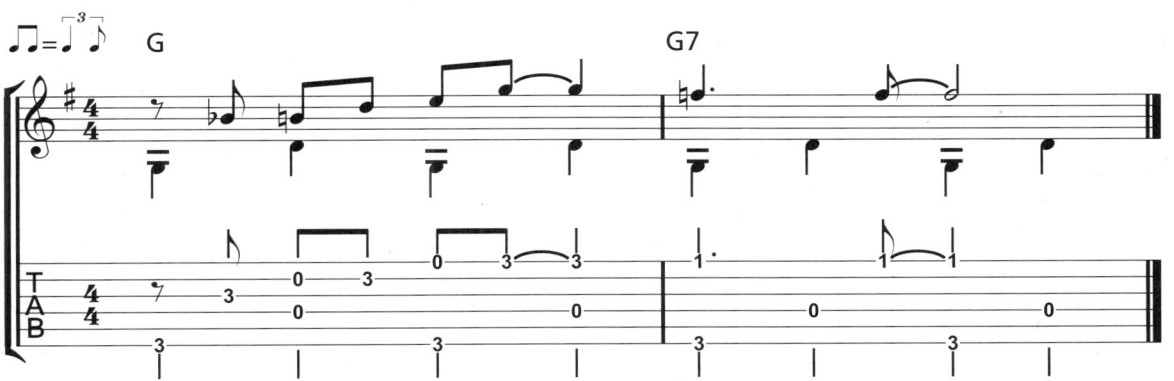

V. Bass-Riffs

Jetzt folgt fast dieselbe Melodie mit dem C-Griff:

Fingerstyle-Motiv in C – Takt 5–6

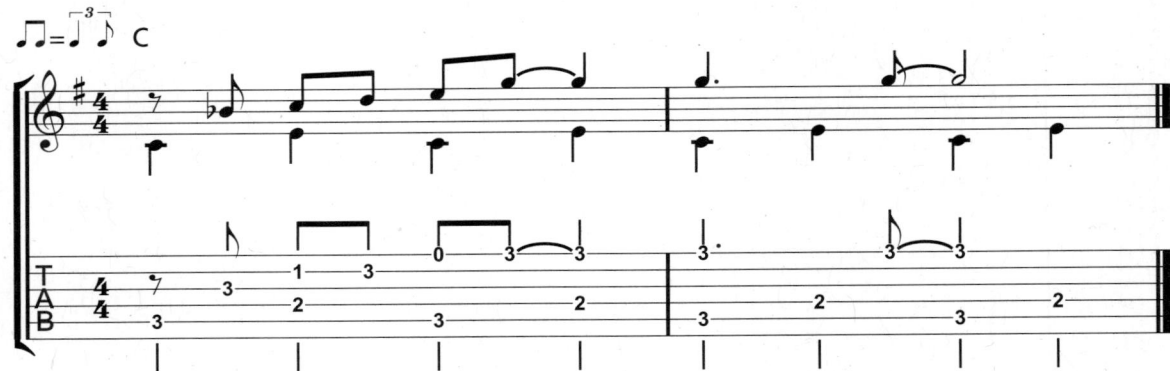

Beim G in Takt 7–8 wiederholst du entweder eins der beiden eben gezeigten Pattern oder du spielst zur Abwechslung einen der vorher gezeigten Bass-Fills (*CD-Tracks 198–200, S. 126*).

In Takt 9–10 verschieben wir den C-Griff erst zwei Bünde höher auf D und dann zurück auf C. Auch das Anschlagsmuster ist identisch. Der Auftakt ist optional.

Fingerstyle-Motiv – Takt 9–10

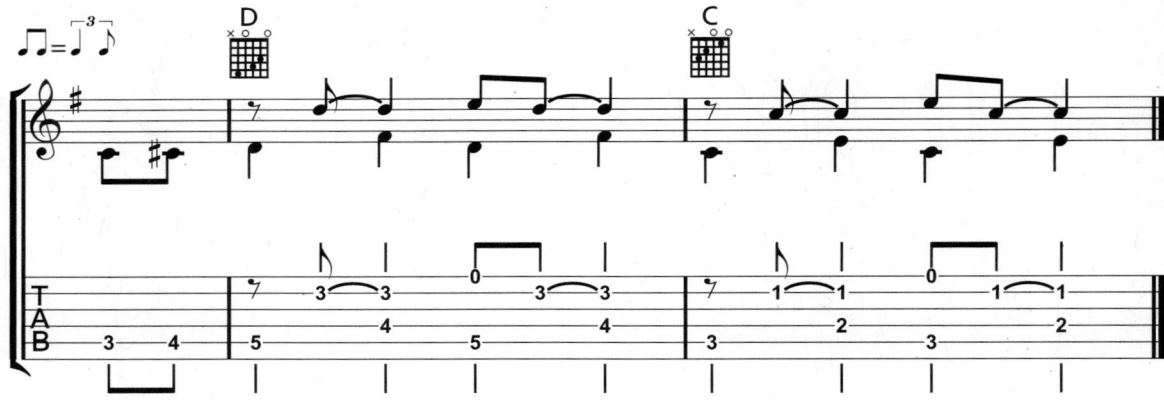

Wie klingt es, wenn du die B-Saite und die G-Saite anstelle der hohen E-Saite und der B-Saite nimmst?

In Takt 11–12 spielst du entweder den Turnaround (*CD-Track 196, S. 125*), eine der beiden zweitaktigen Variationen aus Takt 1–4 oder einen Bass-Fill.

Ein 12-taktiger Solo-Durchgang könnte also z. B. wie folgt aussehen:

Fingerstyle-Solo in der Tonart G

Boogie Woogie – 12-taktiges Fingerstyle-Solo

Traditional
Bearbeitung: Andi Saitenhieb

Tipp!

Jetzt kannst du in jeder der typischen Blues-Tonarten in Standard-Stimmung spielen.

Wir haben uns authentische Bausteine für die Tonarten A (S. 14ff, 131ff), E (S. 12ff, 36ff, 60ff, 96ff, 106ff, 115ff), C (S. 76ff, 110ff), G (S. 89ff, 123ff) und D (S. 91ff, 100ff) angeschaut. Außerdem haben wir die Tonart D im beliebten Dropped D-Tuning kennengelernt (S. 100ff).

Die beiden verbliebenen beliebten Spielpositionen **Vestapol-Tuning** (Open D bzw. Open E) und **Spanish-Tuning** (Open G bzw. Open A) sind Thema meines nächsten Buchs „**Garantiert Bluesgitarre lernen – Open Tunings & Bottleneck / Slide Guitar**". Dort werden wir uns erst ausführlich mit diesen beiden Stimmungen beschäftigen und viele authentische Bausteine und Songs kennenlernen, bevor wir dann in der zweiten Hälfte des Buchs die Bottleneck-Technik lernen. Die Open Tunings bieten sich nämlich für das Slide-Spiel geradezu an. Schließlich zeige ich dann noch, wie man auch in Standard-Stimmung bluesig Slidegitarre spielt.

VI. Bluesrepertoire aufbauen

Kapitelübersicht

VI. Bluesrepertoire aufbauen 130
    Bluesrepertoire aufbauen – Songs ganz einfach arrangieren 130
    Akkord-Schema analysieren 130
    Einfache Begleitung 130
        ■ *Sweet Home Chicago in der Tonart A* 131
        Standard Blues-Riff in A 131
        Songtext & singen 131
        Übergänge und Turnaround 132
        Standard Blues-Riff in A – Übergänge 133
        Fills 134
    Kind Home Chicago Blues oder Sweethearted Woman Blues? 135
    Repertoire aufbauen 135

Bluesrepertoire aufbauen – Songs ganz einfach arrangieren

Natürlich kann man mit Hilfe von Tabs, Lehrvideos, Lehrbüchern oder – am allerbesten (!) – durch Raushören einen Song Ton für Ton in einer bestimmten Version lernen.
Das ist aber recht zeitaufwendig und nicht immer möglich. Bei einer Jam-Session z. B. hat man ja keine Möglichkeit, den Song erst mal komplett neu zu lernen. In diesem Kapitel zeige ich deshalb, wie man aus schon bekannten Blues-Bausteinen im Handumdrehen eine einfache, aber gut klingende Blues-Begleitung bastelt. Als Beispiel nehme ich den Klassiker *Sweet Home Chicago*, den wir schon kennengelernt haben.

Wir spielen ihn aber jetzt in der **Tonart A**. Wir bleiben in der Standard-Gitarrenstimmung.

Standard-Stimmung, Tonart A? Da könnte man doch vielleicht Bausteine vom *Kind Hearted Woman Blues* nehmen? Schaun mer mal … ☺.

Es geht mir hier nicht um die Tonart A, sondern darum, dass wir den Song mit Bausteinen der Tonart A spielen. Deshalb spielen wir den Song nicht in der schon bekannten Tonart E mit Kapo am 5. Bund.

Gibt es ein markantes Intro oder Ending, dass du spielen möchtest? Das solltest du dir heraushören, wenn der Rest des Songs steht.

Akkord-Schema analysieren

Zuerst analysieren wir die Akkordfolge des Songs. Mit etwas Übung ist es problemlos möglich, das zugrundeliegende Schema innerhalb weniger Sekunden zu erkennen. Erfahrene Musiker wissen spätestens mit dem Beginn der 2. Strophe, wie der Hase läuft. Dann muss man nur noch darauf achten, ob vielleicht irgendwo ein Zwischenteil (oft auch ,Bridge' oder ,Break' genannt) gespielt wird.

Quick Change-Schema, vgl. S. 169

Unser Beispielsong *Sweet Home Chicago* ist ein 12-taktiger Blues mit <u>Quick Change-Schema</u>.

Einfache Begleitung

In meinem Buch „Garantiert Bluesgitarre lernen" zeige ich auf Seite 76 – 82 zahlreiche Variationsmöglichkeiten, um diesen Basis-Riff noch interessanter und abwechslungsreicher zu gestalten.

Beginnen wir mit dem Standard Blues-Riff, den die meisten Einsteiger als einen ihrer ersten coolen Gitarrenriffs kennenlernen und den wir im *Kapitel ,Standard Blues-Riff'* (vgl. Seite 42) schon kennengelernt haben. Diesen Riff spielen wir während des gesamten Songs. Dabei achten wir natürlich auf die Akkordwechsel, die durch das eben analysierte Schema vorgegeben sind.

„Sweet Home Chicago" in A

Standard Blues-Riff in A

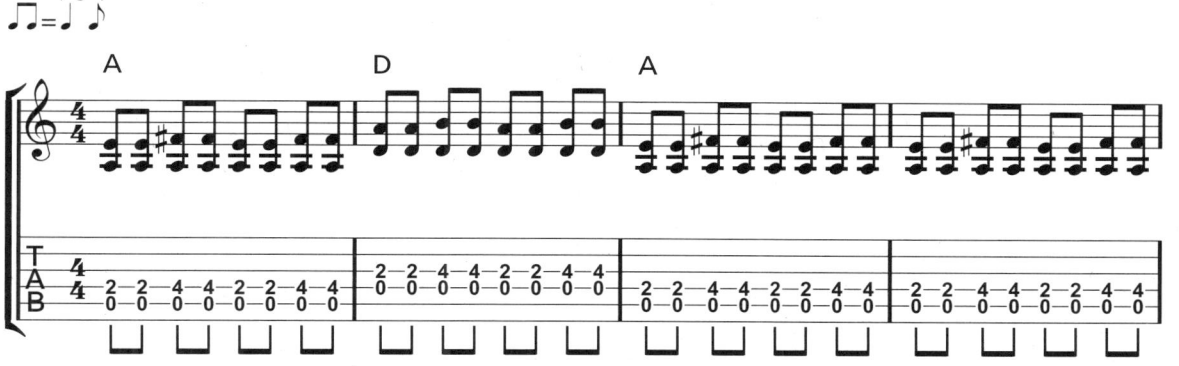

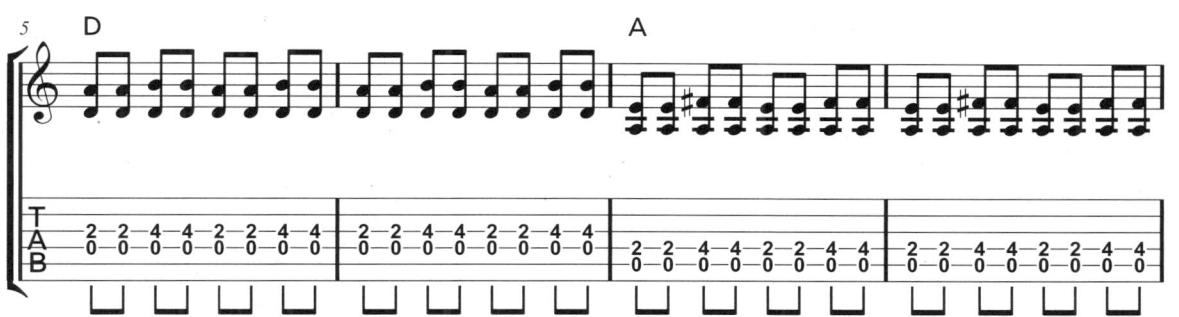

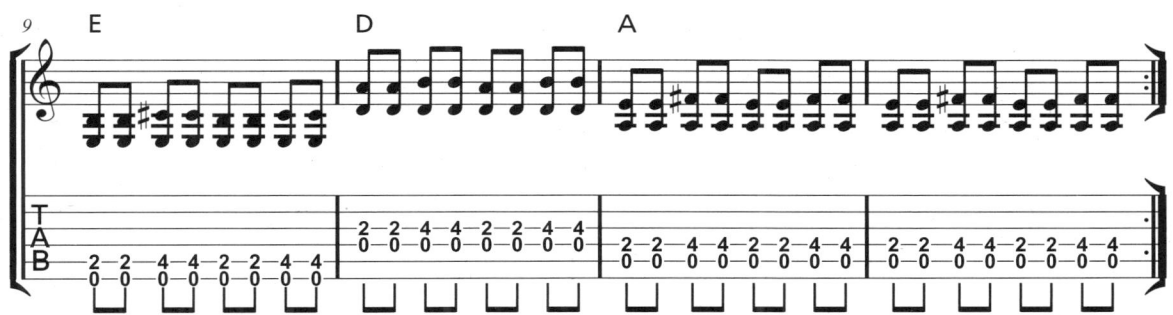

Songtext & singen

Als Nächstes schreiben wir uns den Songtext auf und üben das Singen zur eben gelernten, einfachen Begleitung.

Effektive Vorgehensweise, vgl. S. 24

Tipp!

Den Text kann man sich entweder von der CD raushören oder sich im Internet suchen. Dazu gibt man einfach den Songtitel und das Wort ‚lyrics' in die Suchmaschine ein. Den Text sollte man recht groß ausdrucken, damit er gut lesbar ist, während man Gitarre spielt. Wenn man statt ‚lyrics' das Wort ‚chords' eingibt, findet man meist die Akkordfolge, oft auch in Verbindung mit dem Songtext, so dass man gleich erkennt, an welcher Textstelle die Akkorde wechseln. Es gibt aber auch viele brauchbare Songbücher im Handel mit den Texten und Akkorden.

VI. Bluesrepertoire aufbauen

Kapodaster,
vgl. S. 165–166

Mit einem *Kapodaster* kann man den Song in eine zum Singen angenehme Tonart transponieren.

> **Tipp!**
>
> Im Anhang ,**Alle Töne auf dem Griffbrett**' (vgl. Seite 163–164) kannst du selbst herausfinden, wo man den Kapo befestigen muss, um in einer bestimmten Tonart zu spielen. Wir spielen mit A-Bausteinen bzw. in der Tonart A, ich will aber in der Tonart C singen. Also schaue ich bei der Griffbrettübersicht nach, wo sich der Ton C auf der A-Saite befindet. Da das C am dritten Bund der A-Saite liegt, muss ich den Kapo am dritten Bund anbringen. Man kann natürlich auch den Kapo einfach Bund für Bund hochschieben, bis man eine angenehm zu singende Tonart gefunden hat. Wenn man mit anderen Musikern spielt, ist es aber immer hilfreich, wenn man die Tonart kennt.
>
> Am besten übt man, wie man anderen Musikern einen Song mitteilt. Das sollte möglichst kurz (!) sein, aber auf verständliche (!) Art alles Wichtige rüberbringen. Diesen Song würde ich anderen Musikern so ansagen: „Als Nächstes spielen wir ‚Sweet Home Chicago' in der Tonart C. Das ist ein 12-Takter mit Quick Change. Ich spiele ein viertaktiges Intro." Dann trete ich ans Mikrofon, erzähle dem Publikum kurz etwas über den Song (z. B. den Titel, wer den Song geschrieben hat und was das Besondere an diesem Song für mich ist) und dann geht's los mit dem Intro. Am Ende des viertaktigen Intros werden die anderen Musiker einsteigen.

Man kann das Singen natürlich auch anderen überlassen, aber gerade im Akustik-Blues ist es üblich, dass Instrumentalisten auch singen. Mit etwas Übung klappt es, also trau dich! ☺

Übergänge und Turnaround

Übergänge,
die typischen
Übergänge zeige ich in
„Garantiert Bluesgitarre
lernen" (Seite 71 – 75).

Die einfachste Möglichkeit, etwas Abwechslung in diese Begleitung zu bringen, ist das Verbinden einiger Akkorde mit *Übergängen*. In Takt 4 und in Takt 8 habe ich jeweils einen ganz einfachen Basslauf eingebaut, der zum nächsten Akkord überleitet (also zum D in Takt 5 bzw. zum E in Takt 9). In den letzten beiden Takten habe ich einen ganz einfachen Turnaround eingebaut.

„Sweet Home Chicago" in A

Standard Blues-Riff in A – Übergänge

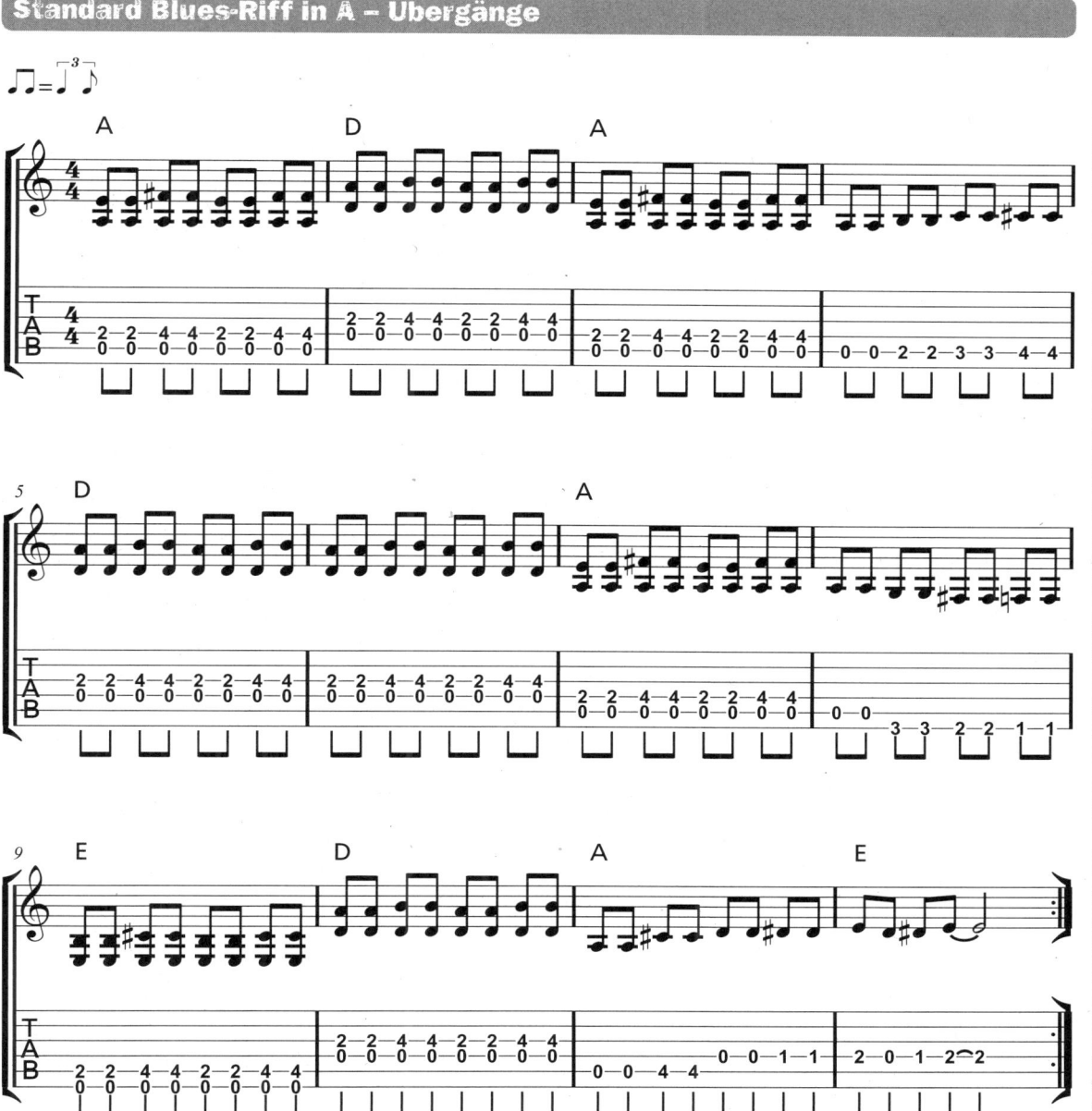

Wenn noch ein zweiter Instrumentalist mitspielt, z. B. ein weiterer Gitarrist oder ein *Bluesharper*, kann der in den Gesangspausen (üblicherweise in den letzten beiden Takten von jeder Zeile) **kleine Fills** spielen. Die Übergänge in Takt 4 und in Takt 8 kann man dann auch weglassen. Beim Turnaround muss man eventuell etwas aufpassen, dass die Parts der beiden Instrumente zusammenpassen. Das ist aber normalerweise kein Problem.

Bluesharp ist die Bezeichnung für eine bestimmte Art Mundharmonika, die im Blues vorzugsweise eingesetzt wird. Der Fachbegriff für diese Instrumente ist ‚10-kanälige diatonische Mundharmonika in Richter-Stimmung'... ähem, bleiben wir doch lieber bei dem Begriff ‚Bluesharp'... ☺

VI. Bluesrepertoire aufbauen

Fills

Wenn man keinen zweiten Instrumentalisten hat, übernimmt man die Fills einfach selbst. Da der Gesang bei *Sweet Home Chicago* jeweils zwei Takte dauert und anschließend jeweils zwei Takte pausiert, haben wir in den Takten 3–4 und 7–8 Zeit für einen Fill und in den Takten 11–12 für einen Turnaround. Sowohl die Fills als auch den Turnaround kennen wir schon vom *Kind Hearted Woman Blues*.

Kind Hearted Woman Blues, vgl. S. 31ff.

Standard Blues-Riff in A – Fills

Diesen Gitarren-Part kann man in allen Strophen spielen. Je nach Kenntnisstand kann man die Fills auch von Durchgang zu Durchgang rhythmisch variieren oder ganz andere Fills spielen.

‚Sweet Home Chicago' in A

Kind Home Chicago Blues oder Sweethearted Woman Blues?

Als letztes Arrangement ersetzen wir auch den Standard Blues-Riff in den jeweils ersten beiden Takten jeder Zeile und spielen jetzt komplett den Gitarren-Part von ‚**Kind Hearted Woman Blues**', während wir dazu die Melodie und den Text von ‚**Sweet Home Chicago**' singen. Diese Version kennst du schon von *Seite 32*, daher gibt es hier keine Noten. Man kann also einen Blues-Song normalerweise auch mit den Gitarren-Parts von einem anderen Blues-Song begleiten. Auf *Seite 31* hatte ich bereits erwähnt, dass **Robert Johnson** bei den beiden Aufnahmen des ‚*Phonograph Blues*' genau das gemacht hat: Er hat denselben Song / Text über zwei komplett unterschiedliche Sets von Blues-Bausteinen gespielt!

Tipp!

Theoretisch kann man mit einer kleinen Anzahl solcher Bausteine in der Tonart A schon jeden erdenklichen Song in jeder Tonart spielen (der Kapo hilft uns, das Ganze zu verschieben). Und tatsächlich gibt es zahlreiche herausragende (und zu recht legendäre) Gitarristen, die wirklich nur in ein oder zwei Tonarten gespielt haben und die die anderen Tonarten nur mit Hilfe eines Kapodasters erreichen / erreicht haben (Muddy Waters, Jimmy Vaughan, Albert Collins ...). Wenn man nur wenige Bausteine kennt, klingt natürlich jeder Song gleich. Deshalb solltest du unbedingt nach und nach immer mehr dieser Bausteine lernen, so dass du jedem Song seinen individuellen Klang verpassen kannst.

Repertoire aufbauen

Sobald du einen Blues-Song interessant spielen kannst, kannst du alle Blues-Songs so spielen! Wenn du nur ein oder zwei Songs spielst, fällt auch gar nicht auf, dass du nur ein paar Bausteine beherrschst. Also, ab auf die nächste Session und ein oder zwei Songs gespielt!

Und dann lernst du den nächsten Baustein, baust ihn wieder in die Songs, die du spielst, ein, dann noch einen Baustein, und im Handumdrehen kannst du schon drei Songs abwechslungsreich spielen. Und dann vier, und dann zehn, und dann hast du bald ein abendfüllendes Repertoire.

Es ist ab hier nur noch eine Frage der Zeit!!!

VII. Von den Bausteinen lernen ...

Kapitelübersicht

VII. Von den Bausteinen lernen oder:
Wie man Bausteine analysiert und in andere Songs und/oder Tunings überträgt 136

    Der Ausgangs-Baustein 137
    Standard-Tuning mit Grundton A 137
        Wechselbass 1 & 2 138
        Doppelter Wechselbass 139
        Mit Bass-Riff 139
    In Standard-Tuning mit Grundton D 140
    In Standard-Tuning mit Grundton E 141
    Im Dropped D-Tuning mit Grundton A 141
    Shuffle / Swing / ternäres Feeling 145
    Variation der Melodietöne des Licks 145
    Baustein in verschiedenen Positionen auf dem Griffbrett finden 146
    Verzierungstechniken 147

Von den Bausteinen lernen oder *Wie man Bausteine analysiert und in andere Songs und/oder andere Tunings überträgt*

Dieses Kapitel ist meiner Ansicht nach das wichtigste Kapitel des ganzen Buches (dicht gefolgt von den CD-Empfehlungen, *vgl. Seite 189*). Nach all den schönen Songs, Spieltechniken und Licks möchte ich jetzt noch mal ganz ausführlich zeigen, was man mit einem Baustein so alles anstellen kann und was man aus aus einer Idee so alles rausholen kann. Und dieses Prinzip des Variierens, Anpassens und Verinnerlichens kannst du anschließend bei *allen* Licks anwenden, die du schon kennst bzw. ab jetzt neu lernst. Das ist eine unendliche Entdeckungsreise, die dich auf die – meiner Meinung nach – wertvollste musikalische Entwicklungsstufe bringt:

> *Einen eigenen Stil zu entdecken und zu entwickeln*
> *(basierend auf der reichhaltigen Tradition des Blues).*

Du spielst dann nicht mehr einfach nur nach, sondern kannst bekannte Songs in deine eigenen Versionen verwandeln oder sogar ganz neue Songs schreiben. Für die Vorgehensweise in diesem Kapitel habe ich im Englischen schon des öfteren den schönen Ausdruck *„to get more milage out of something"* gehört. Am allerbesten gefällt mir allerdings die Version des großartigen **Doug MacLeod**, den ich 2010 persönlich kennengelernt habe. Seine Lieblingsfragen sind *„Where else can I find it?"* und *„What else can I do with it?"* (also *„Wo kann ich das noch auf dem Gitarrengriffbrett finden?"* und *„Was kann ich damit noch anstellen?"*). Doug fragt sich das ganz offensichtlich bei allem, was er auf der Gitarre lernt und entdeckt, denn er ist einer der innovativsten und eigenständigsten modernen Akustik Blues-Gitarristen.

Der Trick der meisten erfolgreichen und bekannten Gitarristen ist, dass sie nicht alles ein bisschen können, sondern dass sie wenige Dinge richtig gut können. Niemand erwartet z. B. von **Muddy Waters**, dass er ein blitzschnelles Bebop-Solo spielt. Und von **Keith Richards** hört man auch nie ein klassisches Gitarrenstück. Aber beide haben ihren ganz eigenen Stil, der sich aus wenigen markanten Elementen zusammensetzt, die sie beherrschen wie kaum jemand sonst, und von denen sie unzählige Variationen

---

Im Falle von Muddy Waters ist ein Stilmerkmal, dass er fast ausschließlich in der Tonart E in Standard-Stimmung spielt. Andere Tonarten werden mit Kapo erreicht, so dass er sich im Kopf nicht umzustellen braucht, sondern weiterhin in der Tonart E denken kann, für die er seine typischen Sounds zur Verfügung hat.

Der Ausgangs-Baustein

gefunden haben. Es geht also nicht darum, unzählige Licks und Grooves auswendig zu lernen, sondern die Prinzipien dahinter zu verstehen und anwenden zu lernen. Dazu gehört, dass man zahlreiche Variationen (er)findet, seine *Signature Licks* in verschiedenen Tonarten und in anderen Songs spielen kann. Ein wichtiger Schritt bei der Aneignung von Riffs und Licks ist, dass man sie auch in andere rhythmische Feelings (also Shuffle-Bausteine in einen Funk-Song mit 16tel-Noten oder in einen Bluesrock-Song mit geraden Achtelnoten) überträgt und in andere Gitarrenstimmungen überträgt. Und genau das machen wir in diesem Kapitel in aller Ausführlichkeit mit einem typischen Blues-Baustein, der auf zahlreichen Aufnahmen zu finden ist. Viel Spaß auf dieser Entdeckungsreise!

Hör dir einfach mal verschiedene Versionen von demselben Song unterschiedlicher bekannter(!) Künstler an. Jeder gibt dem Song seinen typischen Sound. Hört man hingegen eine Cover-Band, dann klingt deren Version vom gleichen Song genau wie die vom Künstler XY.

Der Ausgangs-Baustein

Standard-Tuning, Grundton A

Der folgende Baustein wird oft und gerne von zahlreichen Akustik-Bluesern in den verschiedensten Songs gespielt – ein echter Standard-Lick!

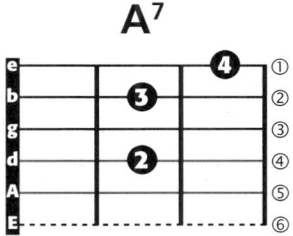

Wir greifen den kompletten A^7-Akkord, auch wenn wir den Ton auf der D-Saite (noch) nicht spielen (*vgl. Griffdiagramm*).

Standard-Tuning (I. Stufe)

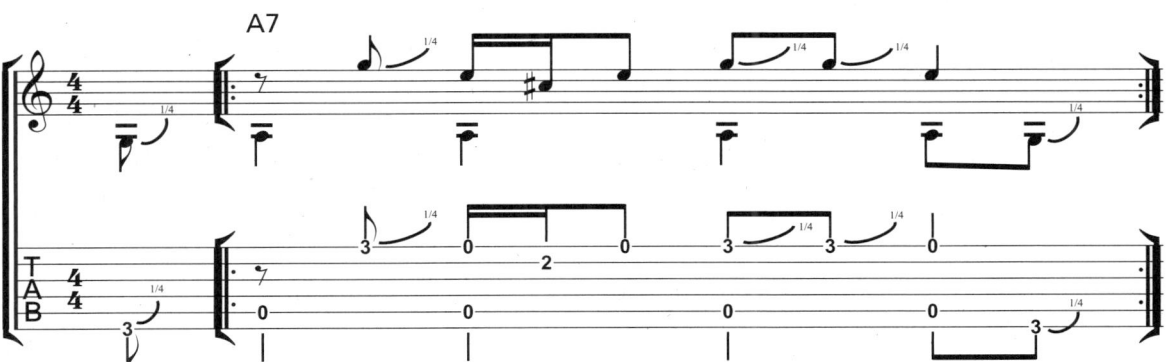

Als Baßton können wir hier ganz bequem einen Steady Bass auf der ungegriffenen A-Saite spielen. Der zusätzliche Baßton ist optional, füllt aber sehr schön die Pause in der Melodie aus und gibt dem Ganzen einen gewissen Drive.

VII. Von den Bausteinen lernen ...

Aufgabe

Spiele den ersten ungegriffenen Basston auf dem 5. Bund der tiefen E-Saite und rutsche vom 3. Bund in diesen Ton rein. Ich nehme den Mitttelfinger für diesen Slide. Die restlichen drei Basstöne bleiben auf der ungegriffenen A-Saite, weil es sonst schwierig wird, die Töne am 2. und 3. Bund zu spielen.

Für Fortgeschrittene:

Spiele den ersten ungegriffenen Basston auf dem 5. Bund der tiefen E-Saite mit dem Zeigefinger. Bleibe in dieser Lage und spiele den Baustein mit einem Barré am 5. Bund.
Jetzt hast du eine verschiebbare Version und kannst diesen Baustein in allen Tonarten spielen (in Standard-Stimmung). Die Auflösung findest du auf der Website garantiert-bluesgitarre.de.

Wechselbass 1

Anstelle der Steady Bass-Technik können wir natürlich auch einen Wechselbass (Quinte auf der nächsthöheren Saite) spielen:

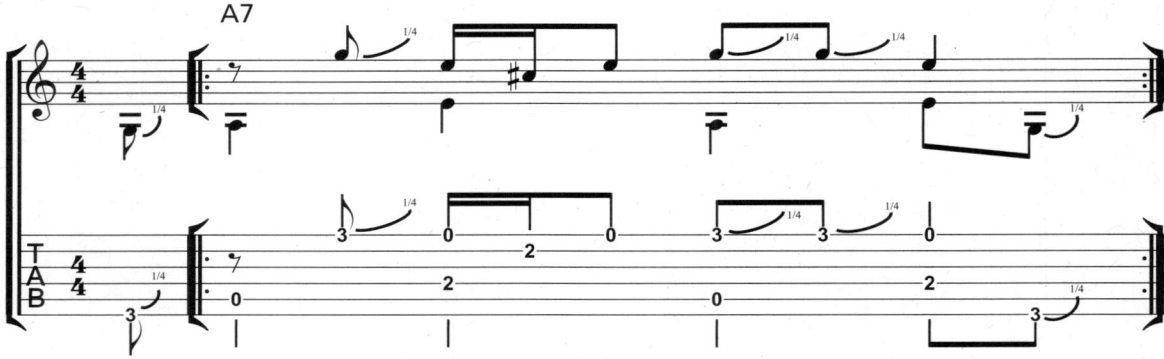

Der gegriffene Basston ist Teil des A⁷-Akkords ist, den wir greifen, und bereitet uns daher keine Probleme. Das Anschlagsmuster der Greifhand hingegen erfordert eventuell etwas Übung ...

Wechselbass 2

Alternativ können wir auch mit der tiefen E-Saite (Quinte unter dem Grundton) wechseln:

Doppelter Wechselbass

Doppelter Wechselbass

Und dann gibt es ja noch den doppelten Wechselbass:

Standard-Tuning (Doppelter Wechselbass)

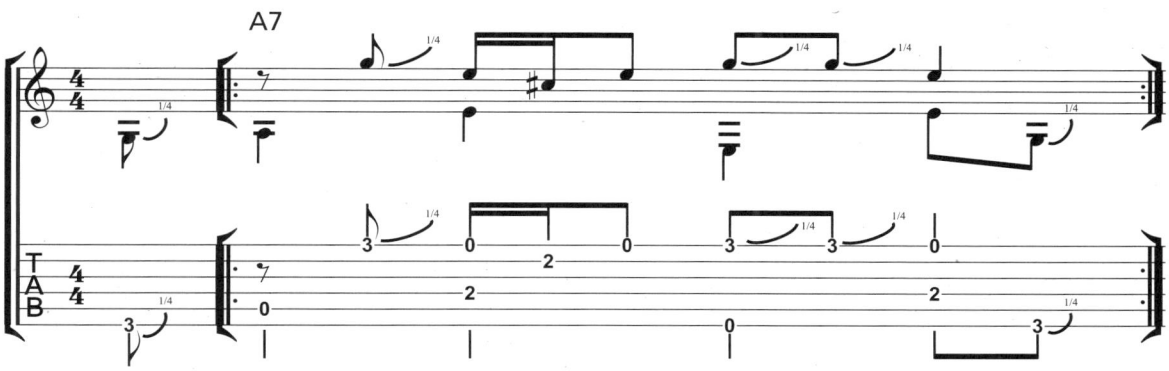

Mit Bass-Riff

Als krönenden Abschluss der Variationen im Bass machen wir mal richtig ein Fass auf: Wir spielen einen Basslauf ... während wir obendrüber immer noch unseren Lick spielen! Ich greife alle Basstöne mit dem *Daumen*.

Standard-Tuning (Bass-Riff)

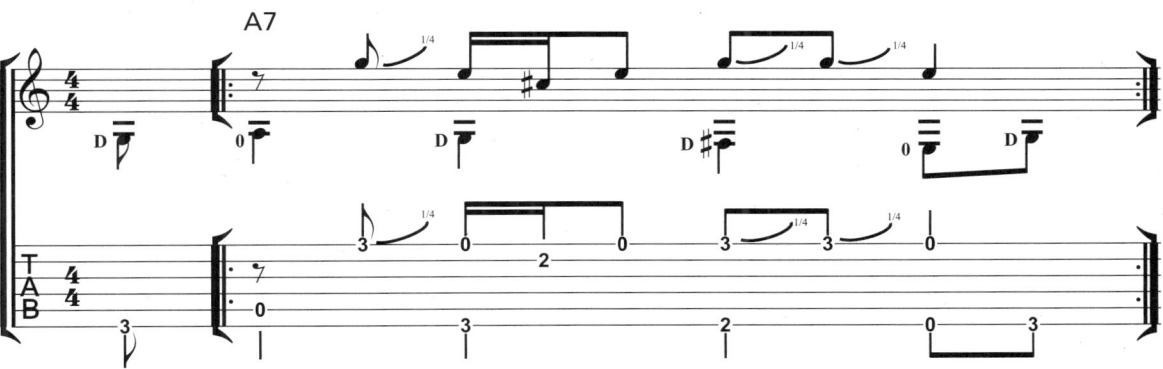

Wie schon im *Kapitel ‚Wechselbass'* auf *Seite 60ff.* beschrieben hat mir **Steve James** diese beeindruckende Spieltechnik gezeigt. Wenn dir diese originellen Bässe gefallen, solltest du dir unbedingt ein paar CDs von Steve zur Inspiration zulegen!

Tipp!

Da wir jetzt gleichzeitig diverse Basstöne und Melodietöne greifen müssen, müssen wir uns genau überlegen, wann wir welchen Finger auf welcher Saite nehmen. Auf der CD bespreche ich das wieder ganz ausführlich. So eine Passage improvisiert man normalerweise nicht, sondern übt sie vorher ganz exakt.

VII. Von den Bausteinen lernen ...

In Standard-Stimmung, Grundton D

Auch beim **D** (**IV. Stufe**) haben wir eine ungegriffene Saite als Basston zur Verfügung:

Standard-Tuning (IV. Stufe)

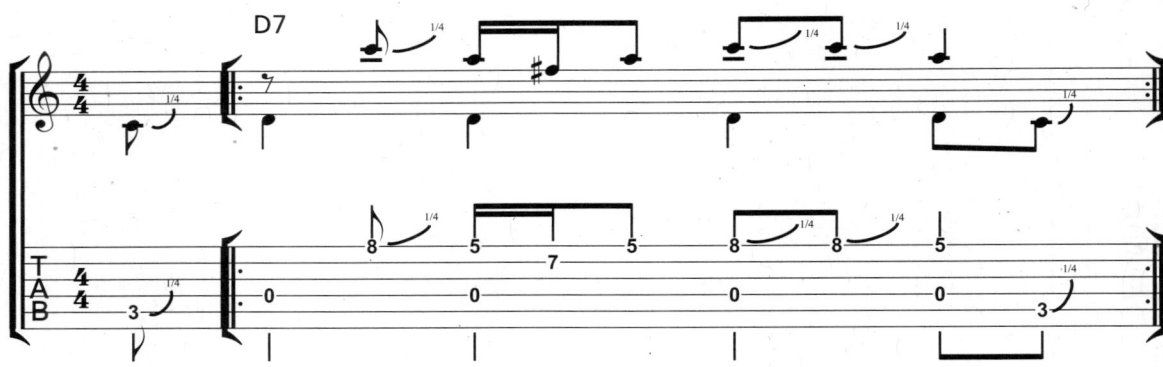

 Aufgabe

Für Fortgeschrittene:

Spiele den ersten ungegriffenen Basston auf dem 5. Bund der A-Saite mit dem Zeigefinger. Bleibe in dieser Lage und spiele den Baustein mit einem Barré am 5. Bund. Jetzt hast du eine verschiebbare Version. Die Auflösung findest du auf der Website <u>garantiert-bluesgitarre.de</u>.

Wechselbass

Und auch beim Grundton D können wir wieder einen Wechselbass mit der nächsttieferen Saite einbauen:

Standard-Tuning (IV. Stufe – Wechselbass)

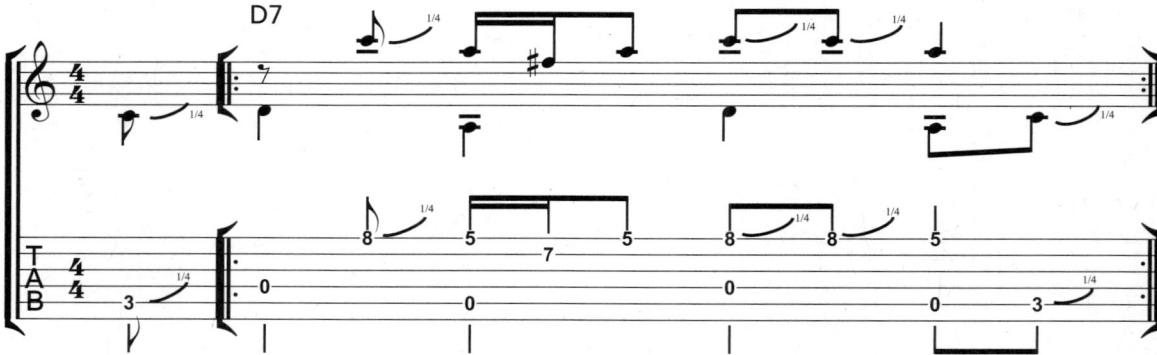

 Aufgabe

Doppelter Wechselbass, vgl. S. 73ff.

Überlege dir selbst einen <u>doppelten Wechselbass</u>.
Tipp: Der Ton am 7. Bund der G-Saite ist leicht mit dem Mittelfinger zu erreichen.

Standard-Stimmung mit Grundton E

In Standard-Stimmung, Grundton E

Auch beim **E (V. Stufe)** haben wir eine ungegriffene Saite als Baßton zur Verfügung. Den Lick selbst verschieben wir im Vergleich zum D (IV. Stufe) einfach **2 Bünde höher**. Den Basslauf habe ich wieder leicht variiert, da wir keinen tieferen Ton als die ungegriffene E-Saite zur Verfügung haben.

Standard-Tuning (V.Stufe)

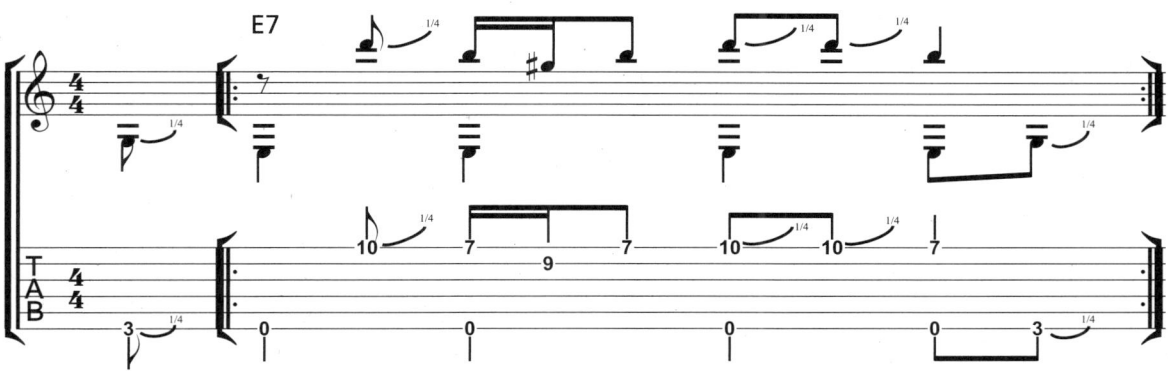

Aufgabe

Überlege dir selbst einen Wechselbass und einen <u>doppelten Wechselbass</u>.

Doppelter Wechselbass, vgl. S. 73ff.

Im Dropped D-Tuning, Grundton D

In der Dropped D-Stimmung können wir nicht nur ungegriffene Saiten als Grundton nehmen (wir haben die D-Saite und die auf D runtergestimmte tiefe E-Saite zur Auswahl) ...

Dropped D-Tuning

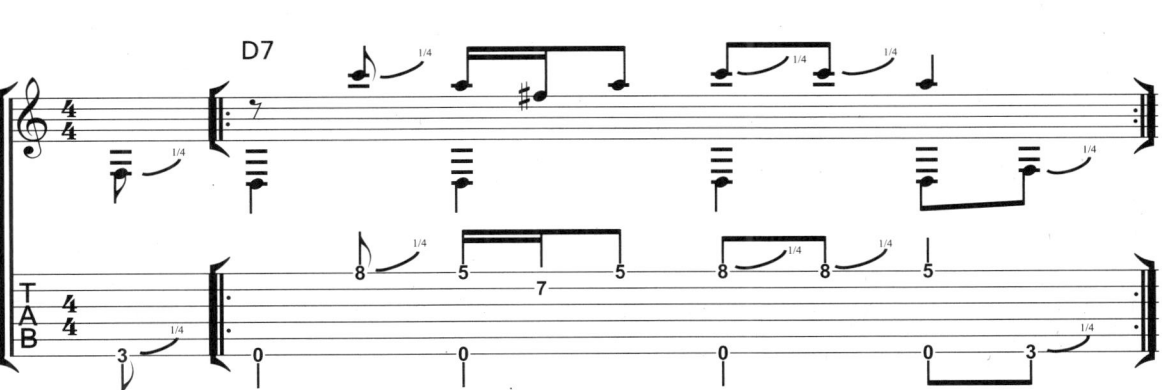

... sondern wir haben auch verschiedene Möglichkeiten, Wechselbässe zu spielen:

VII. Von den Bausteinen lernen ...

1. Oktavbass (auf tiefer E-Saite und D-Saite)

Ich nerve nicht mit dem umständlichen ‚die auf D runtergestimmte tiefe E-Saite', sondern bleibe bei der Bezeichnung ‚tiefe E-Saite' ...

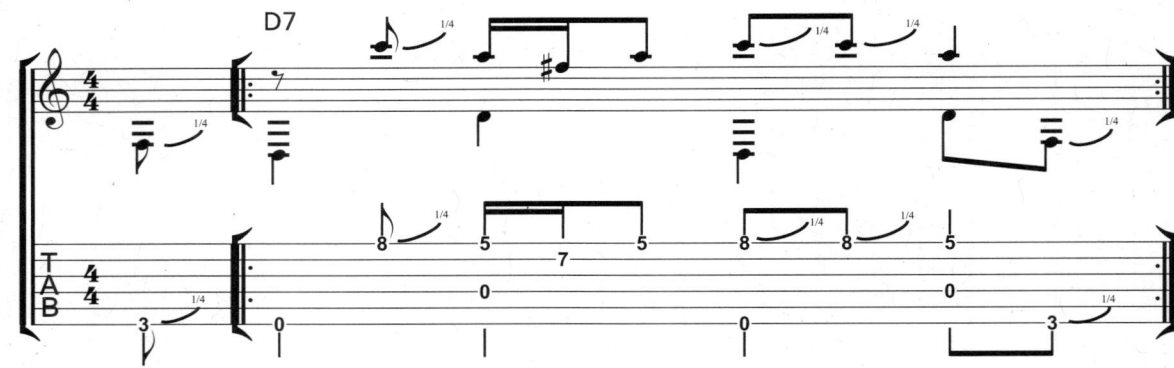

2. Quintbass (Tiefe E-Saite und A-Saite).
Alternativ könnten wir natürlich auch zwischen D-Saite und A-Saite wechseln.

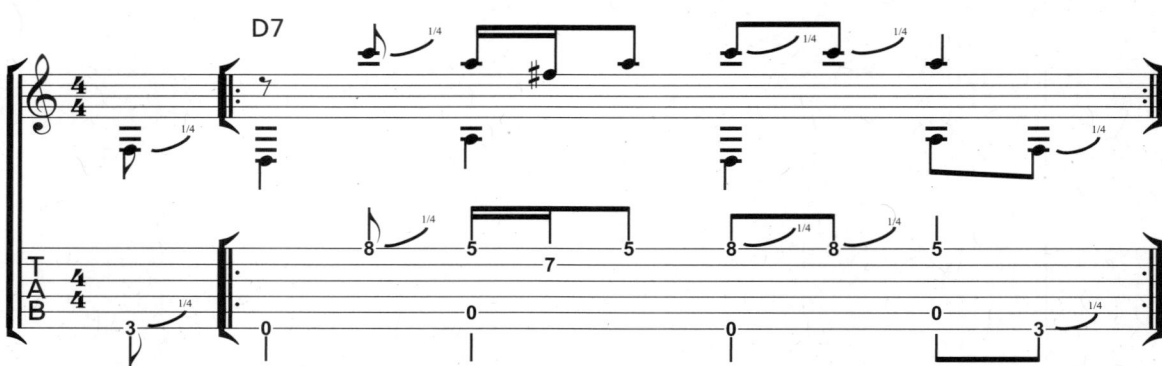

3. Doppelter Wechselbass (Tiefe E-Saite, D-Saite und A-Saite)

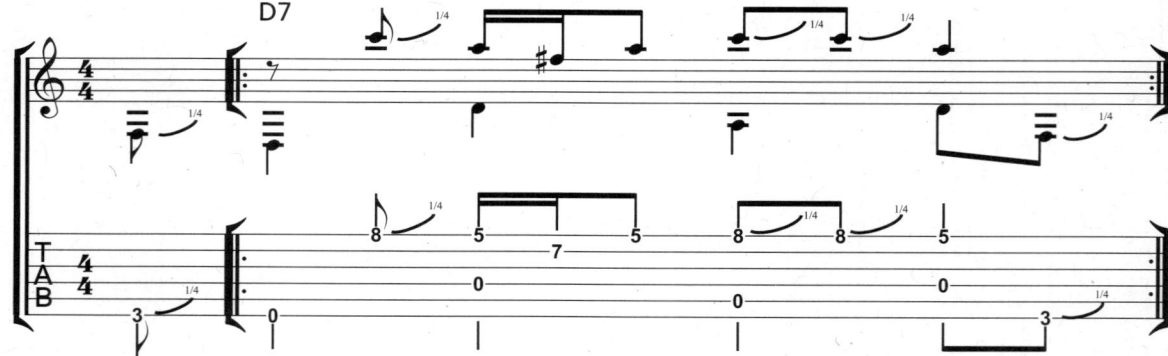

Dropped D-Tuning

Dropped D-Tuning, Grundton G

Wenn wir den Lick in Dropped D-Stimmung auf die **IV. Stufe** (also G) verschieben, fehlt uns die ungegriffene Saite als Grundton, da die G-Saite als Basston doch recht hoch ist. Also greifen wir am 5. Bund der E-Saite (nicht vergessen: Wir finden das G zwei Bünde höher, weil die Saite umgestimmt ist).

Wenn wir die **Terz B** auf der **ungegriffenen B-Saite** spielen wollen, sieht das so aus:

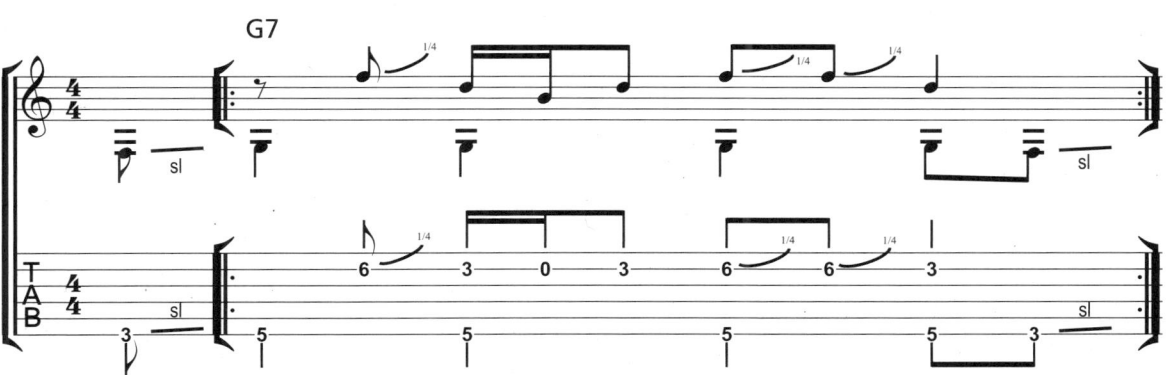

Für mich fühlt sich die vorherige Variante aber bequemer an. Was sich für dich besser anfühlt, musst natürlich du entscheiden!

VII. Von den Bausteinen lernen ...

Hier ist noch eine Variation in der ersten Lage:

Dropped D-Tuning (IV. Stufe – 1. Lage)

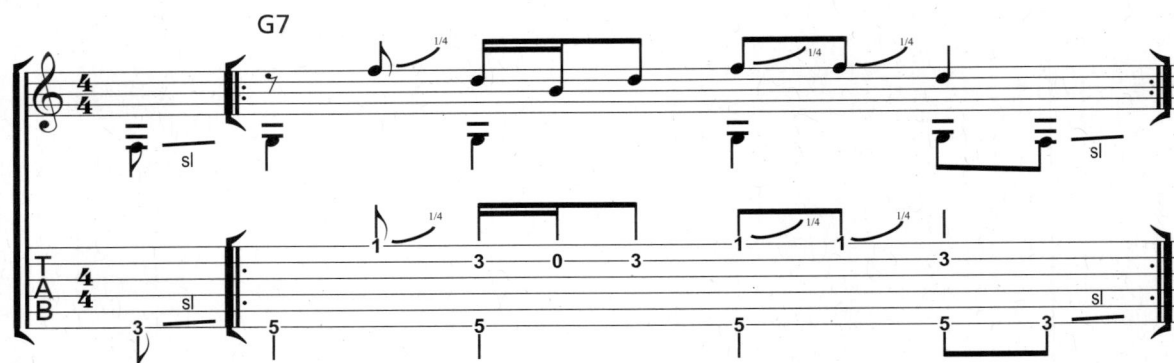

Einfacher zu spielen, wäre das vorherige Beispiel, wenn man die Terz als Basston nimmt:

Dropped D-Tuning (IV. Stufe – Terz im Bass)

Dieser Aufgang zur Terz als Auftakt kommt immer gut und ist sehr beliebt in den Stimmungen Dropped D und Vestapol ...

Dropped D-Tuning, V. Stufe A

Mit der V. Stufe (also dem Grundton A) haben wir in der Dropped D-Stimmung kein Problem, da wir alles wie in Standard-Stimmung spielen können. Nur den doppelten Wechselbass haben wir nicht zur Verfügung, da die tiefe E-Saite umgestimmt ist.

Shuffle

Dropped D / G

Wenn man den **tiefen Bass G** für die **IV. Stufe** auf einer ungegriffenen Saite zur Verfügung haben möchte, könnte man auch noch die A-Saite auf G runterstimmen. Das **A als Grundton der V. Stufe** müsste man dann am 2. Bund auf der runtergestimmten A-Saite greifen.

Aufgabe

Probiere doch mal aus, welche Wechselbässe bei allen drei Stufen (also den Grundtönen D, G und A) in dieser Stimmung (von tief nach hoch: D-G-D-G-B-E) jeweils möglich wären.

Wow, das war schon mal eine ganze Menge an Variationsmöglichkeiten, oder? Und das Beste ist, dass das kaum die Spitze des Eisbergs war, denn wir haben den Lick selbst ja noch gar nicht verändert, sondern nur den Grundton und die Bassbegleitung darunter!

Shuffle / Swing / ternäres Feeling

Wenn wir unseren Baustein in einen Shuffle einbauen, könnte das so klingen:

Standard-Tuning (Shuffle / Swing)

Variation der Melodietöne des Licks

Man kann die Reihenfolge der Töne ändern oder den Rhythmus, man kann Töne mehrmals spielen, Töne weglassen oder neue Töne hinzunehmen ...

Im Kapitel ‚Wechselbass' habe ich schon ein paar Variationen dieses Bausteins gezeigt. Richtig, das war jetzt wieder als Aufgabe gemeint ...

Wechselbass, vgl. S. 72ff.

Baustein in verschiedenen Positionen auf dem Griffbrett finden

Wir können einen Lick nicht nur auf andere Akkordstufen verschieben, sondern auch mit demselben Grundton dieselben Töne in einer anderen Lage (und auf anderen Saiten) spielen. Das ist manchmal ganz hilfreich, um große Sprünge auf dem Griffbrett zu vermeiden. Das ist unser Ausgangslick im Standard-Tuning (*vgl. S. 146*):

VII. Von den Bausteinen lernen ...

Standard-Tuning (I. Stufe)

Die folgenden drei Beispiele spiele ich jeweils zweimal direkt hintereinander. Obwohl es sich jeweils um exakt dieselben Töne handelt, ändert sich das Timbre deutlich, wenn die Töne auf anderen Saiten gespielt werden.

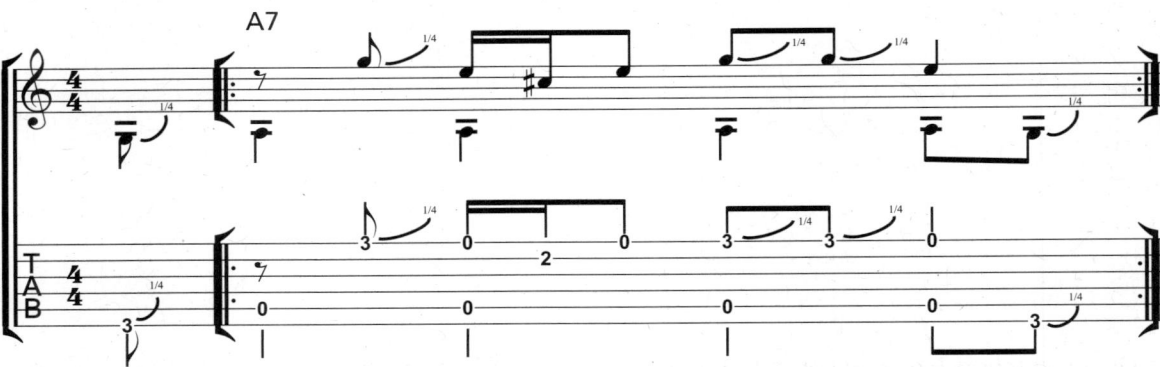

Jetzt greifen wir dieselben Melodietöne eine Saite tiefer:

Standard-Tuning (I. Stufe – eine Saite tiefer gegriffen)

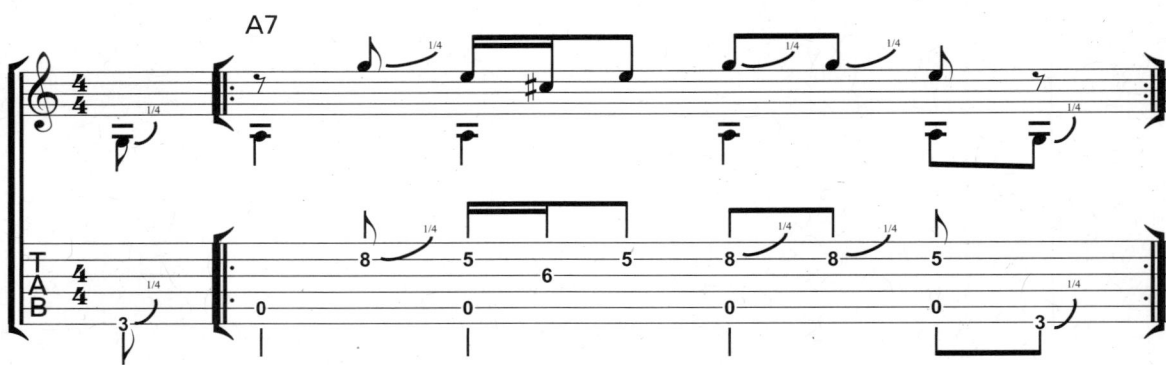

Und jetzt spielen wir dieselben Melodietöne noch eine Saite tiefer:

Standard-Tuning (I. Stufe – zwei Saiten tiefer gegriffen)

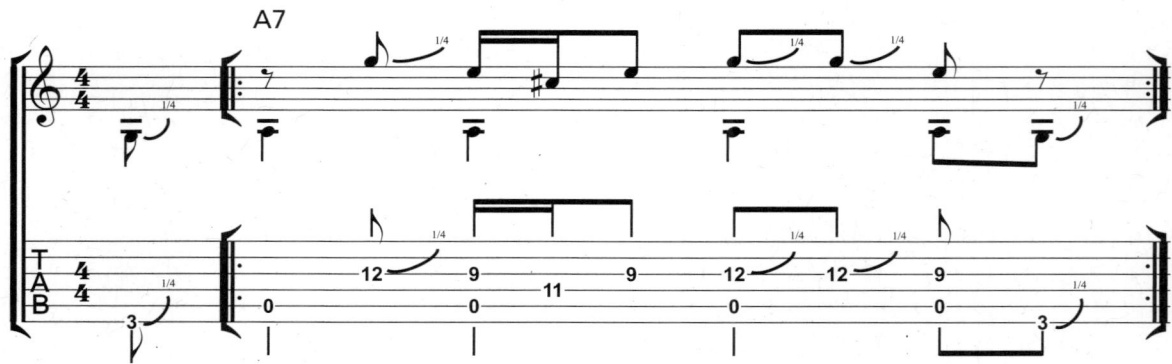

Lick-Variationen

Noch eine Saite tiefer können wir die Melodie nicht spielen, weil wir dann dem Basston in die Quere kommen.

Verzierungstechniken

Im *Kapitel ‚Wechselbass'* (*Abschnitt „Delta Blues im Stile von Steve James"*) habe ich schon ein paar Variationen von diesem Baustein mit Verzierungstechniken wie Hammer On, Pull Off und Slide gezeigt. Allein dadurch kann man einen Baustein schon völlig anders klingen lassen, obwohl man die Melodie (Rhythmus, Tonhöhe, Reihenfolge) gar nicht verändert.

Delta Blues im Stile von Steve James, vgl. S. 72ff.

Aufgabe

Du ahnst schon, was jetzt kommt: Nimm dir einen beliebigen Baustein vor und such dir so viele Variationsmöglichkeiten, wie du finden kannst.

Wann hast du das letzte Mal innerhalb so kurzer Zeit so viel auf der Gitarre entdeckt?

Wenn du das jetzt in jeder Übe-Session mit einem weiteren Baustein machst ...

Nachwort – Wie es weitergeht ...

Mit diesem großartigen Satz endet eines meiner Lieblingsbücher. <u>Richard Bach</u> ist u. a. der Autor des Buches „Die Möwe Jonathan". Das Zitat stammt aus seinem Buch „Illusionen".

„Alles was in diesem Buch steht, könnte auch falsch sein." (<u>Richard Bach</u>)

Spiel, was dir gefällt

Es gibt keine festen Regeln in der Musik, was richtig und was falsch ist. Wenn es gut klingt, ist es gut. Oder noch genauer: Wenn es für dich gut klingt, ist es gut. Wenn dir etwas gefällt, spiel es so, wenn es dir nicht gefällt, ändere es, bis es dir gefällt oder probier etwas anderes aus. Deine Ohren entscheiden!

Fokussieren

Man kann nicht alles lernen. Ein Menschenleben ist viel zu kurz, um selbst auf einem einzigen Instrument ‚alles' zu lernen. Das Zauberwort heißt Fokussieren.

Lerne einen Stil oder einige wenige Stilarten, die dir besonders am Herzen liegen. Sogar innerhalb des Musikstils, den man „Blues" nennt, gibt es so viele unterschiedliche Richtungen, dass selbst, wenn man sich auf einen dieser Unterstile konzentriert, es dort wieder so viele Gitarristen gibt, die völlig unterschiedlich klingen und unterschiedliche Spieltechniken entwickelt haben.

Nehmen wir mal als Beispiel den Delta Blues, der ja schon ein ziemlich enges Feld ist. **Robert Johnson** klingt völlig anders als **Tommy Johnson**, und **Skip James** klingt nicht nur anders, sondern spielt obendrein noch in einer anderen Gitarrenstimmung. Selbst diesen einen Unterstil des Blues zu beherrschen, ist also schon ein großes und zeitaufwendiges Unterfangen.

Lerne das, was dir wirklich gefällt, spiele es mit Leidenschaft, und du wirst dein Publikum finden. Oder wenn das gar nicht dein Ziel ist, dann wirst du selbst zumindest immer Spaß an dem haben, was du spielst. Es gibt kein „Muss".

Diese Konzentration auf eine Sache ist auch ein immer wiederkehrendes Merkmal bei den ganz großen Gitarristen. Es gibt im Englischen einen sehr schönen Ausdruck für Menschen, die versuchen, alles zu können: *„Jack of all trades, master of none."* Auf deutsch könnte man das übersetzen mit *„Jemand, der alles kann, aber nix richtig."*

Wenn man sich irgendeinen bekannten Gitarristen (oder ganz allgemein irgendeinen bekannten Künstler) anschaut, stellt man normalerweise fest, dass er irgendetwas ganz Markantes und Besonderes hat, das einem sofort einfällt, wenn man an diesen Künstler denkt. Als Beispiel nehme ich jetzt mal **Keith Richards** von den **Rolling Stones**. Wenn jemand an Keith Richards denkt, hat er sofort den typischen Keith Richards-Sound im Ohr. Keith ist – völlig zu recht – eine Legende. Er hat seinen ganz eigenen Stil und Sound gefunden. Aber ist er auch ein großer Jazz-Gitarrist? Kann er herausragend Heavy Metal spielen? Klassik? Nein. Aber er hat seinen Stil gefunden. Seinen eigenen Stil. Seinen einen Stil. Den kann man mögen oder nicht.

Es gibt auch Künstler, deren Stil / Image der ständige Wandel des Stils / Images ist, z. B. <u>David Bowie</u> und <u>Madonna</u>.

Andere Musiker kopieren

„Soll ich von anderen Musikern lernen? Darf ich andere Gitarristen kopieren und nachahmen?" Diese Frage stellen sich viele Musiker anfangs. Meine Antwort darauf: Nein, du sollst bzw. darfst das nicht. Du musst! Das ist ein wesentlicher Teil deiner musikalischen Entwicklung. Ja, auch die großen Legenden übernehmen Ideen und lernen von anderen Musikern! Dieses „Klauen" ist nicht verwerflich, sondern ganz im Gegenteil, es ist Teil der Blues-Tradition. Ich würde es eher als Ehre empfinden, wenn andere Musiker etwas, das ich spiele, so cool finden, dass sie es nachspielen. Man muss sich einfach klarmachen, dass das Übernehmen von Elementen von anderen Künstlern ein Teil der eigenen Entwicklung und insbesondere auch ein Teil der Blues-Tradition ist. (Mir ist kein Genre bekannt, in dem so viel gecovert wird wie im Blues.) Noch ein schöner Satz, dessen Urheber mir leider entfallen ist: *„Wer nur von einem Musiker klaut, wird eine Kopie. Wer von vielen Musikern klaut,*

Finde deinen eigenen Weg

wird ein Original." Oder mit den Wortes des legendären Bluesharp-Spielers **Jerry Portnoy**: *„Ich habe Leute sagen gehört, dass sie nicht von anderen lernen wollen, weil sie ihren eigenen Stil haben wollen. Einige von ihnen haben tatsächlich ihren eigenen Stil. Aber das ist nichts, was ich mir anhören würde, solange man mir nicht eine geladene Waffe an den Kopf hält."*

Selbst wenn man versucht, etwas von einem anderen Gitarristen genau nach zu spielen, so wird man doch immer etwas anders klingen als das Original. Man hat nicht dieselbe Hand, nicht dieselbe Gitarre und nicht dieselben Saiten. Man hat eine andere Anschlagsstärke und ein anderes Vibrato. Und genau das macht den eigenen Stil aus! Arbeite diese Unterschiede heraus, stell sie in den Vordergrund, sei du selbst. Und damit kommen wir zu einem weiteren interessanten Punkt:

Everybodys Darling?

Man muss nicht allen Menschen gefallen. Nein, mehr noch, vom Marketing-Standpunkt aus betrachtet darf man gar nicht allen Menschen gefallen. Denn dann hätte man keine Ecken und Kanten, kein eigenes Profil. Dann gibt es zwar niemanden, der einen richtig blöd findet, aber auch niemanden, der einen richtig gut findet (genau genommen gibt es sogar noch ein paar Leute, die immer alles blöd finden, egal was man macht).

Als Beispiel nehme ich mal die umstrittene Band „Die Böhsen Onkelz". Das war wohl eine der meistgehassten Bands Deutschlands. Aber die haben bei ihrem Abschiedskonzert 2005 den Lausitzring ausverkauft. 120.000 Zuschauer! Wie viele Bands schaffen es, solch ein Venue auszuverkaufen?! Aber wenn man das mal auf ganz Deutschland runter rechnet, sind das nur 0,15% von 80 Millionen Deutschen. Oder anders ausgedrückt: Wenn einen 99% hassen und 1% aller Menschen lieben, dann hat man einen deutlich größeren Erfolg, als wenn man 100% der Leute gleichgültig ist.

Dein eigener Weg

Finde deinen eigenen Weg. Es gibt kein Buch, keine DVD und keinen Lehrer, das / die / der dir deinen speziell auf dich zugeschnittenen Weg zeigen kann. Die guten helfen dir dabei, deinen Weg zu finden, die schlechten hindern dich daran. Mit den Worten von *Hal Crook*: *„Imitate. Assimilate. Innovate."* Auf deutsch in etwa: *„Imitiere. Nähere dich deinem Vorbild an. Geh neue Wege / deinen eigenen Weg."*

Genieße deinen musikalischen Weg, denn der Weg ist das Ziel. Wie langweilig wäre es denn, wenn man einfach für die Summe X das Gitarre-spielen-können kaufen könnte? Das Entdecken, das Weiterentwickeln und das Vorspielen sind doch der eigentliche Spaß! ☺

Falls du mehr von mir lernen möchtest

Ich freue mich, dass ich dich ein Stück auf deinem Weg begleiten durfte. Und wenn du möchtest, mache ich das auch gerne weiter! Ich habe vor, noch weitere Bücher zu schreiben, z. B. zu den Themen „Blues Improvisation / Lead-Gitarre", „Bottleneck/Slide Bluesgitarre" und „Basic Jazz & Swing Guitar". Es ist auch immer wieder hilfreich, wenn man ein paar Einzelstunden bei einem erfahrenen Lehrer nimmt, der zu einem passt.

Wenn dir meine Art und mein Stil gefällt, kannst du mal auf meiner Website www.andisaitenhieb.de schauen, wo ich zur Zeit wohne und unterrichte.

Und wenn die Anfahrt zu weit ist, gibt es die Möglichkeit, mich per Skype ins eigene Musikzimmer zu holen. Oder mich mit ein paar Kumpels für einen Workshop zu buchen. Einer meiner Lieblingssätze ist *„Wenn man etwas wirklich will, findet man Wege. Wenn man es nicht wirklich will, findet man Ausreden"*. In diesem Sinne:

Ich wünsche dir viel Erfolg auf deinem weiteren Weg!

Andi Saitenhieb

Anhang

Anschlagtechniken und Fingerpicking 151
- Fingerpicking mit Steady Bass 152
- Fingerpicking geshuffelt 156
- Fingerpicking mit Wechselbass 157

Wie übe ich „richtig"? 158
- Laaaaangsam und fehlerfrei 158
- Üben mit rotierender Aufmerksamkeit 158
- Automatisieren 159
- Auswendiglernen 159

Erklärung Tabulatur & Griffbilder 160

Musiktheorie & Notenschrift 161
- Die 12 Notennamen 161
- Die Intervallbezeichnungen 161
- Warum spreche ich meist von Intervallnamen, nicht von den konkreten Tonnamen? 162

Alle Töne auf dem Griffbrett finden 163

Kapodaster (Kapo) 165

Blues-Schemata 167
- Das Standard Blues-Schema 168
- Quick Change-Blues-Schema 169
- 8-taktige Blues-Schemata 170
- One-Chord Vamps 173
- Spezial Blues-Schemata 173

Wie man von CD heraushört 176
- Notations-Software 176
- Überblick verschaffen 176
- Vorgehensweise beim Transkribieren 176
- Software zum langsameren Abspielen von Audio-Files 178

Wie die persönliche Gitarre finden? 179
- Ausprobieren! 179
- Optionen 180
- Bespielbarkeit 183
- Sonstiges 184
- Checkliste – Gitarrenkauf 187

Empfehlungen 189
- CDs 189
- DVDs 206
- Bücher 207

Glossar 210

CD-Trackliste 214

Anschlagtechniken und Fingerpicking

Anschlagtechniken und Fingerpicking-Technik

Info!

Die einen Musiker lernen lieber anhand von Songs, die anderen wollen lieber konzentrierte Übungen, um zuerst die technischen Schwierigkeiten zu meistern, und beginnen dann erst mit dem Erarbeiten von Songs. In diesem Buch biete ich dir beide Möglichkeiten: Möchtest du lieber gleich Songs spielen und die Spieltechniken nebenbei lernen, beginnst du einfach vorne im Buch. Möchtest du erst mal die technischen Herausforderungen meistern, arbeitest du zuerst dieses Kapitel durch. Je nach Vorkenntnissen wird das Durcharbeiten sehr unterschiedlich lange dauern. Deshalb wäre es auch eine gute Idee, erst mal die wichtigsten Grundlagen zu erarbeiten (z. B. bis Takt 21), um dann den Rest dieses Kapitels parallel zu den Songs vorne im Buch zu erarbeiten. Genau wie alle anderen Kapitel in diesem Buch beginnt auch dieses Kapitel ganz leicht und baut dann Schritt für Schritt aufeinander auf, nur dass dies in diesem Kapitel in sehr konzentrierter Form geschieht.

In diesem Kapitel möchte ich eine kompakte Übersicht über die Technik des Fingerpickings geben. Die einzelnen Takte sind dabei nach aufsteigendem Schwierigkeitsgrad geordnet (von absolutem Anfänger bis ziemlich Fortgeschrittenen). Systematisch werden so ziemlich alle Möglichkeiten von Anschlags- und Greifhand und Kombinationen dieser Möglichkeiten durchgearbeitet. Dies ist also ein sehr technisches Kapitel (obwohl ich auch hier wieder ein paar coole Licks eingebaut habe, die jeweils das bis dahin Gelernte zusammenfassen).

Dieses Kapitel richtet sich weder ausschließlich an Anfänger, noch ausschließlich an Fortgeschrittene: Bis Takt 21 inklusive handelt es sich um absolut notwendige Grundlagen für jeden, danach bewegen wir uns zunehmend auf einem Level, das auch dem Fortgeschritteneren etwas Übung abverlangt.

Die folgenden Seiten enthalten viele Noten und fast keinen Text. Du findest alles Notwendige auf der CD. Die Noten in diesem Kapitel sind optional für diejenigen, die zum Erfassen der Musik die Noten dazu sehen wollen/müssen. Es geht hier um das Hören, Verstehen und Nachahmen.

Jeder Takt muss einzeln geübt und so lange wiederholt werden, bis der Bewegungsablauf automatisiert ist. Dazu spielst du den jeweiligen Takt zuerst einige Male sehr langsam durch und machst dir den Bewegungsablauf klar. Dann steigerst du schrittweise (in kleinen Schritten) das Tempo. Ein <u>Metronom</u> oder eine <u>Schlagzeug-Software</u> ist hier sehr hilfreich.

Unterschiedliche Lerntypen: Manche Menschen erfassen Musik eher auditiv, manche eher visuell über Noten / Tabs und andere eher haptisch (sie merken sich also die Bewegungen der Finger etc.)

Wie übe ich richtig? vgl. S. 158–159

Slide

Als Slide bezeichnet man das Hineinrutschen in einen Ton bzw. das Herausrutschen aus einem Ton. Dabei darf man nicht den Druck des greifenden Fingers auf das Griffbrett verringern, sonst klingt der zweite Ton nicht mehr.

Notiert wird ein Slide als auf- bzw. abwärts gerichteter Schrägstrich.

Anschlagtechniken und Fingerpicking

Fingerpicking mit Steady Bass

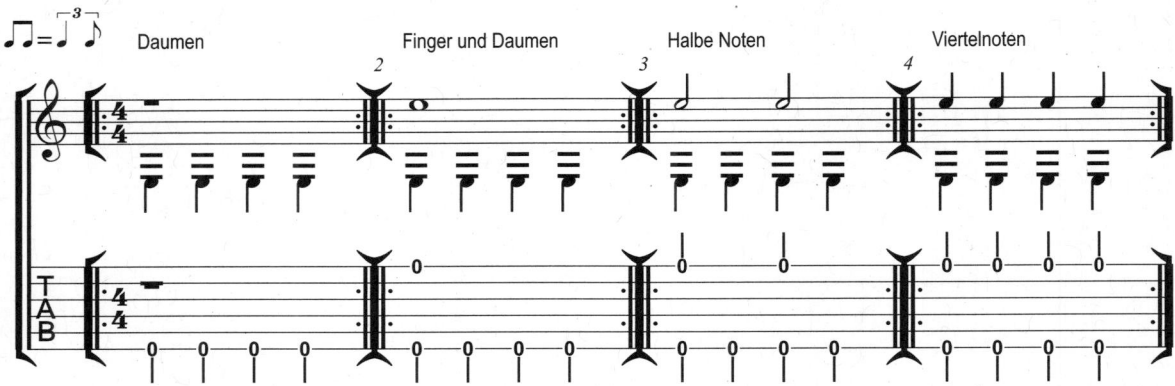

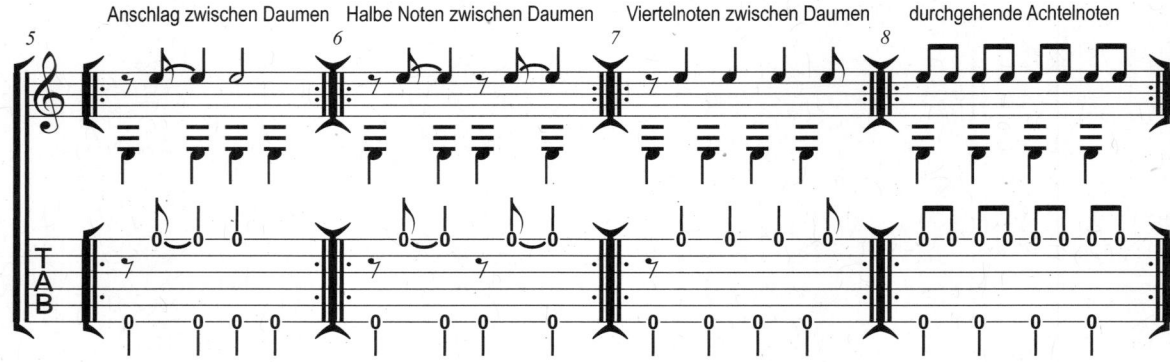

Die Saite kann sowohl mit der Anschlagshand (Anschlagsfinger wieder aufsetzen) oder mit der Greifhand abgestoppt werden.

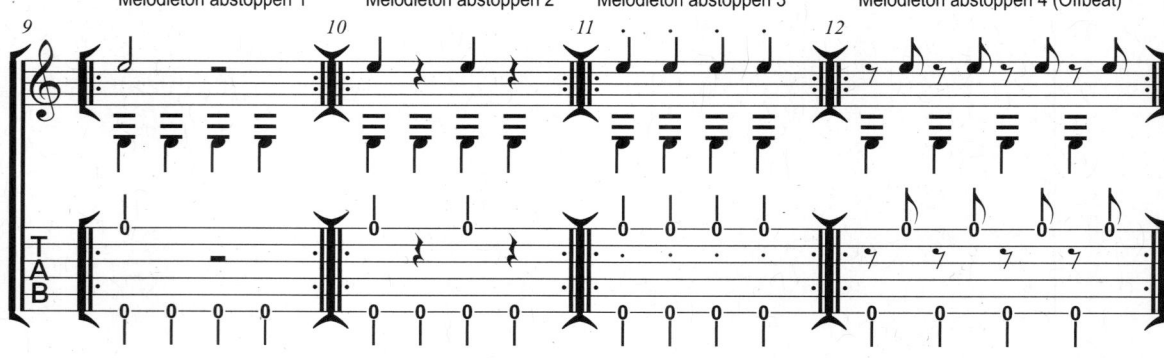

Anschlagtechniken und Fingerpicking

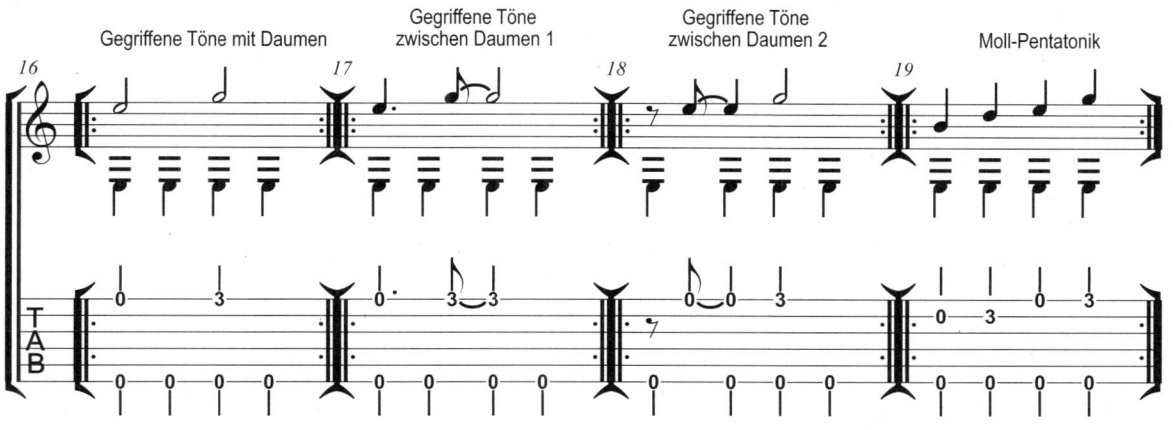

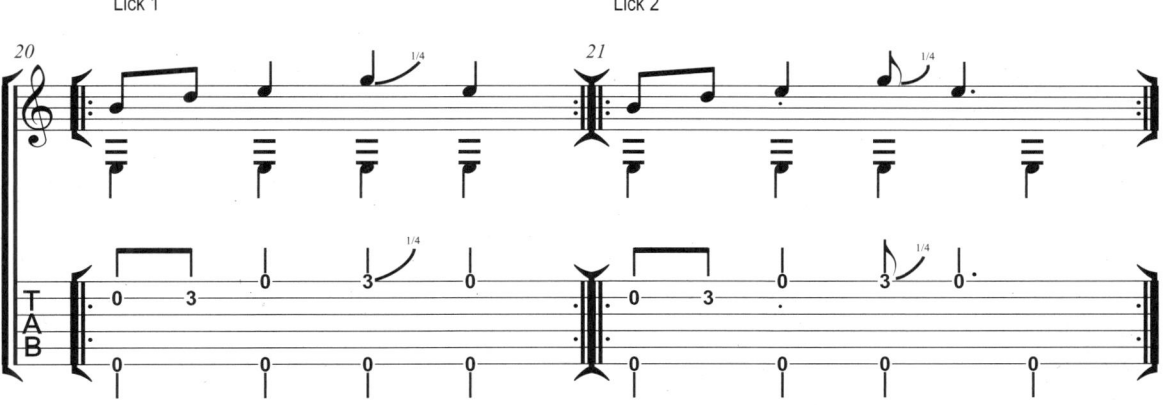

*Die **kleine Terz** (in dieser Tonart 3. Bund E-Saite) wird im Blues in der Regel mit einem **Blues-Bend** versehen, also um ca. einen **Viertelton** höher gezogen. Bei der kleinen Sept (3. Bund B-Saite) kannst du das optional auch tun.*

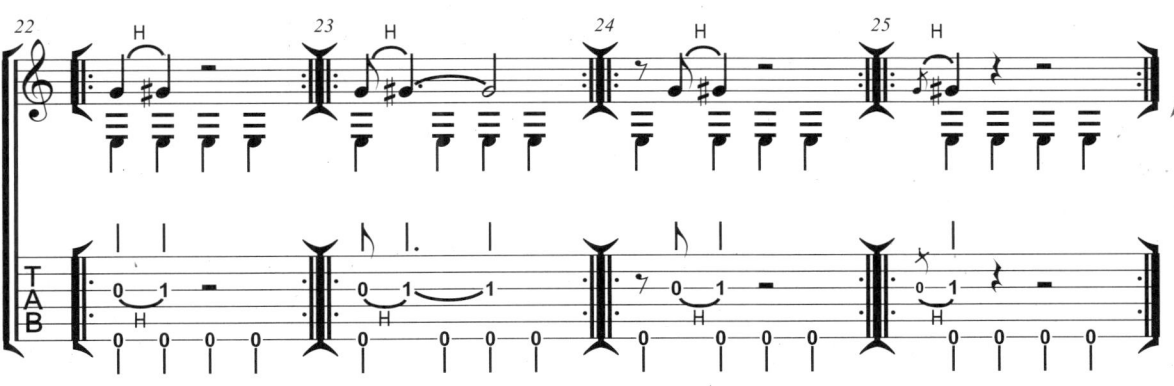

203 CD-Track

Auch bei diesen Übungen kannst du optional wieder das Abstoppen der Töne üben (vgl. S. 152, Takt 9–12).

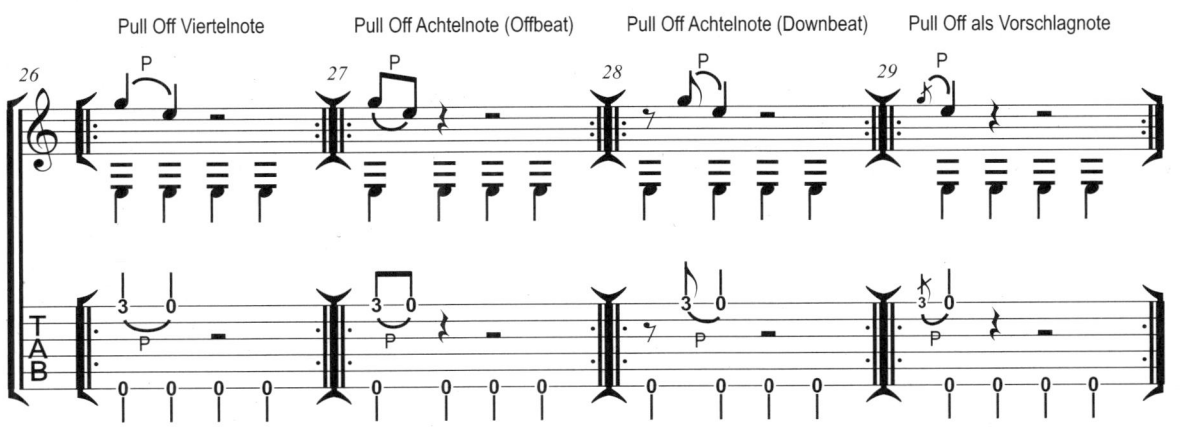

Garantiert Akustik Bluesgitarre lernen

Anschlagtechniken und Fingerpicking

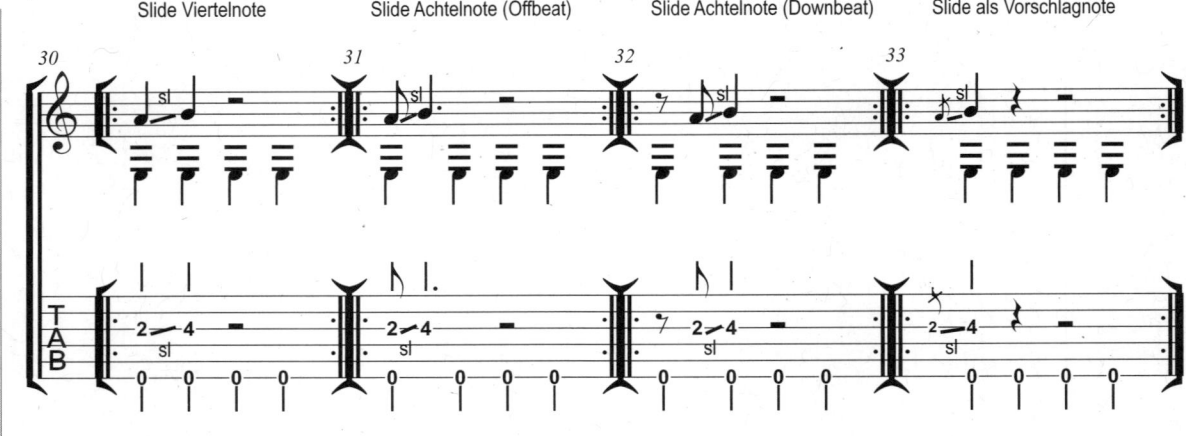

Das Saitenziehen ist in der Mitte der Saite (also am 12. Bund) am leichtesten.

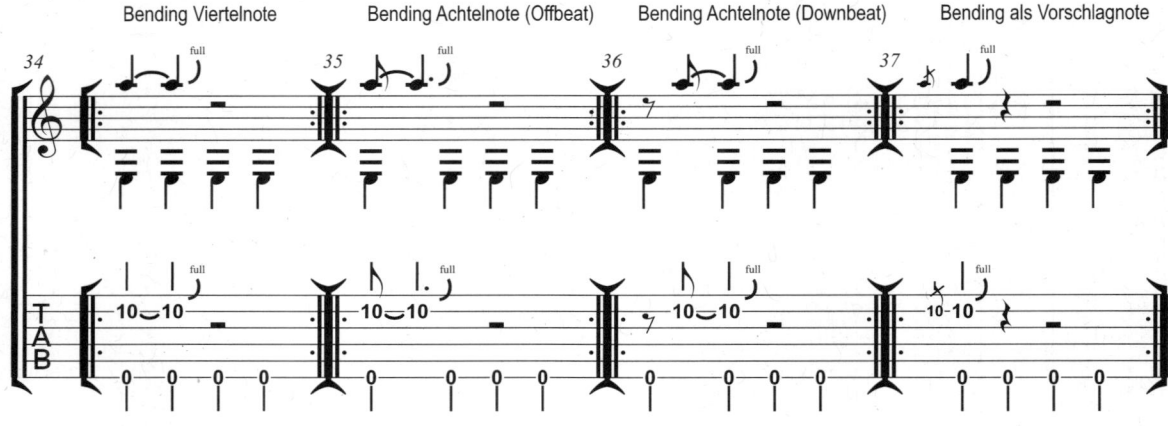

Anschlagtechniken und Fingerpicking

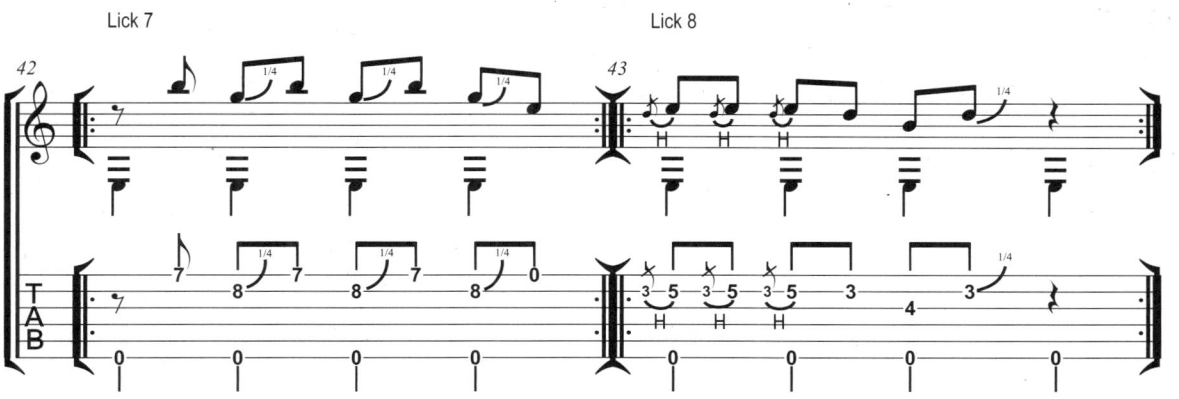

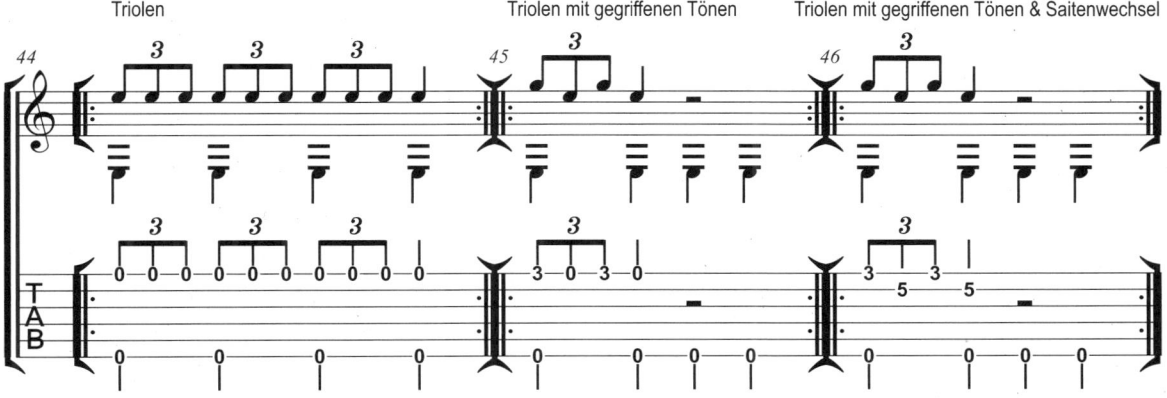

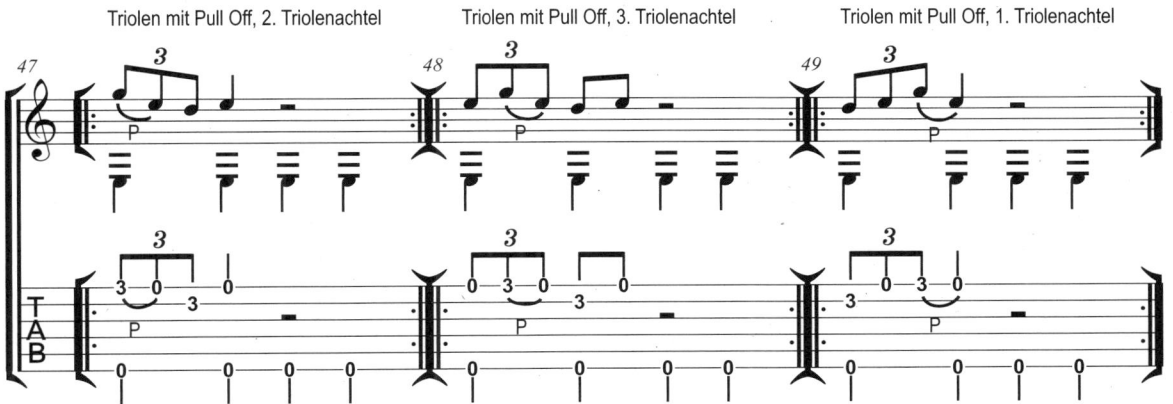

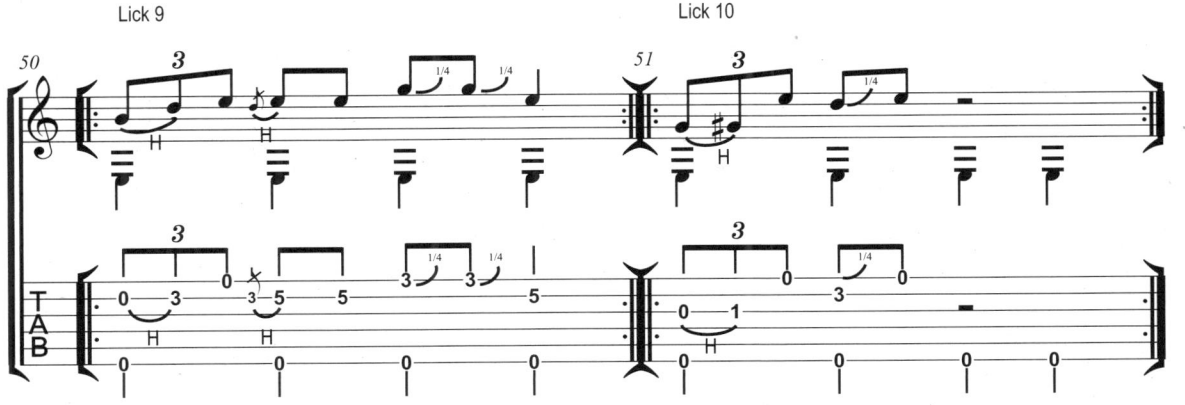

Anschlagtechniken und Fingerpicking

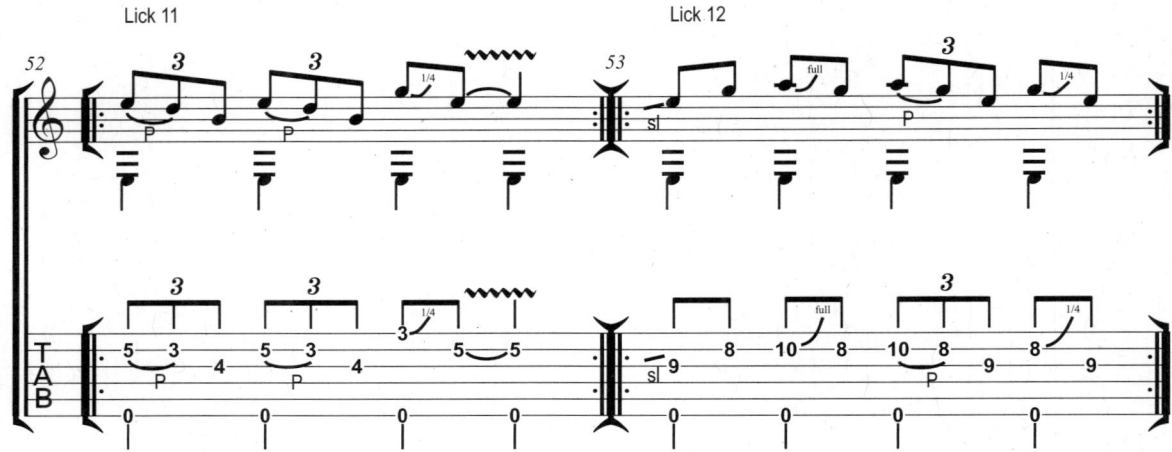

Nur noch mal zur Sicherheit:
Die Ausführung jeder einzelnen dieser kleinen Arbeitsanweisungen nimmt viele Übestunden in Anspruch.

Kapodaster, vgl. S. 165–166

Aufgabe:

207 CD-Track

Den **Steady Bass** in Viertelnoten mit dem Grundton E hast du jetzt gemeistert. Der nächste Schritt ist das Ausweiten auf **andere Grundtöne** (erst mal jeden einzeln!!!), z. B. A, D und B. Damit kannst du dann einen kompletten Blues in den beliebtesten Gitarren-Tonarten E und A spielen. Andere Tonarten erreichst du mit einem Kapodaster.

Als Nächstes kannst du dieses Kapitel wieder von vorne beginnen und mit einem **Steady Bass in geshuffelten Achtelnoten** spielen. Das ist schon ungleich schwieriger, obwohl es gar nicht so aussieht! Zeichne dir bei Bedarf die zusätzlichen Basstöne in die Noten dieses Kapitels ein, um zu sehen, welche Melodietöne auf einen Basston fallen und welche nicht. Wenn du den Grundton E beherrschst, erarbeitest du dir nacheinander die anderen Grundtöne.

Beispiel: Fingerpicking geshuffelt

Exemplarisch habe ich Takt 1, 2, 17 und 21 mit Shuffle Bass aufgeschrieben:

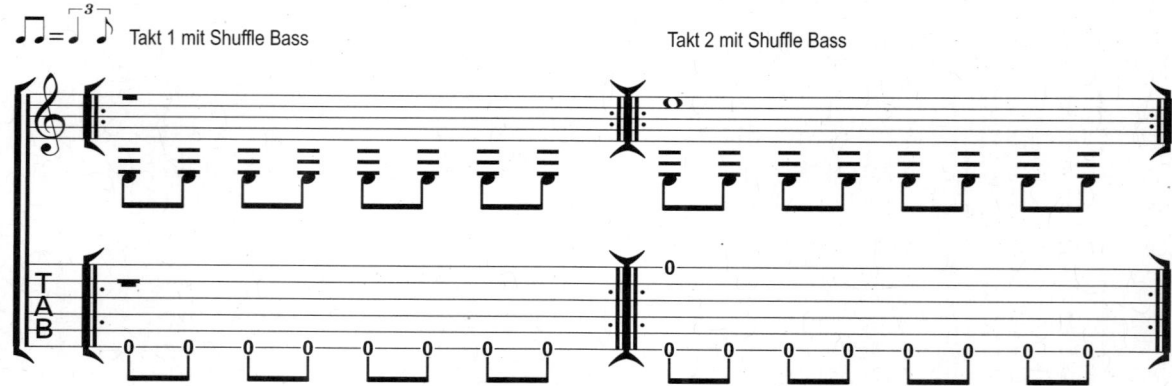

Anschlagtechniken und Fingerpicking

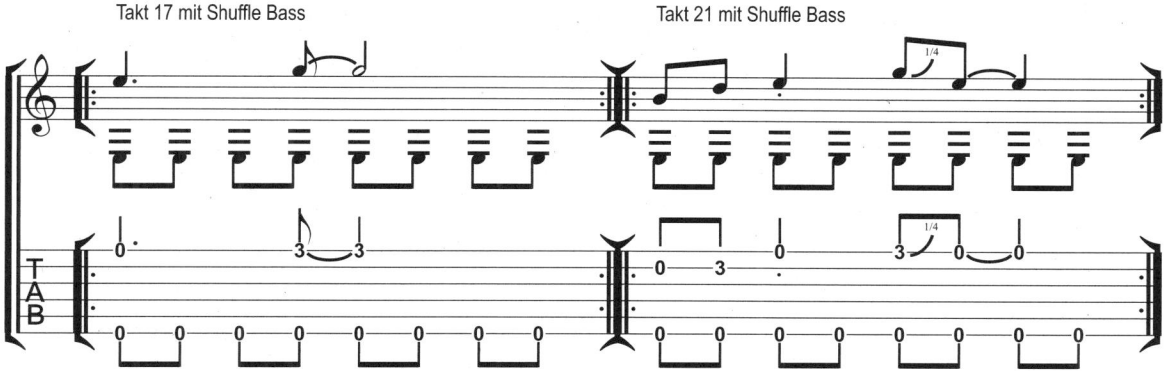

Dann spielst du die Übungen alle mit **Wechselbass** durch. Dabei wird in der Regel der jeweils zugrunde liegende Griff durchgängig gegriffen und die Melodie wird mit freien Fingern gespielt. Auch hier beginnst du erst wieder mit dem E-Griff und erarbeitest dir anschließend weitere Griffe / Grundtöne.

Beispiel: Fingerpicking mit Wechselbass

Exemplarisch habe ich Takt 1, 2, 17 und 21 mit Wechselbass aufgeschrieben:

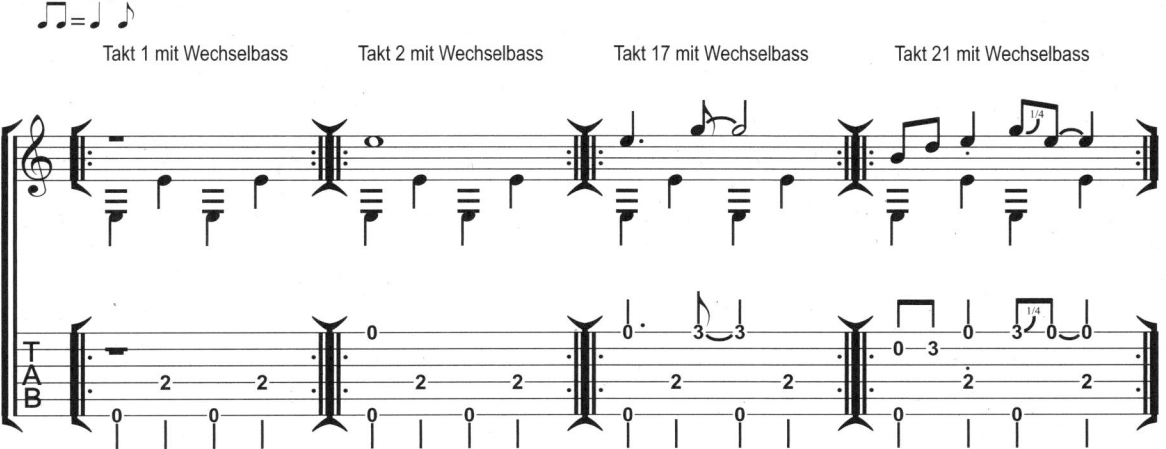

Da du durch das Greifen des Akkordgriffs an die ersten Bünde gebunden bist, kannst du natürlich nicht alle Beispiele spielen. Erfinde eigene Variationen!

Aufgabe

- Erfinde auch Übungen und Licks mit Steady Bass, Shuffle Bass und Wechselbass mit dem Grundton G. Jetzt kannst du mit diesen Techniken einen 12-taktigen Blues in der Tonart D spielen (die anderen beiden benötigten Grundtöne D und A hast du ja schon für die Tonart A gelernt).

- Erfinde auch Übungen und Licks mit Steady Bass, Shuffle Bass und Wechselbass mit dem Grundton C. Jetzt kannst du mit diesen Techniken einen 12-taktigen Blues in der Tonart G spielen (die anderen beiden benötigten Grundtöne G und D hast du ja schon gelernt).

Herzlichen Glückwunsch! Wenn du einen Großteil dieses Kapitels sicher spielen kannst, bist du ein ziemlich fortgeschrittener Fingerstyle-Gitarrist! Außerdem hast du jetzt das Handwerkszeug, um dir beim Auftreten von spieltechnischen Schwierigkeiten selbstständig Übungen auszudenken und die entsprechenden Probleme zu meistern. Vergiss dabei nicht, sehr kleinschrittig vorzugehen und die einzelnen Schwierigkeiten getrennt voneinander anzugehen und jeweils ganz langsam zu beginnen.

Und ab hier gilt: *The sky is the limit!* Viel Spaß und Erfolg auf deinem Weg!!!

Wie übe ich richtig? vgl. S. 158–159

Wie übe ich richtig?

Wie übe ich richtig?

L a a a a a n g s a m und fehlerfrei ...

Ich habe noch keinen Schüler gehabt, der am Anfang richtig geübt hat. (Bei mir selbst war das damals natürlich etwas völlig anderes ... ☺) „Richtig üben" heißt, so langsam zu spielen, dass man richtig spielt. Richtig heißt nicht, die *meisten* Töne richtig zu spielen, sondern *alle*. Und das mit dem richtigen Fingersatz. Wenn nach ein paar Mal durchspielen die Fingerbewegungen klar sind, übt man am besten gleich auch den korrekten Rhythmus.

Rhythmus ist das Verhältnis der Tonlängen zueinander. Das ist unabhängig vom Tempo, auch in Zeitlupe ist eine Halbe Note immer noch doppelt so lang wie eine Viertelnote. Und auch die Pausen müssen ihrer Länge entsprechend gespielt werden.

Es gibt immer ein Tempo, in dem man fehlerfrei spielen kann. Wenn ich eine halbe Minute pro Ton brauche, um fehlerfrei zu spielen, dann ist das eben erst mal das richtige Tempo. Es hilft dem Rhythmusgefühl sehr, mit Metronom oder Schlagzeug-Computer zu üben. (TIPP: Bei Werten unter 60 Zählzeiten pro Minute (auch „beats per minute" oder BPM) wird es auch wieder schwierig, weil der Abstand zwischen den Klicks dann so lang ist. Hier hilft es, das Tempo des Metronoms zu verdoppeln und die Klicks als Achtelnoten zu betrachten.)

Um das richtige Starttempo zu finden, hilft eine Technik namens *„Visualisieren"*. Dabei schließt man die Augen und stellt sich den Bewegungsablauf genau vor – ohne ihn tatsächlich auszuführen! Welcher Finger schlägt welche Saite an? Welcher Finger greift welchen Ton? In dem Tempo, in dem man visualisiert hat, spielt man dann auch. Das ist viel langsamer, als man vorher denkt!

Wenn man ein Beispiel in diesem Anfangstempo fehlerfrei spielen kann, steigert man LANGSAM das Tempo, also zum Beispiel jeweils um 3 oder 4 Schläge pro Minute (*bpm*). Wenn das Tempo so schnell wird, dass man sich unsicher oder gehetzt fühlt, ist das Höchsttempo für diese Übe-Session erreicht. Jetzt ist eine kurze Pause angebracht. Wichtig: Nach der Pause macht man mit etwas anderem weiter.

Pausen sind sehr wichtig für die Konzentration, siehe unten „Üben mit rotierender Aufmerksamkeit".

Bei der nächsten Übungsstunde spielt man wieder das Beispiel von oben, und fängt auch wieder mit demselben Starttempo an (ich notiere mir das immer mit Bleistift in den Noten, genauso wie das erreichte Höchsttempo). Wieder wird bis zum persönlichen „Höchsttempo-an-diesem-Tag" gesteigert, das aller Wahrscheinlichkeit nach über dem Höchsttempo vom letzten Mal liegt. Nach einigen Tagen erreicht man das Zieltempo (in diesem Fall war es ja das Tempo der CD, um dazu mitspielen zu können). Steigere zur Sicherheit dein Höchsttempo ruhig noch etwas weiter, damit das Zieltempo nicht das gerade machbare Höchsttempo ist, sondern locker von der Hand geht.

Noch mal: Das Ziel ist es, locker und problemlos zu spielen! Wenn das gewünschte Tempo heute noch nicht erreicht wird, dann ist das halt so. Nicht das Tempo ist wichtig, sondern die richtige Ausführung!

Üben mit rotierender Aufmerksamkeit

Die normale Aufmerksamkeitsspanne eines Menschen beträgt ungefähr 30 Sekunden. (Deshalb sind Werbespots auch selten länger als 30 Sekunden: Danach passt keiner mehr auf...) Üben mit rotierender Aufmerksamkeit ist ein sehr gutes Konzept, um die Konzentration länger aufrechtzuerhalten. Wenn man einen Riff ein paar Mal gespielt hat, konzentriert man sich beim Spielen auf einen bestimmten Aspekt der Übung: Setze ich die Finger der Greifhand nahe genug am Bundstäbchen auf? Oder ich achte auf den Druck der Greifhand, der ja nicht zu hoch sein soll (gerade so, dass die Töne nicht schnarren, aber nicht fester, um nicht zu verkrampfen . Wie laut schlage ich an? Verschiedene Möglichkeiten werden in dem Anhang *„Dynamik (Lautstärke)"*

Dynamik (Lautstärke), vgl. S. 173 in „Garantiert Bluesgitarre lernen".

Automatisieren und Auswendiglernen

vorgestellt. Dann kann man zum Beispiel ein paar Mal abgehackt, und danach ein paar Mal gebunden spielen (siehe Anhang „*Artikulation (Tonlänge) / Dämpftechniken*"). Schon hat man den Riff ein paar Minuten lang gespielt, ohne dass die Aufmerksamkeit nachgelassen hat, weil man sich immer wieder auf etwas anderes konzentriert hat. Das Geniale dabei ist, dass man unterbewusst die vorher geübten Punkte auch bei den folgenden Durchgängen mit anderen Schwerpunkten noch beachtet und damit weiter festigt!

Artikulation (Tonlänge) / Dämpftechniken, vgl. S. 170ff in „Garantiert Bluesgitarre lernen".

Automatisieren

Der Grund für das langsame Üben ist der, dass wir die meisten Riffs im Originaltempo gar nicht mehr bewusst Note für Note mitdenken können. Der Bewegungsablauf läuft ab einem gewissen Tempo automatisch ab. Und damit das fehlerfrei klappt, muss man diesen Bewegungsablauf richtig automatisieren, indem man ihn etliche Male fehlerfrei spielt. Bei einem Fehler hat man ja einen anderen Bewegungsablauf gemacht. Wenn man diesen falschen Bewegungsablauf ein paar Mal gemacht hat, dann hat man ganz schnell einen Fehler automatisiert! Den Fingern ist es nämlich egal, ob der Bewegungsablauf der gewünschte ist oder nicht, was wiederholt wird, wird gespeichert. Wie langsam das Tempo für bewusstes Ausführen einer Bewegung wirklich ist (viel langsamer als die meisten denken!), hast du schon festgestellt, wenn du das oben angesprochene Visualisieren probiert hast. Die Expertenmeinungen gehen auseinander, wie oft man eine Bewegung ausführen muss, um sie wirklich zu automatisieren. Die Zahlen, die ich gelesen habe, schwanken zwischen 500 und 2000 Mal (auch das dürfte wieder nicht mit dem übereinstimmen, was sich die meisten so vorstellen. Ich war jedenfalls erst mal geschockt!). Da wir es kaum schaffen werden, einen Riff 2000 Mal innerhalb unserer Aufmerksamkeitsspanne von 30 Sekunden zu spielen, müssen wir uns etwas anderes überlegen. Auf der einen Seite hilft uns das oben vorgestellte Konzept der rotierenden Aufmerksamkeit, mit der wir die Aufmerksamkeitsspanne etwas verlängern können. Auf der anderen Seite hilft ein Übeplan, mit dem man seine Übeeinheiten über einen längeren Zeitraum einteilt (ungefähr für einige Wochen). Wenn man sich auf diesem Plan aufschreibt, welche Songs / Riffs / Tonleitern / Akkorde / Techniken man gerade übt und welches Tempo man jeweils erreicht hat, kann man sich bei jedem Üben wieder daran orientieren und die notwendige Anzahl Wiederholungen auf einige Tage oder Wochen verteilt erreichen. Ohne Übeplan ist das Üben bei den meisten Musikern wesentlich unkoordinierter und die eine oder andere Übung wird des öfteren „vergessen" (vorzugsweise die nicht so gerne gespielten ...).

Auswendiglernen

Wenn man etwas auswendig lernen will, ist es wichtig, dass man sich nicht zu viele Töne auf einmal merkt. Bei Anfängern sind das ungefähr vier bis fünf, bei Fortgeschrittenen einige wenige mehr, da sich das Gedächtnis trainieren lässt. Wenn man versucht, sich zu viele Töne auf einmal zu merken, schleichen sich Fehler ein. Das liegt an der Funktionsweise des menschlichen Gehirns: Es gibt ein Kurzzeit- und ein Langzeitgedächnis. Das Kurzzeitgedächnis funktioniert ähnlich wie der Arbeitsspeicher eines Computers, es wird ständig überschrieben und mit neuen Daten gefüllt. Wenn man versucht, sich zu viele Töne auf einmal zu merken, „überschreibt" man die ersten Töne wieder. Das Langzeitgedächnis funktioniert so ähnlich wie die Festplatte eines Computers, hier werden Daten mehr oder weniger dauerhaft gespeichert. Um etwas dauerhaft in das Langzeitgedächnis zu bekommen, braucht man die oben genannte Anzahl von Wiederholungen.

Erklärung Tabulatur (Tab) & Griffbilder

Tabulatur (Tab)

Da die meisten Töne mehrfach auf der Gitarre vorkommen (im Extremfall bis zu sechs mal), ist das reine Notenbild nicht eindeutig. Unter den Noten befindet sich die Tabulatur, kurz auch Tab genannt. Diese gitarrenspezifische Schreibweise ist sehr gebräuchlich, da sie genau angibt, auf welcher Saite und an welchem Bund ein bestimmter Ton gegriffen wird.

Jede *Zahl* steht für einen Ton. Die Zahlen stehen jeweils auf der Saite, auf der an dem angegeben Bund gegriffen wird. Der Fingersatz ist nicht erkennbar. Eine „0" steht für eine ungegriffene Saite.

Es werden nur die Saiten angeschlagen, auf denen eine Zahl steht.

Töne und Zahlen, die *übereinander* notiert sind, werden gleichzeitig gespielt.

Töne, die *nebeneinander* stehen, werden von links nach rechts nacheinander gespielt.

Hammer On, vgl. S. 25
Pull Off, vgl. S. 28
Staccato, vgl. S. 50

Ein *Bogen* zwischen zwei Zahlen zeigt an, dass der zweite Ton nicht angeschlagen wird, sondern mit der Greifhand erzeugt wird (*Hammer On* oder *Pull Off*).

Die kursiv geschriebene "3" (manchmal auch mit eckiger Klammer) steht für eine *Triole*.

Der Punkt über oder unter der Note gibt eine kurz gespielte Note an (*staccato*).

Griffdiagramme

Der **Name des Akkordes** ist *über dem Griffbild* angegeben.

Die *senkrechten* Linien stellen die **Bünde** dar.

Die *waagerechten* Linien stellen die **Saiten** dar.

Die *untere Linie* stellt die **tiefe E-Saite** (⑥) dar.

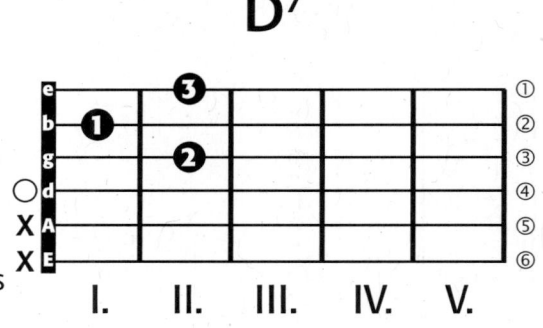

Ein *Kreuz* links neben einer Saite bedeutet, dass diese Saite *nicht* angeschlagen wird.

Ein *nicht ausgefüllter Kreis* links neben einer Saite bedeutet, dass diese Saite angeschlagen wird, ohne dass ein Ton auf ihr gegriffen wird (*ungegriffene Saite*).

Ein *ausgefüllter Kreis* zeigt, dass auf diesem Bund auf dieser Saite ein Ton gegriffen wird.

Sind mehrere solcher Kreise zu einem *Balken* verbunden, greift ein Finger mehrere Saiten gleichzeitig. Das nennt man **Barré**.

Die *Zahlen in einem ausgefüllten Kreis* geben an, mit **welchem Finger** die Töne auf der jeweiligen Saite gegriffen werden:

❶ = Zeigefinger ❷ = Mittelfinger ❸ = Ringfinger ❹ = Kleiner Finger

Die *römischen Ziffern unterhalb* des Griffdiagramms geben an, um welchen Bund es sich handelt.

Musiktheorie & Notenschrift

Die Namen der 12 Töne

Es gibt *12 verschiedene Töne*:

Die sieben Stammtöne: **A B C D E F G**

und dazwischen **fünf Töne mit Versetzungszeichen**, deren Namen aus den anderen sieben abgeleitet sind:

F# (gesprochen „Fis"), C# („Cis"), G# („Gis"), D# („Dis"), A# („Ais")

Die fünf Töne mit dem # (gesprochen „Kreuz") im Namen liegen jeweils zwischen zwei Stammtönen. Mit dem Kreuz ist ihr Name von dem nächsttieferen Ton abgeleitet. Man kann diese Töne auch anders bezeichnen, nämlich mit einem b (gesprochen „Be") im Namen, abgeleitet von dem nächsthöheren Ton:

F# = Gb (gesprochen „Ges"); **C# = Db** (gesprochen „Des"); **G# = Ab** (gesprochen „As")
D# = Eb (gesprochen „Es"); **A# = Bb** (gesprochen „Bi flät" [engl.]) das deutsche „Bes" ist unüblich).

Die fünf Töne mit Versetzungszeichen können also auf zwei Arten bezeichnet werden. Vergleiche mit der Abbildung „Die Griffbrettübersicht" auf Seite 164.

Die deutsche und internationale Schreibweise (Ton B)

*In Deutschland wird der **Ton B** oft auch **H** genannt.*

*Ich verwende in diesem Buch die **international übliche Bezeichnung B**.*

In Deutschland gibt es auch einen Ton „B", dieser ist einen Halbton tiefer als das deutsche „H", bzw. als das internationale „B". Das internationale Bb [engl. „Bi flät"] entspricht dem deutschen "B".

***Praxistipp**: Wenn man von „H" oder „Bb" spricht, gibt es keine Verwechslungen, da nur die Bezeichnung „B" doppeldeutig ist.*

Zwischen den Tönen **B und C** befindet sich kein Ton, das heißt diese beiden Töne liegen auf dem Gitarrengriffbrett direkt auf benachbarten Bünden. Das gleiche gilt für die Töne **E und F**.

Alle 12 Töne lauten der Reihe nach also folgendermaßen:

A − A# − B − C − C# − D − D# − E − F − F# − G − G#

Nach dem G# geht es wieder von vorne los mit dem nächsthöheren A.

So, jetzt wissen wir, welche Töne es gibt, wie sie heißen, in welcher Reihenfolge sie vorkommen, etc. Aber wo findet man sie auf der Gitarre? Das verrät der Anhang „Alle Töne auf dem Griffbrett finden".

Die Töne mit Vorzeichen haben jeweils zwei Namen. Siehe Griffbrettübersicht im Kapitel ‚Alle Töne auf dem Griffbrett finden', 'vgl. S. 163–164.

Die Intervall-Bezeichnungen

- **1** steht für den Grundton (*Prime*).
- **2** (*oder* **9**) steht für die *Sekunde/None* (die 9 ist der gleiche Ton, allerdings eine Oktave höher als die 2).
- **3** steht für die *große Terz*, **b3** für die **kleine Terz**.
- **4** (*oder* **11**) steht für die *Quarte* (die 11 ist wieder eine Oktave höher, siehe 2).
- **5** steht für die *Quinte*.
- **6** (*oder* **13**) steht für die *Sexte* (die 13 ist wieder eine Oktave höher, siehe 2).
- **7** steht für die *kleine Septime*.
- **8** steht für die *Oktave*.

Musiktheorie & Notenschrift

Von folgenden Intervallen gibt es jeweils eine *kleine* und eine *große* Version:

Sekunde, Terz, Sexte und *Septime*. In der Umgangssprache sagt man den Intervallnamen oft ohne den Zusatz „klein" bzw. „groß". Streng genommen ist das nicht korrekt. Bei den Intervallen *Sekunde, Terz* und *Sexte* meint man dann normalerweise die *große Sekunde / Terz / Sexte*, bei der *Septime* meint die *kleine Septime*.

Hier noch eine Übersicht über den **Abstand der wichtigsten Intervalle zum Grundton**:

2 Halbtöne – große Sekunde

3 Halbtöne – kleine Terz

4 Halbtöne – große Terz

5 Halbtöne – Quarte

6 Halbtöne – Tritonus (Abstand zwischen großer Terz & kleiner Septime, DAS Blues-Intervall)

7 Halbtöne – Quinte

9 Halbtöne – große Sexte

10 Halbtöne – kleine Septime

12 Halbtöne – Oktave

Dies war nur eine ganz elementare Einführung. Nähere Details findest du in Harmonielehrebüchern (*vgl. Buch-Empfehlungen in* ***„Garantiert Bluesgitarre lernen"****, S. 194*).

Warum spreche ich meist von Intervallnamen, nicht von den konkreten Tonnamen?

Wenn ich z.B. einen A-Riff mit dem Namen 1 – 3 – 5 – 6 bezeichnet habe, dann besteht er – in der Tonart A – aus den Tönen A – C# – E – F#. Wichtiger als der tatsächliche Name eines Tons ist aber für uns die Funktion oder Klangfarbe im Zusammenklang mit dem jeweiligen Akkord oder Grundton. Und deshalb schreibe ich nicht die Buchstaben (die ja nur für diesen einen Akkord gelten), sondern die allgemeine Formel (die unabhängig von Akkord und Tonart gilt und die Klangfarbe beschreibt).

Noch mal mit anderen Worten:

1. Beim A-Akkord ist der Ton A der Grundton.

2. Beim F-Akkord ist der Ton A die Terz.

3. Beim D-Akkord ist der Ton A die Quinte.

4. Beim B-Akkord ist der Ton A die kleine Septime.

5. Beim C-Akkord ist der Ton A die große Sexte.

Wenn man also den Ton beim Namen nennt, sagt das überhaupt nichts über seine Funktion in der jeweiligen Tonart aus und damit auch nicht über seinen Klang. Denn in der einen Tonart klingt dieser Ton völlig anders als in der anderen, weil der Bezugspunkt (der Grundton des Akkordes beziehungsweise die Tonart) ein anderer ist. Und deshalb spreche ich meist von der Funktion des Tons im Verhältnis zum jeweiligen Grundton (also einem relativen Namen) und nicht vom absoluten Namen. Diesen relativen Abstand nennt man auch *„Intervall"*.

Alle Töne auf dem Griffbrett finden

Alle Töne auf dem Griffbrett finden

Lies dir bitte den Anhang „*Musiktheorie & Notenschrift*" durch, bevor du diesen Abschnitt durchliest.

Musiktheorie & Notenschrift, vgl. S. 161

Es gibt 12 verschiedene Töne (jeden davon in verschiedenen Oktaven: Hohes A, hohes B, hohes C, tiefes A, tiefes B ...):

A – A# – B – C – C# – D – D# – E – F – F# – G – G#

Wir wissen, dass der Abstand von einem dieser Töne zum nächsten Ton jeweils einem *Halbtonschritt* entspricht und dass ein Halbtonschritt auf der Gitarre den Sprung von einem *Bund* zum nächsten bedeutet.

Die ungegriffenen Saiten heißen (beginnend bei den tiefen / dicken Saiten):

E – A – D – G – B – E

Mit diesen Informationen können wir alle Töne auf der Gitarre finden! Gesucht wird zum Beispiel der Name des Tones auf dem 3. Bund der A-Saite? Die ungegriffene Saite heißt A, laut unserer Auflistung kommt dann am 1. Bund ein A#, am 2. Bund ein B und am 3. Bund ein C.

Tipp!

- *Die Töne auf den beiden E-Saiten sind identisch, zum Beispiel am 3. Bund ist sowohl auf der tiefen E-Saite als auch auf der hohen E-Saite ein G. Man muss sich also nur die Töne von 5 Saiten merken!*
- *Am 12. Bund befindet sich derselbe Ton wie auf der ungegriffenen Saite (nur eine Oktave höher), das heißt wenn man die unteren 12 Bünde mal auswendig kann, beherrscht man den ganzen Gitarrenhals! (Bei Western- und E-Gitarren gibt es am 12. Bund in der Regel einen besonderen Bundmarker, zum Beispiel zwei Punkte statt einem. Bei klassischen Gitarren mit Nylonsaiten setzt der Korpus am 12. Bund an. Der 12. Bund ist also auch hier leicht zu finden.)*

Situation 1: Du stehst im Proberaum / bei der Session und es heißt „*Spiel mal ´n E*" oder so ähnlich. Du musst also wissen, wo du auf dem Griffbrett die verschiedenen Töne findest.

Aufgabe: „Such den Ton!"

1. Suche dir auf allen 6 Saiten ein E (in den ersten 12 Bünden).
Tipp: Man hört deutlich, wenn man mal einen Bund daneben greift!.
Lösung: E ungegriffenen (oder 12), A 7, D 2, G 9, B 5, E ungegriffen (oder 12).
2. Spiele diese 6 Töne mehrmals langsam und merk sie dir.
3. Wiederhole diese Übung jeden Tag, wenn du mit dem Üben beginnst.
4. Nach ein paar Tagen nimmst du dir das B vor. (Wiederhole auch kurz das E.)
5. Nach einigen Wochen kannst du alle Töne auf dem ganzen Griffbrett auswendig!

Lerne die 12 Töne in dieser Reihenfolge: E, B, F#, C#, Ab, Eb, Bb, F, C, G, D, A.

Mach dir auch die alternativen Namen der fünf Töne mit Vorzeichen klar.

Alle Töne auf dem Griffbrett finden

Situation 2: Du hast eine Melodie komponiert oder von CD herausgehört und willst sie aufschreiben. Du weißt, dass der gesuchte Ton zum Beispiel auf dem 3. Bund der A-Saite liegt. Aber welcher Ton ist das?

Aufgabe: „Wie heißt der Ton?"

1. Tippe willkürlich auf irgendeiner Saite auf einen beliebigen Bund, in diesem Beispiel 3. Bund A-Saite.
2. Zähle nach der oben gelernten Methode ab, wie der Ton heißt.
3. Wiederhole die Übung einige Male mit anderen Saiten / Bünden.
4. Nach einigen Wochen kennst du alle Töne auf dem ganzen Griffbrett auswendig!

Tipp: Wenn du die Töne erst mal auswendig kannst, vergisst du sie auch nicht mehr. Diese Lernarbeit ist also nach einigen Wochen abgeschlossen!

Hier noch eine Griffbrettübersicht zur Kontrolle:

Die Griffbrettübersicht

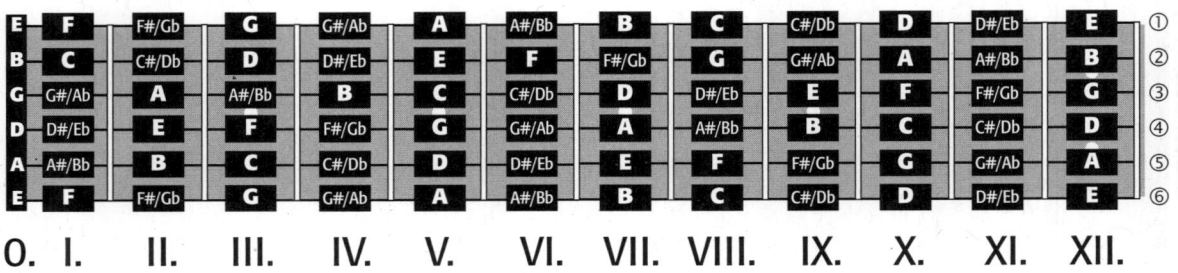

0. I. II. III. IV. V. VI. VII. VIII. IX. X. XI. XII.

Aufgabe: „Wie heißt der Ton?"

Zeichne dieses Griffbrett aus dem Kopf auf einen leeren Zettel und kontrolliere anschließend, ob alle Töne richtig sind.

Kapodaster

Kapodaster (Kapo)

Um andere Tonarten als A, C, D, E oder G zu erreichen, benutzt du ein kleines Hilfsmittel. Es heißt Kapodaster oder kurz Kapo. Das ist ein Teil, das man am Gitarrenhals befestigt und das alle sechs Saiten um die gleiche Anzahl Halbtöne erhöht. Es wirkt so, als hätte man den Sattel der Gitarre um diese Anzahl Bünde / Halbtöne verschoben.

Ein Kapodaster kann die Stimmung der Gitarre nur nach oben verändern!

„Transponieren", vgl. Glossar, S. 212

Verwendung des Kapos

Und wie verwendet man nun einen Kapo? Ganz einfach!

Wenn du mit dem C-Akkord in der Tonart C# spielen willst, schaust du in der Griffbrettübersicht unten, wieviele Bünde höher von C aus das nächste C# ist. Antwort: Einen Bund höher. Du setzt den Kapo also auf den 1. Bund (entweder in die Mitte zwischen die beiden Bundstäbchen oder nahe an das Bundstäbchen (da, wo du auch mit dem Finger greifen würdest)). Wenn du jetzt einen C-Akkord spielst, erklingt C#.

Wenn du mit dem A-Akkord in der Tonart C# spielen willst, schaust du in der Griffbrettübersicht unten, wieviele Bünde höher von A aus das nächste C# ist. Antwort: Vier Bünde höher. Du setzt den Kapo also auf den 4. Bund. Wenn du jetzt einen A-Akkord spielst, erklingt C#.

Je höher du den Kapo aufsetzt, desto „dünner" klingt die Gitarre. In der Praxis benutzt man den Kapo beim Akustik-Blues bis ungefähr zum 5. Bund.

Als Spezialeffekt kann man den Kapo auch noch höher aufsetzen, z. B. haben die Beatles damit auf „Here Comes The Sun" einen sehr schönen Effekt erzielt.

Kapodaster-Griffbrettübersicht

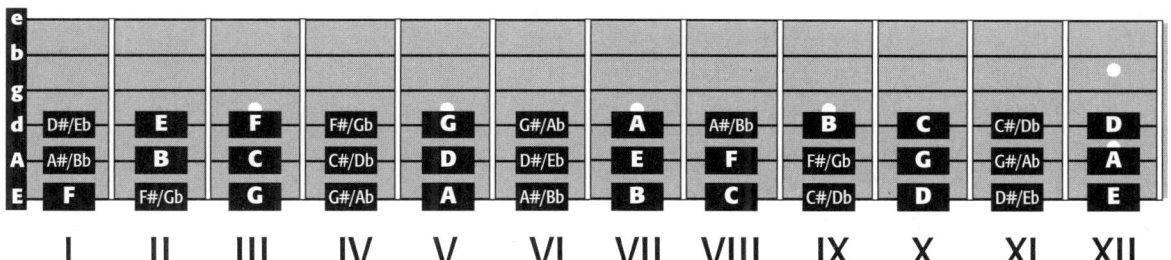

Kaufempfehlungen

Der von Profis meistgebrauchte Kapo dürfte wohl der *Shubb-Kapo* sein. Mittlerweile gibt es auch gute Modelle von *Planet Waves* und *G7th*. Wichtig ist, dass man den Druck des Kapos stufenlos justieren kann (Einstellschraube oder ähnliches), denn bei zu starkem Druck verstimmt der Kapo die Gitarre hörbar. Und dann muss man bei jedem Umsetzen des Kapos die Gitarre nachstimmen.

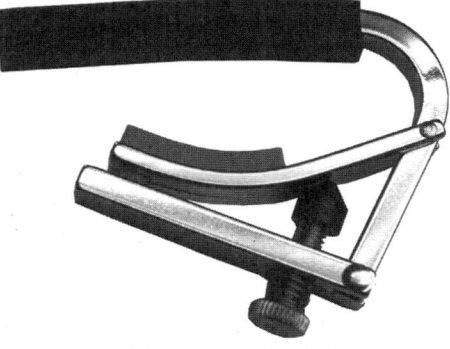

Kapo von Shubb

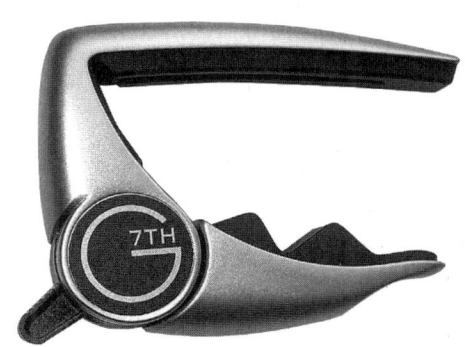

Kapo von G7th

Kapodaster

Unterschiedliche Modelle für unterschiedliche Gitarren!

Beachte, dass es unterschiedlich stark gewölbte und unterschiedlich breite Griffbretter gibt. Deshalb gibt es auch verschiedene Kapos:

- für klassische Gitarre (gerades Griffbrett)
- für elektrische Gitarre und für Westerngitarre (gewölbtes Griffbrett) und
- für elektrische Gitarren mit besonders stark gewölbten Griffbrettern.

Wenn man den falschen Kapo verwendet, dann scheppern einige Saiten, weil sie nicht fest genug auf das Griffbrett gedrückt werden.

Blues-Schemata

Blues-Schemata

In meinem Buch „**Garantiert Bluesgitarre lernen**" habe ich auf den *Seiten 12, 26 und 30* die drei Variationen des **12-taktigen Standard-Blues-Schemas** und *ab Seite 184* „**Weitere Blues-Schemata**" vorgestellt. Ich habe dort fast ausschließlich Songbeispiele mit kompletten Bands gewählt.

In diesem vorliegenden Anhang möchte ich die für den akustischen Blues typischen Blues-Schemata vorstellen und konzentriere mich dementsprechend auf *Songbeispiel-Aufnahmen* von akustischen Bluesstücken.

Auswahlkriterien für die Songbeispiele:
Die Aufnahme sollte entweder besonders stilprägend / wichtig sein ODER mir besonders gut gefallen ODER besonders originell sein ODER einfach besonders verbreitet sein.
Du findest mit deinem neuen Wissen sicher bald viele weitere Beispiele.

Tipp!

Bei den genannten Songbeispiel-Aufnahmen, die das jeweilige Akkord-Schema verwenden, gebe ich zusätzlich an, in welcher Stimmung (Standard, Dropped D, Spanish, Vestapol etc.) und in welcher Tonart der Song gespielt wird. Mit Tonart meine ich hier die „Spielposition", die im Blues normalerweise E, A, D, C oder G ist. Natürlich kann man die Tonart mit einem Kapodaster ändern, die Spielposition bleibt aber dieselbe.
Beispiel: *Wenn man in Standard-Stimmung in der Spielposition E spielt und einen Kapo am dritten Bund verwendet, erklingt zwar die Tonart / Tonhöhe G, wir spielen aber trotzdem noch in der Spielposition E mit ihrem typischen Klang und ihren typischen Möglichkeiten und Einschränkungen. Angegeben wäre in diesem Fall „Standard-Stimmung, Tonart E".*

Info!

Ein typisches Merkmal für den alleine spielenden Bluesgitarristen ist die Freiheit, die er sich oft mit der Form nimmt. Da wird mal ein Takt eingefügt und mal ein Takt weggelassen und dann wird auch mal in einem Takt eine Zählzeit eingefügt oder weggelassen (der entsprechende Takt ist also kein 4/4-Takt mehr, sondern etwas länger oder kürzer).
*Verschiedenen Blues-Musikern wie **John Lee Hooker** und **Lightnin' Hopkins** wird folgendes Zitat in den Mund gelegt. Wenn sich andere Musiker darüber beschwert haben, dass der Akkordwechsel an der falschen Stelle erfolgt, sollen sie gesagt haben: „I change when I want to."*
Meist richten sich die Musiker dabei nach ihrem Gesang. Wenn also in einer Strophe eine Textzeile etwas länger oder kürzer ist, wird der Gitarren-Part entsprechend angepasst. Bei manchen Aufnahmen wird nur in einer Strophe von dem standardisierten Schema abgewichen, bei anderen in jeder Strophe. Wenn in jeder Strophe diese abweichende Form gespielt wird, dann sollte man den Song natürlich auch entsprechend spielen. Begradigungen machen meiner Ansicht nach in so einem Fall keinen Sinn.

In diesem Buch habe ich bei meinen Arrangements der Blues-Klassiker die Anzahl und die Länge der Takte jeweils begradigt. Wenn du diese Versionen spielen kannst, solltest du dir unbedingt auch die genannten Original-Aufnahmen anhören!

Tipp!

Am Ende dieses Kapitels (ab Seite 173–175) zeige ich einige bekannte Blues-Klassiker mit vom Standard abweichenden Schemata.

Blues-Schemata

Das Standard Blues-Schema

Dies ist – auch unabhängig vom Blues – die vielleicht meistgebrauchte Akkordfolge überhaupt.

Tonart A:

A	A	A	A
D	D	A	A
E	D	A	A

Schematische Darstellung:

I	I	I	I
IV	IV	I	I
V	IV	I	I

Aufgabe!

Höre dir folgende Aufnahmen an:

Diskographie	Anmerkungen
■ <u>Kind Hearted Woman</u> – **Robert Johnson** auf: „The Centennial Collection"	Dieser Song wird in Standard-Stimmung in der Tonart A gespielt.
■ **Hey Hey** – **Big Bill Broonzy** auf jeder „Best Of" oder auf: Eric Clapton „Unplugged"	Dieser Song wird in Standard-Stimmung in der Tonart E gespielt.
■ **Big Road Blues** – **Tommy Johnson** auf: „Canned Heat 1928–1929" (Document 5001) oder „Legends Of Country Blues" (JSP7715 (5-CD-Box))	Dieser Song wird in <u>Dropped D-Stimmung</u> in der Tonart D gespielt.
■ **Country Blues** – **Muddy Waters** auf: „Library Of Congress Recordings" (Document 5146) oder „The Complete Plantation Recordings"	Dieser Song wird in Open G-Stimmung in der Tonart G gespielt.
■ **Bullfrog Blues** – **William Harris** auf: „The Best There Ever Was" (Sampler Yazoo 3002)	Dieser Song wird in Standard-Stimmung in der Tonart D gespielt.
■ **Boogie Woogie Dance** – **Tampa Red** auf diversen „Best Of" und auf „Volume 4" (Document 5076)	Dieser Song wird in Open D-Stimmung in der Tonart D gespielt.

<u>Kind Hearted Woman Blues,</u> vgl. S. 32–33

<u>Dropped D-Stimmung,</u> vgl. S. 100

Garantiert Akustik Bluesgitarre lernen

Das Quick Change-Blues-Schema

Das Quick Change-Blues-Schema

Das Quick Change-Blues-Schema unterscheidet sich nur in einem einzigen Takt vom Standard Blues-Schema: Im zweiten Takt wird die IV. Stufe gespielt. Dieses Blues-Schema wird insbesondere bei langsameren Tempi verwendet, da sich die vier Takte auf der I. Stufe sonst ganz schön in die Länge ziehen können.

Tonart A:

A	D	A	A
D	D	A	A
E	D	A	A

Schematische Darstellung:

I	IV	I	I
IV	IV	I	I
V	IV	I	I

Aufgabe!

Höre dir folgende Aufnahmen an:

Diskographie	Anmerkungen
■ *Sweet Home Chicago* – Robert Johnson auf: „The Centennial Collection"	Dieser Song wird in Standard-Stimmung in der Tonart E gespielt.
■ Before You Accuse Me – Eric Clapton auf: „Unplugged"	Dieser Song wird in Standard-Stimmung in der Tonart E gespielt.

Sweet Home Chicago, vgl. S. 52

Blues-Schemata

Das 8-taktige Blues-Schema

Eigentlich gibt es DAS 8-taktige Blues-Schema überhaupt nicht. Vielmehr gibt es mehrere unterschiedliche 8-taktige Blues-Schemata. Ich nenne hier ein paar absolute Blues-Klassiker als Beispiele.

Das „Key to the Highway"-Schema

Dies dürfte die bekannteste 8-taktige Bluesform sein. In den letzten zwei Takten kann auch ein Turnaround gespielt werden. Dieser Song wird oft in Standard-Stimmung in der Tonart E gespielt.

Tonart A:

| A | E | D | D |
| A | E | A | E |

Schematische Darstellung:

| I | V | IV | IV |
| I | V | I | V |

Aufgabe!

Höre dir folgende Aufnahmen an:

Diskographie

■ Key to the Highway – Big Bill Broonzy auf jeder „Best Of"	■ Key to the Highway – Guitar Frank auf: „Living Country Blues USA Vol. 12"
■ Key to the Highway – Jazz Gillum auf: „Volume 2" (Document 5198)	■ Key to the Highway – Alexis Korner auf: „Live In Paris"
■ Key to the Highway – Brownie McGhee auf: „The Best Of Brownie McGhee"	■ Red River Blues – John Jackson auf: „Front Porch Blues"
■ Key to the Highway – John Cephas & Phil Wiggins auf: „Richmond Blues"	■ Crow Jane – Skip James auf: „The Complete Early Recordings"
■ Key to the Highway – Eric Noden auf: „Midwest Blues"	■ Crow Jane – Stefan Grossman & Rory Block auf: „Country Blues Guitar"
■ Key to the Highway – Eric Clapton auf: „One More Car, One More Rider"	■ Crow Jane – John Cephas & Phil Wiggins auf: „Richmond Blues"
■ Key to the Highway – Paul Rishell & Annie Raines auf: „I Want You To Know"	■ Crow Jane Blues – Brownie McGhee auf: „Shake Down" McGhee hat die Akkordfolge auf interessante Art abgewandelt.

8-taktige Blues-Schemata

Das „It Hurts Me Too" / „How Long Blues"-Schema

Diese beiden Klassiker unterscheiden sich nur im zweiten Takt von *„Key to the Highway"*.

In den letzten zwei Takten kann auch ein *Turnaround* gespielt werden. Diese Songs werden oft in Standard-Stimmung in der Tonart E gespielt, aber auch in anderen Tonarten.

Turnaround, vgl. S. 26–27

Tonart A:

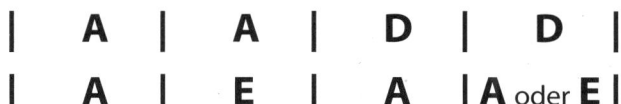

Schematische Darstellung:

Aufgabe!

Höre dir folgende Aufnahmen an:

Diskographie
■ It Hurts Me Too – Tampa Red auf: „Complete Recorded Works Vol. 11" (Document 5211)
■ It Hurts Me Too – Big Bill Broonzy auf: „Trouble In Mind"
■ It Hurts Me Too – Corey Harris auf: „Between Midnight And A Day"
■ It Hurts Me Too – Paul Geremia auf: „Just Enough"
■ It Hurts Me Too – Mike Dowling auf: „The Blues Ain't News"
■ It Hurts Me Too – James Son Thomas auf: „Blues Reference - Hard Times"
■ How Long Blues – Leroy Carr auf: „Complete Recorded Works Vol. 1" (Document 5134)

Blues-Schemata

Das 8-taktige Ragtime-Schema

Spicy Cat,
vgl. S. 76ff
Rag Papa Rag,
vgl. S. 81ff

Diese Songs werden normalerweise in Standard-Stimmung in der Tonart C gespielt. Da bei dieser speziellen Akkordfolge gleich zwei ungewöhnliche Akkorde vorkommen (die Dominant-Sept-Akkorde auf der II. und auf der VI. Stufe), habe ich die Akkorde ausnahmsweise in der Tonart C aufgeschrieben.

Tonart C:

| **C** oder A^7 | A^7 | D^7 | D^7 |
| G^7 | G^7 | C | C |

Schematische Darstellung:

| I oder VI^7 | VI^7 | II^7 | II^7 |
| V^7 | V^7 | I | I |

Aufgabe!

Höre dir folgende Aufnahmen an:

Diskographie	
■ Salty Dog – Leadbelly auf: „The Definite Leadbelly", „Leadbelly Volume 1 1945–1935" (Document 5591)	■ Rag Mama Rag – Blind Boy Fuller auf: „Volume 1" (Document 5091)
■ Salty Dog – Blind Willie McTell auf: „Last Session"	■ Rag Mama Rag – Carolina Slim auf: „Carolina Blues 1950–1952"
■ Salty Dog – Mississippi John Hurt auf: „Revisited", „Candy Man Blues"	■ Rag Mama Rag – Roy Book Binder auf: „Polk City Ramble"
■ A Salty Dog Rag – Stefan Grossman auf: „How To Play Ragtime Guitar", „Black Melodies On A Clear Afternoon"	■ South Carolina Rag – Willie Walker auf: „Ragtime Blues Guitar 1927–1930" (Document 5062)
■ Salty Dog Rag – Chet Atkins auf: „Down Home", „Big City Sounds"	■ Wabash Rag – Blind Blake auf: „Volume 2" (Document 5025)
■ Salty Dog – The Allen Brothers auf: „Salty Dog Blues – 1920s Classics"	
■ Salty Dog – Papa Charlie Jackson auf: „Complete Recorded Works Vol. 1 1924–1926" (Document 5087)	
■ Salty Dog – Red Willie Smith auf: „Negro Folk Music Of Alabama Vol. 1: Secular Music"	

Vamps & Spezial Blues-Schemata

One-Chord Vamps (Groove-Songs ohne Akkord-Wechsel)

Es gibt einige Blues-Songs, die ganz oder hauptsächlich nur aus einem Akkord beziehungsweise Groove / Pattern bestehen.

Aufgabe!

Höre dir folgende Aufnahmen an:

Diskographie	Anmerkungen
■ Rollin`Stone – Muddy Waters auf: „The Chess Box"	Dieser Song wird in Standard-Stimmung in der Tonart E gespielt.
■ Last Fair Deal Gone Down – Robert Johnson auf: „The Centennial Collection"	Dieser Song wird in Open G-Stimmung in der Tonart G gespielt.
■ Preachin´ Blues – Robert Johnson auf: „The Centennial Collection"	Dieser Song wird in Open G-Stimmung in der Tonart G gespielt.
■ Come On In My Kitchen (Take 1) – Robert Johnson auf: „The Centennial Collection"	Dieser Song wird in Open G-Stimmung in der Tonart G gespielt.

Blues-Klassiker mit besonderen Schemata

Wie zu Beginn dieses Kapitels besprochen gibt es zahlreiche Blues-Klassiker, die jeweils ein ganz eigenes Schema bzw. bestimmte Abweichungen von einem weit verbreiteten Schema haben. Ich zeige exemplarisch ein paar Beispiele. Je mehr du diese Musik hörst, desto mehr Schemata und Abweichungen wirst du entdecken.

Das „Rollin` & Tumblin`"-Schema

Dieses Schema ist optisch sehr nah am Quick Change-Blues-Schema, es unterscheidet sich nur im ersten Takt von ihm. Klanglich ist das aber ein großer Unterschied, wenn man nicht mit dem Akkord auf der I. Stufe beginnt! Außerdem haben einige Takte mehr als vier Zählzeiten. Versuche, die Takte auszuzählen! (*Tipp: Die Eric Clapton-Version ist leichter auszuzählen als die anderen beiden Versionen. Bei seiner Aufnahme haben die ersten beiden Takte in jeder Zeile jeweils vier Zählzeiten, die restlichen beiden Takt in jeder Zeile haben jeweils fünf Zählzeiten.*)

Tonart A:

D	D	A	A
D	D	A	A
E	D	A	A

Schematische Darstellung:

IV	IV	I	I
IV	IV	I	I
V	IV	I	I

Spezial Blues-Schemata

Aufgabe!

Höre dir folgende Aufnahmen an:

Diskographie	Anmerkungen
■ **Roll & Tumble Blues – Hambone Willie Newbern** auf: „Back To The Crossroads – The Roots Of Robert Johnson" (Yazoo 2070)	Diese Songs werden im Spanish-Tuning (z. B. Open G) und mit Bottleneck gespielt. Die Tonart des Songs wird durch die Stimmung der Gitarre bestimmt (im genannten Beispiel also G).
■ **If I Had Possession Over Judgement Day – Robert Johnson** auf: „The Centennial Collection"	
■ **Rollin' & Tumblin' – Eric Clapton** auf: „Unplugged"	

Das „Lonesome Home Blues"-Schema (Tommy Johnson)

Bei diesem Song handelt es sich um ein Standard Blues-Schema, bei dem in der ersten Zeile der vierte Takt fehlt. Nach jeweils zwei Takten Gesang folgen ein instrumentaler Fill, aber in der ersten Zeile ist dieser Fill ungewöhnlicher Weise nur einen Takt lang.

Tonart A:

A	A	A	
D	D	A	A
E	D	A	A

Schematische Darstellung:

I	I	I	
IV	IV	I	I
V	IV	I	I

Aufgabe!

Höre dir folgende Aufnahmen an:

Diskographie	Anmerkungen
■ **Lonesome Home Blues – Tommy Johnson** auf: „Canned Heat 1928–1929" (Document 5001) oder „Legends Of Country Blues" (JSP 7715 (5-CD-Box))	Es gibt von **Tommy Johnson** drei Aufnahmen mit dem Titel ‚Lonesome Home Blues'. Bei den beiden Takes ‚Lonesome Home Blues Take 1' bzw. ‚Lonesome Home Blues Take 2' handelt es sich um einen anderen Song! Bei den meisten Aufnahmen von anderen Künstlern, die man unter dem Titel ‚Lonesome Home Blues' findet, handelt es sich um den anderen Song.
■ **Lonesome Home Blues – Buddy Guy** auf: „Blues Singer"	Dieser Song wird im Standard-Stimmung und in der Tonart E gespielt.
■ **Lonesome Home Blues – David Evans** auf: „Live At Alte Post"	Dieser Song wird im Standard-Stimmung und in der Tonart E gespielt.

Spezial Blues-Schemata

Das „I Can't Be Satisfied"-Schema (Muddy Waters)

Bei diesem Song handelt es sich um ein Standard Blues-Schema, bei dem die IV. Stufe nur eineinhalb Takte lang ist. Oder anders formuliert: Der sechste Takt hat nur zwei Zählzeiten.

$\frac{4}{4}$	A		A		A		A	
	D	$\frac{2}{4}$	D	$\frac{4}{4}$	A		A	
	E		D		A		A	

Schematische Darstellung:

$\frac{4}{4}$	I		I		I		I	
	IV	$\frac{2}{4}$	IV	$\frac{4}{4}$	I		I	
	V		IV		I		I	

Aufgabe!

Höre dir folgende Aufnahmen an:

Diskographie	Anmerkungen
■ I Can't Be Satisfied *aka* I Be's Troubled – Muddy Waters Dieser Song ist in verschiedenen Versionen auf zahlreichen CDs von Muddy Waters zu finden, z. B. auf: „Library Of Congress Recordings" (Document 5146) oder auf: „The Complete Plantation Recordings"	Diese Songs werden im Spanish-Tuning (z. B. Open G) und mit Bottleneck gespielt. Die Tonart des Songs wird durch die Stimmung der Gitarre bestimmt (im genannten Beispiel also G).
■ I Can't Be Satisfied – John Hammond auf: „Solo" oder „Bluesman"	
■ Rollin' & Tumblin' – Eric Clapton auf: „Unplugged"	

Nimm dir einen Country Blues Sampler mit Aufnahmen von verschiedenen Künstlern und analysiere, welche Akkordfolgen du hörst. Zum Einstieg könntest du folgende CDs/DVDs ausprobieren:

Diskographie	DVDs
■ Masters Of The Delta Blues – The Friends Of Charlie Patton (Yazoo 2002)	■ Legends Of Country Blues Guitar Volume One (Vestapol 13003)
	■ Legends Of Country Blues Guitar Volume Two (Vestapol 13016)
■ Son House And The Great Delta Blues Singers 1928–1930 (Document 5002)"	■ Legends Of Country Blues Guitar Volume Three (Vestapol 13037)
■ The Road To Robert Johnson & Beyond (JSP7795 – 4-CD-Box mit 105 Aufnahmen)	■ Legends Of Bottleneck Blues Guitar (Vestapol 13002)
■ The Stuff That Dreams Are Made Of (Yazoo 2202)	■ Legends Of The Delta Blues (Vestapol 13038)

Viel Spaß auf dieser nie endenden Entdeckungsreise!

Wie man von CD heraushört & transkribiert

Transkribieren nennt man das Heraushören und Notieren eines Musikstücks.

Wie man von CD heraushört & transkribiert

Notations-Software

Man kann Songs entweder per Hand oder am Computer notieren. Da man im Laufe der Transkription mit Sicherheit einige Male verbessern muss, ist ein Computer auf jeden Fall praktischer. Ich selbst benutze für meine Transkriptionen die Software „Guitar Pro 6", die für Gitarristen sehr einfach zu bedienen ist: Man trägt einfach die gewünschten Zahlen auf den Saiten der Tabulatur ein und wählt mit den Tasten +/- die Tonlänge, die Noten dazu werden von der Software automatisch erzeugt. Der Preis für Guitar Pro liegt bei ca. 50,- Euro.

Von den großen Programmen wie Finale und Sibelius würde ich für den Hausgebrauch eher abraten, da Preis, Umfang des Programms und damit auch die Einarbeitungszeit deutlich größer sind. Es gibt auch kleinere und teilweise sogar kostenlose Versionen dieser Profi-Programme (z. B. „Finale Notepad"). Ob diese abgespeckten Versionen den eigenen Ansprüchen genügen, muss jeder selbst entscheiden.

Überblick verschaffen

1. Song-Form / Akkordfolge

Bluesformen vgl. Kapitel ‚Blues-Schemata', S. 167ff

Zuerst analysiert man die Akkordfolge, die dem Song zugrunde liegt. Oft ist es eine der typischen *Bluesformen*. Diese Form wird in der Regel während des ganzen Songs ständig wiederholt. Oft hat ein Song zusätzlich noch ein Intro und ein Ending. Manchmal hat ein Song einen *Mittelteil*.

Mittelteil Songteil, der Abwechslung in den Song bringt und sich durch die Reihenfolge der Akkorde und die Melodie von dem restlichen Song unterscheidet. Manchmal werden zusätzliche Akkorde eingeführt. Wird im Verlauf des Songs ein weiterer Mittelteil gespielt, ist es in der Regel derselbe wie der erste.

2. Grundton finden

Wie findet man heraus, in welcher Tonart ein Song auf CD gespielt wird? Das ist gar nicht so schwierig. Es gibt ja nur 12 verschiedene Töne.

Schluss-Akkord

Der letzte gespielte Ton oder Akkord einer Aufnahme ist in der Regel der Grundakkord / Grundton.

Intros beachten

Ein Song beginnt nicht zwangsläufig mit dem Grundton beziehungsweise mit dem ersten Akkord der dem Song zu Grunde liegenden Form. Oft gibt es vorher ein Intro.

Vorgehensweise beim Transkribieren

1. Akkordfolge

Zuerst notiere ich mir die Akkordfolge, normalerweise 4 Takte pro Zeile (da die meisten Songs in diesen 4-taktigen Phrasen aufgebaut sind – auch in anderen Musikstilen!).

2. Akkordgriffe

Dann versuche ich die passenden Griffe zu finden, da es ja für jeden Akkordnamen verschiedene Greifmöglichkeiten gibt. Hier ist etwas Übung hilfreich, dann geht es schneller. Also nicht verzweifeln, wenn es anfangs sehr mühselig ist und viel Zeit in Anspruch nimmt! Es wird mit der Zeit und etwas Übung leichter, aber zeitaufwendig

Vorgehensweise beim Transkribieren

ist eine Transkription immer. Dafür gibt es gleich drei Vorteile, wenn man selbst transkribiert:

1. Eigene Transkriptionen sind kostenlos.

2. Man kann jeden Song transkribieren, während man fertige Transkriptionen nur von kommerziell sehr erfolgreichen Songs kaufen kann.

3. Man lernt viel mehr beim Transkribieren als beim Spielen nach Noten/Tab: Die ganzen kleinen Phrasierungsnuancen, die in der Notationen gar nicht dargestellt werden können (und die eine Performance erst ausmachen!) entdeckt man erst durch genaues Zuhören. Welche Töne werden betont, welche abgedämpft gespielt, welche staccato gespielt, welche werden etwas zu früh oder zu spät gespielt?

3. Basstöne

Dann notiere ich die Basstöne. Meist handelt es um einen *Steady Bass* oder einen *Wechselbass*. Wenn ich das Grundmuster notiert habe, ändere ich eventuell vorkommende Abweichungen (z. B. doppelter Wechselbass, Bassläufe, Pausen im Bass (oft bei Fills auf den hohen Saiten)), je nach Lust und Laune mache ich dieses Fine-Tuning der Basstöne aber auch erst später (siehe unten „5. Letzte Feinheiten").

Steady Bass, vgl. S. 12ff

Wechselbass, vgl. S. 60ff

4. Melodietöne

Wenn die Akkordfolge und die Akkordgriffe bekannt sind, ist es meist nicht so schwierig, die Melodie zu finden. Die meisten Gitarristen haben ja nur 5 Finger an der Greifhand, und diese können sie auch nur über eine recht überschaubare Anzahl von Bünden strecken. Außerdem folgen Melodien normalerweise dem Prinzip Spannung / Auflösung – man findet also regelmäßig kleine Anker, an denen man sich entlang hangeln kann. Meist sind diese Auflösungstöne die Grundtöne des zugrunde liegenden Akkordes, oder die Quinten, manchmal auch die kleinen Terzen oder Septimen.

Erwähnte ich schon, dass es ganz hilfreich ist, *alle Töne auf dem Griffbrett* zu kennen und auch zu wissen, wo von einem beliebigen Grundton aus die Terzen, Quinten und Septimen liegen?

Alle Töne auf dem Griffbrett finden, vgl. S. 163–164

5. Letzte Feinheiten

Wenn es jetzt noch etwas gibt, das ich noch nicht erfasst habe, kommt noch dieser Arbeitsschritt.

Oft gibt es kleine Abschnitte (ungefähr eine Zählzeit bis zwei Takte), bei denen die Melodie pausiert und der Bass alleine langweilig wäre. An diesen Stellen werden oft ein paar Fülltöne eingebaut, die meist auf den mittleren Saiten liegen, also unterhalb der Melodie und oberhalb des Basses. Manchmal notiere ich die oben erwähnten Bassläufe und / oder die Fills in der Melodie auch erst in diesem Arbeitsschritt.

6. Korrektur

Dieser Arbeitsschritt ist nicht zu unterschätzen! Spiele deine Notation noch mal Ton für Ton zum verlangsamten Audio-File durch und höre dabei genau zu, ob deine Töne mit der Aufnahme übereinstimmen. Da du den Song ja noch nicht richtig spielen kannst (siehe nächster Abschnitt „Üben"), musst du eventuell erst den Basspart und dann den Melodiepart jeweils einzeln mitspielen und kontrollieren. Achte darauf, dass du die Töne spielst, die wirklich in deiner Transkription stehen, und nicht die, von denen du glaubst, dass sie da stehen. Es ist immer wieder erstaunlich, wie viele eigene Fehler

Wie man von CD heraushört & transkribiert

man übersieht (deshalb lasse ich meine Manuskripte auch immer von mehreren Leuten Korrektur lesen)! In diesem letzten Schritt der Transkription kontrolliere ich auch noch mal die Artikulationszeichen wie Bendings, Betonungen, Staccato-Punkt etc.

7. Üben

Jetzt hat man eine mehr oder weniger perfekte Transkription des Songs vorliegen, aber man kann ihn noch nicht perfekt von vorne bis hinten durchspielen! Jetzt beginnt also das eigentliche Üben, das aber nach dem Transkribieren deutlich schneller zum gewünschten Ergebnis führt. Man hat sich ja schließlich schon etliche Stunden mit dem Song beschäftigt, hat ihn im Ohr, kann schon viele kleine Teile spielen usw.

Software zum langsameren Abspielen von Audio-Files

Es gibt etliche Programme, die Audio-Files langsamer abspielen können, zum Beispiel „Slow Gold", „Amazing Slow Downer", „Riffmaster Pro". Die meisten dieser Programme kosten mehr als mein persönlicher Favorit *„Transcribe!"* und sind meiner Ansicht nach schlechter zu bedienen. Da die meisten dieser Programme einige Tage kostenlos getestet werden können, kann aber jeder problemlos sein eigenes Lieblingsprogramm finden. Einfach mal *„slow down music"* in eine Suchmaschine eingeben ...

Verwendungsmöglichkeiten für *„Transcribe!"*:

1. Üben: Genau selektierbare Stellen loopen und üben. Dabei kannst du ...

2. das Tempo langsam steigern (auch automatisch, so dass man die Hände nicht vom Instrument nehmen muss).

3. Transkribieren: Durch das Verlangsamen von Audio-Files ist das Heraushören deutlich leichter.

4. die Tonhöhe anpassen: Wenn die Aufnahme etwas zu hoch oder zu tief gestimmt ist, kann man das Audio-File an die Gitarre anpassen und muss nicht die Gitarre umstimmen.

5. die Tonart ändern: Auch die Tonart kann man ändern. Wenn z. B. **Jimi Hendrix** oder **Stevie Ray Vaughan** wieder mal die Gitarre auf Es runtergestimmt haben oder ein Gitarrist einen Kapo benutzt, kann man das mit einem Mausklick ändern. Natürlich kann man sich den Song auch in die Tonart schieben, in der man am besten Singen kann.

Mit der aktuellen Version von *„Transcribe!"* kann man sogar Video-Clips verlangsamen! Selbstverständlich laufen Bild und Ton synchron, auch wenn man das Tempo oder die Tonart ändert.

Ehrlich gesagt: Ich weiß gar nicht mehr, wie Musiker ohne dieses Programm leben konnten ...

Wie du deine persönliche Gitarre findest

Wie du deine persönliche Gitarre findest

Die meisten Gitarristen spielen anfangs eine Gitarre, die sie irgendwoher bekommen haben. Manchmal ist sie noch aus der Jugendzeit der Eltern übrig geblieben, manchmal hat man sie von einem Bekannten ausgeliehen oder einfach ein möglichst preisgünstiges Modell gekauft.

Früher oder später aber kommt bei jedem Gitarrist der Punkt, an dem er sich für die verschiedenen Gitarrentypen zu interessieren beginnt. Das kommt meist daher, dass man bei anderen Gitarristen eine Gitarre gehört oder gesehen hat, deren Klang oder Aussehen man besonders ansprechend fand. In diesem Kapitel möchte ich einen kleinen Einstieg in die weite Welt der unterschiedlichen Gitarrenmodelle und Optionen geben, aus denen man wählen kann. Vielleicht kann ich dir ein paar wertvolle Tipps geben, worauf du achten kannst, wie du dein Trauminstrument findest und dir auf diesem Wege einen teuren Fehlkauf ersparen kannst. Da ich weder Gitarrenbauer noch Wissenschaftler bin, sind einige der folgenden Informationen und Ansichten subjektiv.

Tipp!

- *Achtung, ein Wort der Warnung: Bei einem Anfänger klingt jede Gitarre bescheiden und für einen unerfahrenen Gitarristen klingt jede Gitarre toll, wenn sie von einem guten Gitarristen gespielt wird. Lass dich also nicht von der Musikalität des Spielenden blenden, sondern hör auf den Klang der Gitarre selbst! Dazu lässt du dir am besten von einem erfahrenen Gitarristen nacheinander mehrere Instrumente vorspielen. Dieser erfahrene Gitarrist hat sicher auch ein paar Anmerkungen und Tipps für dich parat (z. B. „hör mal auf die Bässe, die klingen ziemlich verwaschen", „dieses Instrument hat eine tolle Ansprache / Dynamik etc." oder „Lass dich nicht von der Lautstärke dieser Gitarre blenden").*

  Als Nächstes solltest du das Instrument auch selbst spielen. Fühlt sich der Hals „richtig" an (Dicke, Breite)? Ist die Korpusgröße bequem für dich?

- *Wenn ich meinen Schülern etwas vorspiele und es dann bei ihnen nicht so gut klingt, höre ich oft den Satz „Deine Gitarre ist ja auch viel teurer / besser!" Dann lasse ich mir die Schülergitarre geben, spiele dasselbe noch einmal und auf einmal klingt es auch auf dieser Gitarre gut. Soll heißen: Der Musiker macht die Musik, das Stück Holz mit Drähten liefert nur den Ton dazu. Daraus folgt logischerweise, dass es für den Anfänger wenig Sinn macht, sich eine teure Gitarre zuzulegen, solange er noch nicht in der Lage ist, ihr klangliches Potenzial wenigstens einigermaßen zu erschließen ... Außerdem gibt es ja nicht nur eine „gute" Gitarre, sondern ganz viele unterschiedliche. Wenn man noch gar nicht genau weiß, welche Art Gitarre man möchte / braucht, ist die Chance auf einen Fehlkauf sehr groß, selbst wenn es sich objektiv um eine gute Gitarre handelt.*

Ist der „erfahrene Gitarrist" der Verkäufer der Gitarre, solltest du etwas Vorsicht walten lassen. Letztlich sollte DEIN Ohr entscheiden!

Bei der Halsbreite macht ein Millimeter mehr oder weniger für viele Gitarristen schon einen großen Unterschied!

Ausprobieren!

Ganz wichtig ist, dass man möglichst viele verschiedene Gitarren spielt, um ein Gefühl dafür zu bekommen, wie eine bestimmte Holzsorte oder eine bestimmte Korpusform/ Korpusgröße tendenziell klingt. Nach und nach entwickeln sich daraus bestimmte Vorlieben. Manche Gitarristen sind mit einer einzigen Gitarre glücklich, andere brauchen viele verschiedene Instrumente. Das kann entweder daran liegen, dass man viele unterschiedliche Grundklänge zur Verfügung haben will oder dass man verschiedene Gitarrenstimmungen spielt und nicht ständig umstimmen möchte. Es macht auch Sinn, einen unersetzbaren Schatz nur zu Hause zu spielen und unterwegs ein günstigeres Instrument zu verwenden.

Wie du deine persönliche Gitarre findest

Buch-Empfehlungen, vgl. S. 207ff

Helmut Grahl hat auch einige wertvolle Verbesserungsvorschläge und Ergänzungen zu diesem Anhang gemacht, wofür ich mich an dieser Stelle noch einmal herzlich bedanken möchte!

Tipp!

An dieser Stelle möchte ich noch einmal das herausragende Buch "Acoustic Guitar Guide" von Larry Sandberg und das "Acoustic Guitar Handbook" von Paul Balmer empfehlen.

Helmut Grahl hat von 2006 bis Anfang 2013 unter der Überschrift "Acoustic Guitar" zahlreiche sehr interessante Artikel für die Zeitschrift "Gitarre & Bass" geschrieben, die man unter www.gitarrebass.de kostenlos als pdf herunterladen kann.

Optionen

Korpusgrößen

Ein größerer Korpus produziert mehr Lautstärke und mehr Bässe. Ein kleinerer Korpus klingt ausgewogener und ist leichter aufzunehmen. Üblicherweise richten sich die Bezeichnungen der Korpusgröße nach den Bezeichnungen der entsprechenden Gitarren des Herstellers Martin.

Korpusformen nach aufsteigender Größe (von klein nach groß)

- **Parlor-Gitarren:** Gitarren mit einem kleinen Korpus. Martingrößen 1 bis 5, wobei der Korpus mit aufsteigender Nummer immer kleiner wird. Heute eher unüblich und nur noch auf dem Gebrauchtmarkt zu bekommen. Eine sehr schöne Parlorgitarre mit einem gesunden Preis-Leistungs-Verhältnis gibt es von Larrivée (in der einfachsten Version ab ca. 1000,-).

Auch die Größen ‚O' und ‚OO' werden oft zu den Parlorgitarren gezählt.

- **Size O** [ausgesprochen: „Single-Oh"]
- **Size OO** [ausgesprochen: „Double-Oh"]
- **Size OOO** [ausgesprochen: Triple-„Oh"]
- **Grand Auditorium**
- **Dreadnaught** (*„Schlachtschiff"*) [ausgesprochen: „drednoht"]
- **Jumbo**

Info!

In Musikfachgeschäften findet man fast ausschließlich Gitarren mit relativ großem Korpus (Dreadnaught, Jumbo, OOO), während Parlorgitarren (also Gitarren mit kleinem Korpus) dort kaum noch vertreten sind. Schau dich also mal ganz bewusst nach diesen kleineren Gitarren (Korpusgröße „O" oder „OO") um, denn sie passen hervorragend zum Blues ...

Massivholz vs. Laminat

Seit vielen Jahren werden nur hochpreisige Instrumente aus massivem Holz gefertigt, der Rest wird aus Laminat gefertigt. Grundsätzlich kann man davon ausgehen, dass eine Gitarre nicht aus Massivholz ist, sofern das nicht explizit in der Beschreibung gesagt wird. Ab ca. 1000,- Euro kann man davon ausgehen, dass Gitarren komplett aus Massivholz gefertigt sind. Bis ca. 500,- Euro bekommt man normalerweise höchstens eine massive Decke.

Holz und Gewicht

> **Tipp!**
>
> Natürlich prahlen die Hersteller nicht damit, dass sie Laminat verwenden. Deshalb sollte man bei Werbeslogans wie „Massive Decke!" oder „Massive Decke & Griffbrett!" aufhorchen. Das heißt nämlich übersetzt „Außer der Decke (& dem Griffbrett) ist an dieser Gitarre nichts aus massivem Holz!". Gerade für den traditionellen Blues können aus Laminaten hervorragende Gitarren gemacht werden, wenn man die Vorteile dieses Materials nutzt, was heute leider kaum noch jemand macht.

Modell Parlor (mit Cutaway)

Modell OOO

Modell Dreadnaught

Gewicht

Das Gewicht kommt sowohl durch die Art der verwendeten Hölzer als auch durch deren Dicke zustande. Meiner Meinung nach schwingen leichtere Instrumente in der Regel besser, machen bei hartem Anschlag aber eher dicht, so dass die Lautstärke-Reserven begrenzt sind. Leichte Instrumente wirken auf mich lebendiger und inspirierender.
Aber wie immer gilt: *Keine Regel ohne Ausnahme!*

Wie du deine persönliche Gitarre findest

Korpus (Boden & Zargen)

Die drei Standard Korpushölzer sind *Mahagoni*, *Palisander* (engl. *„Rosewood"*) und *Ahorn* (engl. *„Maple"*). Da Mahagoni zumindest früher das preisgünstigste dieser Hölzer war, wurde es meist für die einfacheren Gitarren verbaut und Palisander für die teureren. Dadurch entstand zu Unrecht die Vorstellung, dass Palisander das bessere Holz ist. Palisander klingt etwas klarer, mit mehr Obertönen, aber auch spitzer als Mahagoni, das im Vergleich wärmer klingt. Mahagoni ist oft die erste Wahl für traditionelle Akustik-Blueser (z. B. alte Gibson-Gitarren).

Decke

Die Decke einer Gitarre ist in der Regel aus *Fichte* (engl. *„Spruce"*). Bei Mahagoni-Instrumenten ist hin und wieder auch die Decke aus Mahagoni. Eventuell ist der Klang dann schon etwas zu weich und verwaschen, aber das ist von Instrument zu Instrument unterschiedlich.

Verbalkung („Bracing")

Früher verwendete man das sogenannte *„Ladder-Bracing"*. Die Verbalkung auf der Innenseite der Decke besteht dabei aus parallelen Streben (ähnlich den Sprossen einer Leiter, daher der Name). Manchmal spricht man auch von *„Parallel-Bracing"*.

Heutzutage ist das *„X-Bracing"* üblich, das andere Schwingungseigenschaften hat. Für uns wichtiger ist aber, dass auch der Klang sich unterscheidet!

Wie immer geht es hier nicht unbedingt um „besser" und „schlechter", sondern viel mehr um „anders". Manchmal sind die Streben auch noch an bestimmten Stellen verjüngt, um die Masse zu verringern und die Ansprache des Instrumentes zu verbessern (sog. *„Scalloped X-Bracing"*).

Dadurch werden bestimmte Resonanzen des Instrumentes verstärkt oder abgeschwächt. Auf den ganz alten Bluesaufnahmen hört man normalerweise Gitarren mit Ladder-Bracing.

Cutaway

„Cutaway" nennt man die Delle / den Ausschnitt im Korpus am Halsansatz. Er ermöglicht das Spiel in den ganz hohen Lagen, nimmt aber auch etwas vom Klangvolumen weg. Wenn du dir die Frage stellst, ob du ein Cutaway brauchst, brauchst du ihn wahrscheinlich nicht ...

Hals-Korpus-Übergang am 12. oder 14. Bund

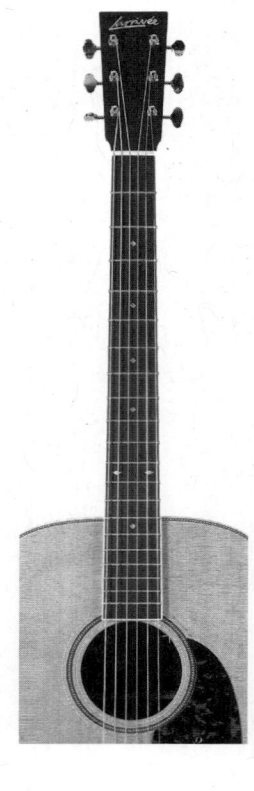

Früher war der Übergang Hals-Korpus am 12. Bund, heutzutage ist er meist am 14. Bund. Wie ein *„Cutaway"* verursacht auch ein Hals-Korpus-Übergang am 14. Bund wegen des etwas kleineren Korpus ein etwas geringeres Klangvolumen. Vielleicht noch wichtiger ist, dass der Steg bei den 12-bündigen Gitarren weiter hinten liegt, was den Klang klarer macht. Wie immer gilt, dass der Klang anders ist, nicht besser oder schlechter. Ich habe Gitarren beider Bauarten.

Bespielbarkeit

Bespielbarkeit

Saitenlage (engl. „Action")
Die Saitenlage, also der Abstand der Saiten zum Griffbrett, ist neben der Saitenstärke einer der Hauptfaktoren, ob man das Spielgefühl einer Gitarre mag oder nicht. Auch hier gibt es kein „besser" oder „schlechter". Je höher die Saitenlage, desto weniger schnarren die Saiten, sie sind dafür aber schwieriger zu greifen. Die Saitenlage ist also immer ein Kompromiss zwischen Nebengeräuschen und Spielgefühl. Flitzefinger bevorzugen meist eine sehr flache Saitenlage (z. B. Heavy Metal-Gitarristen), während Blueser oft einen harten Anschlag haben und oft die Saiten ziehen (*engl. „String Bending"*). Dafür bietet sich eine eher etwas höhere Saitenlage an. Die Saitenlage kann von einem Gitarrenbauer problemlos an die eigenen Wünsche angepasst werden.

Der andere wichtige Faktor ist der Hals bzw. dessen Maße (s. u.).

Hals (engl. „Neck")
Die Dicke und die Breite des Halses sind zu einem großen Teil für das Spielgefühl verantwortlich. Er wird meist aus *Mahagoni* gefertigt. Ein breiterer Hals ermöglicht einen größeren Saitenabstand (*engl. „String Spacing"*), was Fingerpickern entgegenkommt.

Griffbrett
Das Griffbrett wird auf den Hals aufgeleimt. Es wird aus einem Hartholz wie z. B. Ebenholz (*engl. „Ebony"*) gefertigt. Traditionell war das Griffbrett gerade, heute hat es normalerweise eine Wölbung. Beim Bottleneck-Spiel ist ein gerades Griffbrett eventuell von Vorteil.

Beim Gitarrenrestaurator oder Gitarrenbauer kann man ein neues Griffbrett mit der gewünschten Wölbung anbringen lassen, um zum Beispiel auch bei einer Vintage-Gitarre ein modernes Spielgefühl zu haben. Dieser Umbau ist aber nicht ganz billig.

Auch die Saitenstärke und die Saitenlage, also der Abstand der Saiten zum Griffbrett (engl. „Action") tragen zu einem großen Teil zu einem bestimmten Spielgefühl bei (s.o.).

Wölbung,
Die Wölbung sieht man, wenn man von der Kopfplatte aus in Richtung Korpus auf das Griffbrett schaut: Die Saiten sind normalerweise der Wölbung angepasst, so dass sie einen relativ gleichmäßigen Abstand zum Griffbrett haben. Die G- und D-Saite sind die höchsten Saiten, nach außen hin liegen die Saiten tiefer.

Bünde
Es gibt Bünde aus unterschiedlichen Materialien, mit unterschiedlicher Breite und unterschiedlicher Höhe. Auch die Bünde kann man beim Gitarrenrestaurator oder Gitarrenbauer für ca. 150,- Euro problemlos durch die gewünschten Bünde ersetzen lassen. Wenn die Bünde abgespielt sind, ist diese Reparatur unumgänglich, weil es sonst nicht möglich ist, ohne Saitenscheppern zu spielen.

Saiten
Die Saiten haben einen nicht zu unterschätzenden Einfluss auf den Klang der Gitarre. Grundsätzlich klingen frische Saiten besser als alte (Bassisten bevorzugen übrigens manchmal alte Saiten).

Saitenmaterial
Traditionell wurden Akustikgitarren mit Darmsaiten bespannt, also mit Saiten, die aus Tierdärmen hergestellt wurden. Als Vegetarier sage ich da: Lecker ☺! Seit etlichen Jahrzehnten verwendet man den Kunststoff Nylon. Diese Saiten werden vor allem in der Klassik verwendet. Im Blues sind Stahlsaiten üblich. Es gibt Saiten mit Bronze, Phosphor-Bronze, Titanium, Silver-Plated ... Jedes dieser Materialien klingt etwas anders, hier hilft nur ausprobieren.

Stahlsaiten,
Die Saiten einer Westerngitarre werden umgangssprachlich Stahlsaiten genannt, obwohl streng genommen nur die Saitenkerne aus Edelstahl bestehen. Die Umwicklungen der tieferen Saiten bestehen aus einem der genannten Materialien (Bronze, Titanium etc.).

Saitenstärke
Je tiefer eine Saite klingt, desto dicker muss sie sein. Natürlich kann man auch die Spannung verringern, aber dann schwabbelt die Saite irgendwann nur noch. Oder anders gesagt: Bei gleicher Tonhöhe haben dickere Saiten eine höhere Spannung.

Wie du deine persönliche Gitarre findest

Ab einer gewissen Dicke wird die Saite zu steif und schwingt nicht mehr gut. Deshalb verwendet man bei dickeren Saiten einen dünneren Kern, der mit einem Draht umwickelt wird.

Saitenstärken werden in tausendstel Zoll angegeben. Üblicherweise verwendet man auf der Westerngitarre Saiten der Stärke 012 bis 054. Je dicker die Saiten sind, desto lauter klingt die Gitarre. Wie immer gilt: Laut heißt aber nicht unbedingt besser! Und was nutzt die größte Lautstärke, wenn man sich aufgrund der dickeren Saiten nicht wohlfühlt und schlechter spielt? Mit dünneren Saiten bekommt man außerdem mehr _Sustain_.

> _Sustain_, ist die englische Bezeichnung für die Ausklingzeit, also wie lange der Ton nach dem Anschlagen klingt.

Flatwound vs. Roundwound

Neben den Standard-Saiten (Roundwound) gibt es auch sogenannte Flatwounds, die etwas abgeschliffen sind und deshalb deutlich weniger Höhen von sich geben. Sie werden vor allem im Jazz verwendet. Half-Flats liegen klanglich in der Mitte zwischen den beiden anderen Typen. Die große Mehrheit der Gitarristen bevorzugt Roundwounds (bei Bassisten sind die Flatwounds insbesondere im Blues auch sehr verbreitet. Aber was interessiert uns Musiker, was Bassisten denken? ☺).

Umwickelte G-Saite?

Üblicherweise ist die G-Saite bei Saiten für Akustikgitarre umwickelt, bei Saiten für E-Gitarre nicht. Ich persönlich bevorzuge eine nicht-umwickelte G-Saite, weil ich die Saite dann besser ziehen kann („_String Bending_").

Beschichtete Saiten?

Seit einigen Jahren bieten fast alle Hersteller beschichtete Saiten an. Diese sind deutlich teurer, halten dafür aber auch deutlich länger. Anfangs klangen diese Saiten sehr indirekt. Mittlerweile sind diese Saiten sehr gut geworden. Ich bevorzuge aber immer noch sehr gute unbeschichtete Saiten.

Wenn man viele Instrumente hat und nicht ständig Saiten wechseln will oder wenn man besonders aggressiven Handschweiß hat, können solche Saiten Sinn machen.

Aufgabe!

Probiere die verschiedenen Saitenstärken und Saitenmaterialien aus. Zuerst kaufst du einen Satz Saiten in der üblichen Stärke 012-054, dann probierst du einen 11er-Satz aus und dann einen 10er Satz. Wenn dir die Stärke nicht ausreicht, kannst du natürlich auch einen 13er Satz probieren.

Wichtig: Du musst jeweils denselben Hersteller und dasselbe Saitenmaterial verwenden!

Als Nächstes kaufst du von deiner Lieblingsstärke verschiedene Materialien. Wichtig ist dabei, dass du denselben Hersteller und dieselbe Saitenstärke nimmst, damit du wirklich die Klangunterschiede des Saitenmaterials hörst.

Wenn du deinen Favoriten gefunden hast, kannst du Saiten aus diesem Material und in dieser Stärke von verschiedenen Herstellern kaufen. Von Hersteller zu Hersteller sind die Klangunterschiede aber deutlich kleiner als von Material zu Material! Entscheidend neben dem Klang ist natürlich noch der Preis der Saiten und ihre Haltbarkeit. Die Verfügbarkeit ist dank Internet ja kein größeres Problem mehr.

Sonstiges

Unter dieser Überschrift sammle ich die Punkte, die weder unter „Optionen" noch unter „Spielgefühl" passen.

Sonstiges

Tonabnehmer (Pick Up)

Viele Gitarren haben heutzutage einen *Tonabnehmer* (*Pick Up*). Der Vorteil dieser eingebauten Tonabnehmer ist, dass man die Gitarre sehr einfach mit einem normalen Klinkenkabel ans Mischpult oder einen Akustikgitarrenverstärker anschließt und das Ganze auch noch relativ wenig Probleme mit Rückkopplungen macht. Außerdem kann man sich frei mit der Gitarre bewegen, man muss nicht vor einem Mikrofon bleiben. Der Nachteil ist, dass so ein Tonabnehmersystem im Gegensatz zu einem guten Studio-Mikrofon nicht sehr natürlich klingt.

Folgende Systeme sind erhältlich:

- **Piezo-Tonabnehmer**

Sie werden unter der Stegeinlage eingebaut und klingen vor allem in einem vollen Arrangement gut, da sie ein bestimmtes Frequenzspektrum abdecken, das sich im Mix gut durchsetzt.

- **Schallloch-Tonabnehmer**

Sie klingen meist ähnlich wie eine E-Gitarre.

- **Internes Mikrofon**

Klingt manchmal etwas topfig, da das Mikro an einer ungünstigen Stelle verbaut ist, nämlich im Korpus. Optimalerweise ist ein Mikrofon vor der Gitarre platziert, wobei es sehr unterschiedlich klingt, je nachdem, auf welche Stelle es gerichtet ist:
Am Schallloch werden mehr Bässe aufgefangen, am Griffbrett mehr Höhen und am Steg mehr Mitten.

- **Kombinationen aus den oben genannten Möglichkeiten**

Natürlicher klingen folgende Varianten:

- **Externes Mikrofon, das auf einem Mikrofonstativ befestigt ist.**

Schränkt die Bewegungsfreiheit stark ein.

- **Externes Mikrofon, das mit einer speziellen Halterung am Korpus der Gitarre befestigt wird.**

Diese Variante klingt ähnlich gut wie die vorherige, schränkt aber die Bewegungsfreiheit nicht ein.

Tonabnehmer-System, Das bestklingende, mir bekannte Tonabnehmer-System ist der **LR Baggs LYRIC**, ein internes Mikrofon, das sehr natürlich klingt. Knapp dahinter kommt der Vorgänger **LR Baggs ANTHEM**, bei dem die tiefen Frequenzen von einem Piezo übernommen werden. Dieses System ist noch unempfindlicher gegen Rückkopplungen.

Verzierungen

Verzierungen wie aufwendige Intarsien, Schalllochverzierungen oder vergoldete Mechaniken erhöhen nicht unbedingt den Nutzwert einer Gitarre, aber definitiv den Preis. Wer darauf verzichten kann, bekommt eine qualitativ gleichwertige Gitarre deutlich günstiger. Auch ausgefallene (sprich teure) Hölzer klingen nicht unbedingt „besser", sondern erst mal nur anders. Meist gibt es auch sehr ähnlich klingende Alternativen, die weniger kosten.

Sammlerwert

Bei besonders gesuchten Instrumenten bezahlt man auch den Sammlerwert mit. Wenn man ein gutes Preis-Leistungs-Verhältnis haben will, muss man nach weniger begehrten Instrumenten Ausschau halten. Man bekommt gute Vintage-Gitarren aus Massivholz schon ab 200,- Euro, richtig gute schon ab ca. 500,-. Teilweise muss man noch ca. 200,- für die Restauration einplanen (Neck Reset, Neubundierung ...). Die jeweils aktuellen Ausgaben von „*The Official Vintage Guitar Price Guide*" von Alan Greenwood (Hal Leonard) und das „*Blue Book Of Acoustic Guitars*" von Zachary R. Fjestad (Blue Book / Alfred Music) geben Anhaltspunkte für realistische Preise.

Buch-Empfehlungen, vgl. S. 207ff

Wie du deine persönliche Gitarre findest

Probespielen & Rückgaberecht

Ein hochwertiges Instrument sollte man natürlich vor dem Kauf probespielen. Dafür lohnt sich durchaus auch eine weitere Anfahrt, immerhin wird man das Instrument vermutlich viele Jahre spielen und unzählige Stunden in der Hand haben.

Wenn man aber ein gebrauchtes Instrument per Internet aus dem Ausland kauft, ist ein Probespielen normalerweise nicht möglich. Bei einem gebrauchten Instrument bekommt man aber sein Geld oft ungefähr wieder, wenn man es weiter verkauft (sofern man einen angemessenen Preis bezahlt hat).

Wenn man ein neues Instrument kauft, verliert es einen großen Teil seines Wertes, sobald man die Ladentür passiert hat ...

Eine gewisse Vorsicht sollte man gerade bei Online-Käufen im Ausland natürlich immer walten lassen!

Auktionen zeigen hier meist einen realistischen Preis, weil es ja noch mindestens einen Interessenten gibt, der einen ähnlichen Preis bezahlen würde. Bei einem Sofortkauf-Preis sollte man schon etwas Ahnung haben, ob der Preis angemessen ist.

Marken & Modelle

Die beiden wichtigsten Hersteller:

Martin (USA)
Der meistkopierte Hersteller von Stahlsaiten-Akustikgitarren überhaupt. Sowohl Vintage- als auch Neuinstrumente.

Gibson (USA)
Bei Bluesern sehr beliebt. Sowohl Vintage- als auch Neuinstrumente.

Weitere Hersteller:
Es gibt mittlerweile so viele Gitarrenhersteller, dass eine komplette Übersicht ein eigenes Buch füllen würde. Deshalb hier nur die Marken, die weit verbreitet und dementsprechend leicht zu bekommen sind oder die mir einfach gefallen (z. B. wegen des Preis-Leistungsverhätnisses).

Taylor (USA), Takamine (Japan), Yamaha (Japan), Furch (Tschechien), Larrivée (USA, früher Kanada), Lakewood (Deutschland) ...

Vintage-Instrumente:
Neben den beiden oben genannten Herstellern Martin und Gibson gibt es in dieser Rubrik unzählige weitere Hersteller und Markennamen. Teilweise sind die Hersteller und die Gitarren trotz unterschiedlicher Markennamen identisch. Teilweise handelt es sich um die günstigen Modellreihen namhafter Hersteller.

Kalamazoo, Kay, Silvertone, Supertone, Regal, Stromberg, Framus ...

Resonator-Instrumente:
Gerade in Blueser-Kreisen sind Resonator-Instrumente sehr verbreitet. Anfangs spielte man sie wegen ihrer großen Lautstärke (vernünftige Verstärker-Systeme gab es zu der Zeit noch nicht!), mittlerweile wegen ihres speziellen Klangs (den ich als blechern bis banjoartig beschreiben würde).

Es gibt drei verschiedene Bauarten, die alle einen ganz eigenen Klang haben:
- **Tri-Cone** (mit drei kleinen Cones)
- **Single-Cone Biscuit** (Cone zeigt ins Gitarreninnere)
- **Single-Cone Spider** (Cone zeigt nach außen)

Die bekanntesten Hersteller sind **National Resophonic** (auf Vintage-Instrumenten findet man den Namen National, die Firma National Resophonic versteht sich als ihr legitimer Nachfolger), **Amistar, Dobro, Continental, Regal** ...

Helmut Grahls schon erwähnte „Gitarre&Bass"-Kolumne hat in den Ausgaben 8, 9 und 10 des Jahres 2006 Resonatorgitarren zum Thema. Man kann sie unter www.gitarrebass.de kostenlos als pdf herunterladen.

Mit Hilfe der folgenden **Checkliste** kannst du eingrenzen, welche Eigenschaften deine zukünftige Gitarre haben soll. Diese Liste hilft dir und dem Verkäufer bei der Vorauswahl. Selbstverständlich kannst du auch mehrere Optionen ankreuzen, wenn du bei einem bestimmten Punkt flexibel bist.

Checkliste für den Gitarrenkauf

CHECKLISTE GITARRENKAUF – VORAUSWAHL

Maximaler Preis _____ € **Finanzierung gewünscht** _____ €

Tonabnehmer ❏ Ja ❏ Nein **Bevorzugtes Tonabnehmer-System** _____

Bauweise
❏ Vollresonanzgitarre
❏ Halbresonanzgitarre
❏ Konzertgitarre (Klassische Gitarre)
❏ Resonatorgitarre Tri-Cone
❏ Resonatorgitarre Single-Cone Biscuit
❏ Resonatorgitarre Single-Cone Spider

Korpus

Korpusgröße allgemein
❏ Klein
❏ Mittel
❏ Groß

Hals-Korpus-Übergang
❏ 12. Bund
❏ 14. Bund

Konkrete Korpusgröße & -form
❏ Parlor (Größe: ❏ 1 ❏ 2 ❏ 3 ❏ 4 ❏ 5)
❏ Size 0
❏ Size 00
❏ Size 000
❏ Grand Auditorium
❏ Dreadnaught
❏ Jumbo

Cutaway
❏ Ja
❏ Nein

Deckenverbalkung („Bracing")
❏ Ladder-Bracing
❏ X-Bracing
❏ Scalloped X-Bracing

Hals

Griffbrett	Griffbrettbreite	Mensur	Bundstäbchen	
❏ gerade	❏ schmal	❏ kurz	❏ schmal	❏ flach
❏ gewölbt	❏ mittel	❏ mittel	❏ breit	❏ hoch
	❏ breit	❏ lang		

Hölzer

	Decke	Boden	Zargen	Hals	Griffbrett
Sperrholz	❏	❏	❏	❏	❏
Fichte	❏	❏	❏	❏	❏
Zeder	❏	❏	❏	❏	❏
Ahorn	❏	❏	❏	❏	❏
Palisander	❏	❏	❏	❏	❏
Ebenholz	❏	❏	❏	❏	❏
Mahagoni	❏	❏	❏	❏	❏
_____	❏	❏	❏	❏	❏
_____	❏	❏	❏	❏	❏

Sonstiges

_____
_____
_____

Wie du deine persönliche Gitarre findest

Kopiervorlage,
Diese Seite kannst du kopieren und dann für bestimmte Gitarrenmodelle ausfüllen, um die Gitarren, die in deine engere Auswahl gekommen sind, miteinander zu vergleichen.

CHECKLISTE GITARRENKAUF – MODELLVERGLEICH

Allgemein

Testmodell _____ Verkaufspreis _____ €

Verkäufer _____ Finanzierung möglich _____

Garantie _____ Rückgaberecht _____ Tage

Bauweise _____ Gewicht _____ kg

Bespielbarkeit   1   2   3   4   5   6

☐ Halsdicke & -form .... ☐   ☐   ☐   ☐   ☐   ☐
☐ Halsbreite .... ☐   ☐   ☐   ☐   ☐   ☐
☐ Breite & Höhe der Bundstäbchen ... ☐   ☐   ☐   ☐   ☐   ☐
☐ String Spacing .... ☐   ☐   ☐   ☐   ☐   ☐
☐ Saitenlage („Action") .... ☐   ☐   ☐   ☐   ☐   ☐
☐ Abstand der E-Saiten zum Griffbrettrand ... ☐   ☐   ☐   ☐   ☐   ☐

Verarbeitung   1   2   3   4   5   6

☐ Intonation (Bund- & Oktavreinheit) ... ☐   ☐   ☐   ☐   ☐   ☐
☐ Abrichtung Bundstäbchen (scharfe Kanten) ... ☐   ☐   ☐   ☐   ☐   ☐
☐ Stimmmechaniken leicht drehbar ... ☐   ☐   ☐   ☐   ☐   ☐
☐ Stimmschrauben reagieren sofort ... ☐   ☐   ☐   ☐   ☐   ☐

Klangliche Eigenschaften   1   2   3   4   5   6

☐ Ansprache .... ☐   ☐   ☐   ☐   ☐   ☐
☐ Sustain .... ☐   ☐   ☐   ☐   ☐   ☐
☐ Lautstärke .... ☐   ☐   ☐   ☐   ☐   ☐
☐ Klang ausgewogen .... ☐   ☐   ☐   ☐   ☐   ☐
☐ Höhen (präsent / spitz?) .... ☐   ☐   ☐   ☐   ☐   ☐
☐ Mitten (Grundklang der Gitarre) ... ☐   ☐   ☐   ☐   ☐   ☐
☐ Bässe (klar / verschwommen?) ... ☐   ☐   ☐   ☐   ☐   ☐

Hölzer

Korpus _____

Decke _____

Hals _____

Griffbrett _____

Schäden

☐ Kratzer, Schrammen
☐ Risse
☐ Fehler in der Lackierung
☐ Beulen, Dellen
☐ Löcher
☐ Abgespielte Bünde

Tonabnehmersystem _____

Sonstiges _____

_____

_____

CD-Empfehlungen

CD-Empfehlungen

Das bewusste und analytische Hören ist ein ganz wichtiger Teil des Lernprozesses beim Erlernen eines Instrumentes. Beim Blues gilt das ganz besonders, denn viele Dinge wie die Phrasierung und Saitenziehen sind in Notenschrift und Worten gar nicht genau erfassbar. Auf das folgende Kapitel bin ich besonders stolz. Es sind meines Wissens die mit Abstand umfangreichsten Hörempfehlungen, die jemals in einem Gitarren-Lehrbuch veröffentlicht wurden. Neben dem Umfang dieser Auflistung ist auch der Inhalt außergewöhnlich: Es gibt nicht nur eine ausführliche Übersicht über die alten Meister der ersten Hälfte des 20. Jahrhunderts, sondern auch eine Übersicht über die aktuelle Akustik Blues-Szene, die deutsche Akustik Blues-Szene und akustische Aufnahmen von elektrischen Bluesgitarristen.

Augrund der Menge an Informationen kann diese Liste überwältigend wirken. Deshalb habe ich für den Einstieg die allerwichtigsten Blueser mit Randnotizen gekennzeichnet. Wenn man sich mit diesen Musikern auseinandergesetzt hat, kann man sich die anderen nach und nach zu Gemüte führen. Tipp: An einem gemütlichen Abend bei einem Gläschen Wein und Kerzenschein beim Lieblings-Download-Shop vorbeischauen und die Hörbeispiele der empfohlenen Best Of-Zusammenstellung durchhören. Die Clips sind jeweils 30 Sekunden lang, bei den ca. 20 Hörbeispielen der empfohlenen Best Of-CD hat man sich also in 10 Minuten einen guten Eindruck von dem jeweiligen Künstler gemacht. Dann kann man sich entscheiden, ob man eine Komplettausgabe, eine Best Of oder gar nichts von diesem Künstler bestellt. Es ist übrigens nicht ungewöhnlich, dass man die alten Blues-Aufnahmen erst mal hören lernen muss. Für unsere verwöhnten modernen Ohren sind die knisternden Aufnahmen anfangs ziemlich gewöhnungsbedürftig. Die Belohnung für das Überhören dieses Knisterns ist ein unglaublicher Schatz an wunderbarer Musik.

Ich hoffe, dass du diese Liste intensiv nutzt und so nach einem ersten Einstieg mit den üblichen Verdächtigen auch viele – den meisten anderen Gitarristen unbekannte – Perlen entdeckst. Für weitere Hinweise auf Musiker und CDs bin ich sehr dankbar, sie werden bei zukünftigen Auflagen berücksichtigt werden!

Grundsätzlich ist es kaum möglich, die folgenden Musiker in gemeinsame Schubladen zu stecken, dafür haben viele von ihnen einen zu eigenständigen Stil. Überhaupt sind die verschiedenen Stilbezeichnungen wohl durch die Plattenfirmen entstanden, um die Schellack-Platten besser vermarkten zu können. Um eine grobe Orientierung zu ermöglichen, habe ich dennoch versucht, die einzelnen Künstler unter Sammelbegriffen wie „**Delta Blues**" etc. zusammenzufassen.

1. Der weitaus größte erste Teil der Liste besteht aus den alten Meistern der ersten Hälfte des 20. Jahrhunderts, die Sortierung erfolgt alphabetisch nach Nachnamen. In dieser Liste schlage ich jeweils einen oder mehrere Sampler für den Einstieg und möglichst umfassende Komplettausgaben für die Sammler vor.

2. Dann folgen einige aktuelle amerikanische Künstler, die sich dem akustischen Blues verschrieben haben.

3. Als Nächstes gebe ich einen kleinen Überblick über die akustische Bluesszene in Deutschland.

4. Zu guter Letzt weise ich auf akustische Aufnahmen von Musikern, die eigentlich für ihr Spiel auf der elektrischen Gitarre bekannt sind, hin.

CD-Empfehlungen

1. Die ursprünglichen Blues-Gitarristen (1. Hälfte des 20. Jahrhunderts)

Musiker	Diskographie
Pink Anderson (1900–1974) Stil: Piedmont Blues, Country Blues. Anderson nahm nur dreimal auf: In den 20er Jahren, zu Beginn der 50er und mehrere Sessions im Jahr 1961. Übrigens soll sich die Band **Pink Floyd** nach Pink Anderson und Floyd Council (ein noch obskurerer Bluesmann als Pink) benannt haben.	„Sinners & Saints (1926-1931)" Document 5105 Enthält alle 4 Aufnahmen von Anderson von 1928 (zusammen mit Simmie Doley) und Aufnahmen weiterer Musiker aus dieser Zeit.
	„Gospel Blues & Street Songs" Die Recording-Session von 1950 mit 7 Aufnahmen von Pink Anderson und 8 Aufnahmen von Reverend Gary Davis.
	„Carolina Blues Man (Vol. 1)" Die 1. CD von den 1961er Aufnahmen.
	„Medicine Show Man (Vol. 2)" Die 2. CD von den 1961er Aufnahmen.
	„Ballad & Folksinger (Vol. 3)" Die 3. CD von den 1961er Aufnahmen.
	Auf der **Vestapol-DVD** „Legends Of Country Blues Vol. Three" kann man Pink Anderson auch spielen sehen.
Kokomo Arnold (James Arnold) **(1901–1968)** Stil: Slide.	„The Essential" – Doppel-CD mit 36 Tracks.
	„Complete Recorded Works" Vol. 1, 2, 3, 4 Enthält alle existierenden 91 Aufnahmen.
Barbecue Bob (Robert Hicks) **(1902–1931)** Stil: Country Blues, Atlanta Blues.	„Chocolate To The Bone" – Compilation mit 20 Tracks.
	„Essential" – Doppel-CD mit 36 Tracks.
	„The Complete Recorded Works" Vol. 1, 2, 3 Enthält alle 65 Aufnahmen.
Scrapper Blackwell (1903–1962) Stil: Piedmont Blues. Scrapper Blackwell ist vor allem durch seine Aufnahmen mit dem Pianisten Leroy Carr bekannt. Nach dessen Tod im Jahr 1935 hängte er die Musikkarriere für mehr als 20 Jahre an den Nagel. Nach seiner Wiederentdeckung im Zuge des Blues-Revivals machte er auch wieder Aufnahmen.	„The Virtuoso Guitar Of" – Compilation mit 14 Tracks.
	Complete Recorded Works" Vol. 1-2 / **„Complete Recorded Works" Vol. 3 Live 1444 Gallery & Comp 77** Enthalten alle 65 Tracks (sowohl die alten Aufnahmen als auch die neuen nach seiner Wiederentdeckung).
	„Leroy Carr – Complete Recorded Works" Vol. 1-6 Enthält alle 136 Tracks im Duett mit Carr.
	„Leroy Carr – Unissued Test Pressings & Alternate Takes" Enthält weitere 23 damals unveröffentlichte Tracks.
	„Leroy Carr & Scrapper Blackwell Volume 1 – 1926–1934" JSP77104 – 4-CD-Box mit 95 Aufnahmen.
	„Leroy Carr & Scrapper Blackwell – When The Sun Goes Down 1934–1941" JSP77125 – 4-CD-Box mit 91 Aufnahmen.
Blind Blake (1896–1934) Stil: Piedmont Blues, Ragtime. Blind Blake war ein unglaublicher Gitarrist, den viele für den besten Ragtime-Gitarristen seiner Ära halten.	„The Best Of" – CD mit 23 Tracks.
	„Ragtime Guitars Foremost Fingerpicker" Yazoo 2058 – CD mit 23 Tracks.
	„All The Published Sides" JSP7714 – 5-CD-Box mit allen 110 Aufnahmen.
Big Bill Broonzy (1893–1958) Stil: Delta Blues, Country Blues.	„The Best Of" – CD mit 18 Tracks.
	„All The Classic Sides 1928–1937" JSP7718 – 5-CD-Box mit 128 Aufnahmen.
	„1937 – 1940" JSP7750 – 4-CD-Box mit 101 Aufnahmen aus dieser Zeit.
	„The War And Postwar Years 1940–1951" JSP7767 – 4-CD-Box mit 99 Aufnahmen.

Blind Blake gehört in jeden Blueshaushalt!

1. Die ursprünglichen Blues-Gitarristen

Musiker	Diskographie
Big Bill Broonzy (1893–1958) *Fortsetzung*	„**The Big Bill Broonzy Story**" 3-CD-Box mit vielen tollen Aufnahmen von 1957 in herausragender Qualität, die sich mit Interviews abwechseln. Nur noch als Download erhältlich.
	📀 **Yazoo-DVD 518** Die Kameraführung ist bei dieser Aufnahme teilweise etwas avantgardistisch, aber ansonsten eine schöne Aufnahme! Ebenso kann man 5 Aufnahmen von Broonzy auf der Vestapol-DVD „**Legends Of Country Blues Guitar Vol. One**" sehen.
R. L. Burnside (1926–2005) **Stil: Delta Blues, Electric Delta Blues.** Burnside hat erst relativ spät begonnen aufzunehmen (1967 im Alter von 41 Jahren). Seine Bandbreite reicht von hypnotischen Akustik-Grooves bis hin zu fettem Bluesrock, z. B. mit der **Jon Spencer Blues Explosion**. Vor dem Kauf sollte man also erst mal in das jeweilige Album reinhören!	„**First Recordings**" CD mit den ersten Akustik-Aufnahmen von Burnside von 1967/1968.
	📀 „**R. L. Burnside with Johnny Woods: Live 1984 / 1986**" Schöne DVD!
Bo Carter (1892–1964) **Stil: Country Blues, Hokum Blues.** Junge, Junge, mit seinen eindeutig zweideutigen Texten würde **Bo Chatmon**, Mitglied der **Mississippi Sheiks**, der solo unter dem Namen Bo Carter auftrat, sich in konservativen Kreisen auch heute noch eine Menge Freunde machen. Songtitel wie „Baby, Warm My Weiner", „Your Biscuits Are Big Enough For Me" und „Banana In Your Fruit Basket" machen einfach Spaß ... ☺ Und Gitarre spielen konnte der Mann auch noch richtig gut!	„**Twist It Babe (1931–1940)**" Sampler mit 14 Tracks.
	„**Complete Recorded Works**" Vol. 1–5
	„**Bo Carter & The Mississippi Sheiks**" JSP77151 – 4-CD-Box mit 100 Aufnahmen.
Elizabeth Cotten (1893–1987) **Stil: Folk, Country Blues.** Elizabeth Cotten ist vor allem für ihre Aufnahme von „Freight Train" bekannt und keine pure Bluesgitarristin.	„**Freight Train And Other North Carolina Folk Songs And Tunes**"
	📀 **Yazoo-DVD 503** Vestapol-DVD „**Elizabeth Cotten in Concert 1969, 1978, 1980**"
Arthur Big Boy Crudup (1905–1974) **Stil: Delta Blues, Electric Delta Blues.** Crudup begann akustisch, spielte dann elektrisch mit Schlagzeug und Bass und blieb Zeit seines Lebens ein eher rudimentärer Gitarrist. Aber die Songs!! Ein gewisser Elvis Presley coverte in seiner ersten Phase gleich drei von Crudups Songs: „That's All Right Mama", „So Glad You're Mine" und „My Baby Left Me" – das sollte reichen, um die Neugierde zu wecken, oder?	„**That's All Right Mama**" enthält diese 3 Songs und 19 weitere.
	„**Complete Recorded Works**" Vol. 1–4 deckt die komplette Frühphase ab (1941–1954).
	„**Mean Ol' Frisco**" enthält seine Aufnahmen für das Fire-Label aus den 60ern.
	„**Look On Yonder's Wall**" enthält die Aufnahmen für das Delmark-Label aus den späten 60ern.
Reverend Gary Davis (1896–1972) **Stil: Ragtime, Piedmont Blues.**	„**The Complete Early Recordings Of**" (Yazoo 2011) 16 Aufnahmen aus der frühesten Phase von einem der herausragenden Gitarristen des 20. Jahrhunderts.
	„**Harlem Street Singer**" – Von 1960, nach seiner Wiederentdeckung.
	📀 **Yazoo-DVD 501** und die **Vestapol-DVDs**: „**The Video Collection**" und „**Legends Of Country Blues Guitar Vol. One**"

Reverend Gary Davis gehört in jeden Blueshaushalt!

CD-Empfehlungen

Musiker	Diskographie
Snooks Eaglin (1936–2009) **Stil:** New Orleans Blues. Snooks Eaglin hat auch viele Aufnahmen mit Band gemacht, insbesondere die späten Aufnahmen für das Black-Top-Label sind herausragend. Ich nenne hier natürlich nur akustische CDs:	„New Orleans Street Singer"
	„Sonet Blues Story" Achtung, die andere Sonet Blues Story- CD mit dem Untertitel „And His New Orleans Friends" ist mit Band!
	📀 Auch von Snooks Eaglin gibt es eine Live DVD: „The Blues Of Snooks Eaglin". Hier spielt er allerdings mit Band.
David Honeyboy Edwards (1915–2011) **Stil:** Delta Blues.	„Mississippi Delta Bluesman" – Reissue einer Folkways-LP von 1979.
	„Delta Bluesman" enthält seine Library-Of-Congress-Aufnahmen für Alan Lomax von 1942. Bis auf die beiden gesprochenen Tracks sind alle Aufnahmen auch auf der folgenden Box.
	„Big Joe Williams And The Stars Of Mississippi Blues" (JSP7719) 5-CD-Box jeweils mit den kompletten Vintage-Aufnahmen von Big Joe Williams, Tommy McClennan, David Honeyboy Edwards, Robert Petway und Willie Poor Boy Lofton.
	📀 Es sind mehrere DVDs von Honeybooy Edwards erhältlich, darunter auch ein Lehrvideo.
Sleepy John Estes (1899–1977) **Stil:** Country Blues. Estes ist sicher kein herausragender Gitarrist, aber ein herausragender Sänger. Und da der Blues nun mal hauptsächlich gesungene Musik ist, darf er hier nicht fehlen.	„I Ain't Gonna Be Worried No More, 1929–1941" (Yazoo 2004) enthält 23 Aufnahmen in guter Tonqualität.
	„The Legend Of" (Yazoo 2004) enthält die Aufnahmen, die Estes im Alter von über 60 Jahren für das Delmark-Label gemacht hat.
	„Legendary Country Blues 1929–1947" JSP7779 – 4-CD-Box mit 104 Aufnahmen.
Blind Boy Fuller (1907–1941) **Stil:** Piedmont Blues, Country Blues.	„Truckin' My Blues Away" (Yazoo 1060) – Diese CD ist ein sehr guter Sampler mit 14 Aufnahmen.
	„1935–1938" JSP7735 – 4-CD-Box mit 100 Aufnahmen.
	„Volume 2" JSP7772 – 4-CD-Box mit 100 Aufnahmen.
	„Complete Recorded Works" Vol. 1–6
John Lee Hooker (1917–2001) **Stil:** Boogie. John Lee Hooker ist der Boogie-Man! Ob alleine oder mit Band, der Mann groovt, dass es eine wahre Freude ist. Unzählige Aufnahmen unter verschiedenen Pseudonymen (um gleichzeitig für verschiedene Labels aufnehmen zu können).	„The Ultimate Collection 1948–1990" – 31 essentielle Aufnahmen.
	„The Legendary Modern Recordings 1948–1954" Hookers früheste Aufnahmen. Strong Stuff!
	„The Vee-Jay Years 1955–1964" – 6 CDs, 127 Tracks.
	„The Complete 50s CHESS Recordings" – Doppel-CD mit 31 Aufnahmen
	📀 Vestapol-DVD „Rare Performances 1960–1984". Hooker pur, ohne Begleitung und „Friends". Noch einmal: Strong Stuff! Außerdem **Yazoo-DVD 519**.
Lightnin' Hopkins (1912–1972) **Stil:** Texas Blues (akustisch und elektrisch). Lightnin' ist ein absoluter Meister, der über Jahrzehnte hinweg großartige Aufnahmen gemacht hat. Davon kann ma sich auch optisch überzeugen: 📀 **Yazoo-DVD 502 und 513**, Vestapol-DVD „**Rare Performances 1960–1979**".	„Mojo Hand – The Anthology" – Wenn es denn nur eine Best Of sein soll, dann wohl diese Doppel-CD mit 42 Aufnahmen.
	„All The Classic Sides 1946–1951" JSP7705 – 5-CD-Box mit 120 Aufnahmen. Enthält „The Complete Aladdin Recordings"
	„Lightnin' Special Vol. 2 of the collected Works" JSP7790 – 4-CD-Box mit 106 Aufnahmen, teilweise von anderen Musikern.
	„The Acoustic Years 1959–1960" JSP77172 – 4-CD-Box mit 73 Aufnahmen.
	„Complete Prestige/Bluesville Recordings" 7-CD-Box, die die 11 LPs der beiden Labels aus den 60ern bietet.

John Lee Hooker gehört in jeden Blueshaushalt!

Lightnin' Hopkins gehört in jeden Blueshaushalt!

1. Die ursprünglichen Blues-Gitarristen

Musiker	Diskographie
Son House (1902–1988) Stil: Delta Blues, Slide.	„Son House & The Great Delta Blues Singers 1928–1929" Enthält die 7 Aufnahmen (4 Songs mit 3 Alternate Takes; der Alternate Take von „Walkin' Blues" tauchte erst später auf), plus Aufnahmen von Kid Bailey, Willie Brown und Garfield Akers. Schlechte Tonqualität, weil die 78er-Schellack-Platten von Son House extrem selten sind, aber unverzichtbar.
	„Clarksdale Moan" Import-Doppel-CD aus dem Jahr 2013, die neben den oben genannten Aufnahmen (die 7 ursprünglichen Aufnahmen) noch 2 weitere Aufnahmen enthält, die erst kürzlich entdeckt wurden! Dazu die kompletten Library Of Congress-Aufnahmen von 1941/42 von Alan Lomax.
	„Original Delta Blues" Enthält 11 der Aufnahmen aus den 60ern. Gute Tonqualität. Ein guter Einstieg in die Musik von Son House.
	📀 Yazoo-DVD 500 Vestapol-DVDs **„Legends Of The Delta Blues"**, **„Legends Of Country Blues Guitar Vol. One"** und **„Legends Of Bottleneck Blues Guitar"**.
Mississippi John Hurt (1893–1966) Stil: Country Blues. Ein außergewöhnlicher Musiker mit einem ganz eigenen Sound.	„Avalon Blues – Complete 1928 Okeh-Recordings"
	„The Complete Studio Recordings" 3-CD-Box mit den späten Aufnahmen nach seiner Wiederentdeckung.
	📀 Auf der Vestapol-DVD **„Legends Of Country Blues Guitar Vol. One"** kann man Hurt auch spielen sehen.
John Jackson (1924–2002) Stil: Piedmont Blues, Country Blues, Folk-Blues.	John Jackson wurde erst im Rahmen des Folk-Blues-Revivals in den 60ern „wiederentdeckt" und machte anschließend seine ersten Aufnahmen. „Don't Let Your Deal Go Down"
	📀 Vestapol-DVD **„The Video Collection 1970–1999"**
Melvin "Lil' Son" Jackson (1915–1976) Stil: Texas Country Blues. Jackson begann seine Musikerkarriere kurz nach dem 2. Weltkrieg.	„Rockin' And Rollin' Vol. 1" (Document 5680) Enthält die Aufnahmen von 1948–1950.
	„The Complete Imperial Recordings" (Document 5681) Enthält die Aufnahmen von 1950-1954 inklusive sämtlicher Aufnahmen von „Restless Blues Vol. 2".
	„Blues Come To Texas" Enthält das komplette 1960er „Arhoolie"-Album plus Bonus-Tracks.
Skip James (1902–1969) Stil: Delta Blues, Bentonia Blues.	In den 60ern wurde James wiederentdeckt und nahm noch etliche weitere Platten auf. Er galt lange Zeit als Unikum, bis man seinen Zeitgenossen Jack Owens (s. u.) entdeckte, der einen sehr ähnlichen Stil und ein sehr ähnliches Repertoire hat. Beide spielten im sogenannten *„Crossnote-Tuning"*. „The Complete Early Recordings" – Die 18 Aufnahmen aus dem Jahr 1930.
Blind Lemon Jefferson (1893-1929) Stil: Slide, Gospel Blues. Blind Lemon Jefferson war der erste männliche Star des Blues.	„Best Of" – CD mit 23 Tracks.
	„Classic Sides – The Complete 94 Classic Sides Remastered" (JSP7706) 4-CD-Box mit – Überraschung! – 94 Tracks.
Blind Willie Johnson (1897–1945) Stil: Country Blues, Texas Blues. Johnson gilt als einer der besten Bottleneck-Spieler überhaupt.	„The Complete Blind Willie Johnson" – Doppel-CD mit allen 30 Aufnahmen.

Son House gehört in jeden Blueshaushalt!

Crossnote-Tuning ist Thema meines nächsten Buchs ‚Garantiert Bluesgitarre lernen – Open Tunings & Bottleneck / Slide'.

CD-Empfehlungen

Musiker	Diskographie
Lonnie Johnson (1899–1970) Stil: City Blues, Jazz Blues. Lonnie hasste es, wenn seine Musik „Country Blues" genannt wurde und war einer der einflussreichsten Blues-Gitarristen überhaupt, der von 1925 bis zu seinem Tod im Jahr 1970 aktiv war.	„Steppin' On The Blues" Schöner Sampler der frühen Aufnahmen mit 19 Tracks.
	„Complete Recorded Works" Vol. 1–7
	„A Life In Music – Selected Sides 1925–1953" JSP77117 4-CD-Box mit 100 Aufnahmen.
Robert Johnson (1911–1938) Stil: Delta Blues, Slide. Einer der einflussreichsten Bluesgitarristen überhaupt, zumindest seit seine Aufnahmen in den 60ern wiederveröffentlicht wurden. Zu seinen Lebzeiten war er nur sehr lokal bekannt.	„The Complete Recordings – The Centennial Collection" Doppel-CD mit allen 42 Aufnahmen von 2011. Nicht zu verwechseln mit der alten Doppel-CD „The Complete Recordings" von 1990 mit 41 Aufnahmen und schlechterer Tonqualität. Tipp: Wer Robert Johnson liebt, sollte unbedingt auch einmal in die CDs von **Johnny Shines** reinhören (s. u.)!
Tommy Johnson (1896–1956) Stil: Delta Blues.	*Anmerkung:* Es gibt diverse Komplett-Ausgaben von Tommy Johnson, aber meines Wissens enthält nur eine obskure CD mit dem Titel **„Canned Heat"** alle 18 Aufnahmen. Die Document-CD **„Canned Heat 1928–1929"** enthält die wichtigsten 17 Aufnahmen, ebenso die JSP-Box **„Legends Of Country Blues"** mit 5 CDs. Bei beiden Zusammenstellungen fehlt nur der Song „I Want Someone To Love Me", den man auch einzeln als mp3 kaufen kann.
Leadbelly (1888–1949) Stil: Songster, Folk-Blues, 12-String.	„Best Of" – Sampler mit 20 Tracks.
	„Complete Recorded Works Vol. 1–7"
	„Important Recordings 1934–1949" JSP7764 – 4-CD-Box mit 96 Aufnahmen.
	„Selected Sides 1934–1948 (Vol. 2)"
	DVD Auf der Vestapol-DVD **„Legends Of Country Blues Guitar Vol. Two"** kann man Leadbelly auch spielen sehen.
Furry Lewis (1893–1981) Stil: Piedmont Blues. Lewis nahm Ende der 20er Jahre auf, verschwand dann für 30 Jahre und wurde schließlich wiederentdeckt. Er hatte großen Erfolg und nahm noch einige Platten auf.	„The Complete Vintage Recordings Of Furry Lewis (1927–1929)" Enthält alle 25 Aufnahmen aus diesen Jahren.
	„Shake 'Em On Down" – 20 Aufnahmen von 1961.
	DVD Auf den Vestapol-DVDs **„Legends Of Country Blues Vol. Three"** und **„Legends Of Bottleneck Blues Guitar"** kann man Furry auch spielen sehen, ebenso auf der **Yazoo-DVD 519**.
Mance Lipscomb (1895–1976) Stil: Songster, Country Blues, Slide. Lipscomb machte seine ersten Aufnahmen im Jahr 1960 – im Alter von 65 Jahren!	„The Best Of" – Sampler mit 22 Tracks.
	DVD Yazoo-DVD 502 Vestapol-DVDs **„In Concert"**, **„Legends Of Country Blues Guitar Vol. One"** und **„Legends Of Bottleneck Blues Guitar"**.
Robert Lockwood Jr. (1915–2006) Stil: Delta Blues, Chicago Blues, Slide, 12-String. Ein großartiger Bluesgitarrist, der von **Robert Johnson** persönlich gelernt hat. Neben seiner Arbeit als Sideman (für **Little Walter**, **Sunnyland Slim** etc.) hat er auch ein paar tolle Platten unter eigenem Namen aufgenommen, teils solo, teils mit Band.	„Delta Crossroads" – Solo & unplugged mit seiner 12-String.
	„The Legend Live" – So möchte ich mit 89 Jahren (!!) auch noch klingen …
	DVD Auf den DVDs **„Annie's Boogie"** (ca. 90 Minuten) und **„The Blues Of"** (ca. 30 Minuten) kann man Robert Lockwood beim Spielen zuschauen.
Tommy McClennan (1905–1961) Stil: Delta Blues.	„Bluebird Recordings" – Doppel-CD mit allen 42 Aufnahmen.
	„Big Joe Williams And The Stars Of Mississippi Blues" JSP7719 5-CD-Box jeweils mit den kompletten Vintage-Aufnahmen von Big Joe Williams, **Tommy McClennan**, **David Honeyboy Edwards**, **Robert Petway** und **Willie Poor Boy Lofton**.

Robert Johnson gehört in jeden Blueshaushalt!

1. Die ursprünglichen Blues-Gitarristen

Musiker	Diskographie
Mississippi Fred McDowell (1904–1972) Stil: Gospel, Delta Blues, Slide. Seine ersten Aufnahmen machte McDowell 1959 im Alter von 55 Jahren.	„You Gotta Move" – Schöner Sampler mit 19 Tracks.
	„The First Recordings" – Alan-Lomax-Recordings von 1959.
	„I Do Not Play No Rock'n'Roll – Complete Sessions" Doppel-CD mit Aufnahmen von 1969.
	DVD Yazoo-DVD 504 Vestapol-DVD „**Legends Of Bottleneck Blues Guitar**".
Brownie McGhee (1915–1996) Stil: Piedmont Blues, Country Blues. Brownie McGhee spielte sehr oft mit dem Mundharmonikaspieler **Sonny Terry** zusammen, aber auch seine Solo-Aufnahmen sind absolut hörenswert!	„The Complete Brownie McGhee" Ein irreführender Titel, denn diese Doppel-CD enthält nur die kompletten 47 Okeh-Aufnahmen von 1940–1941.
	„The Folkway Years 1945–1959" – Schöner Sampler der genannten Phase.
	„Sonny Terry & Brownie McGhee Country Blues Troubadors 1938–1948" JSP7721 – 5-CD-Box mit 125 Aufnahmen.
	DVD Vestapol DVDs „**Born With The Blues 1966–1992**", „**Legends Of Country Blues Guitar Vol. One**" und „**Brownie McGhee / Sonny Terry Red River Blues 1948–1974**".
Blind Willie McTell (1901–1959) Stil: Piedmont Blues, 12-String.	„The Best Of – Classic Recordings Of The 1920s & 30s" 23 Aufnahmen in guter Tonqualität.
	„The Classic Years 1927–1940" JSP7711 4-CD-Box mit allen 84 Aufnahmen aus diesen Jahren.
Memphis Minnie (1897–1973) Stil: Country Blues. Memphis Minnie ist die einzige nennenswerte akustische Bluesgitarristin ihrer Zeit. Bluesmusikerinnen spielten damals meist nicht Gitarre (die ersten großen Stars des Blues waren Bluessängerinnen, die in der Regel von Jazzbands begleitet wurden) und Gitarristinnen nahmen normalerweise nicht viel Blues auf. (**Sister Rosetta Tharpe (1915-1973)** ist eher für ihr Spiel auf der elektrischen Gitarre und für ihren Gesang bekannt, obwohl sie anfangs auch akustische Aufnahmen gemacht hat.)	„The Essential Recordings" – Doppel-CD mit 40 Songs.
	„Memphis Minnie & Kansas Joe – Complete Recorded Works" Vol. 1–4 Enthält alle Aufnahmen mit ihrem Ehemann Kansas Joe.
	„Complete Recorded Works" Vol. 1–5 Enthält alle Aufnahmen unter ihrem eigenen Namen bis 1941.
	„Complete Postwar Recordings" Vol. 1–3 Enthält alle Aufnahmen von 1944–1954.
	„All The Published Sides 1929–1937" JSP7716 5-CD-Box mit 124 Aufnahmen.
	„Queen Of The Delta Blues (Vol. 2)" JSP7741 5-CD-Box mit 120 Aufnahmen.
Mississippi Sheiks (ca. 1926–1936) Stil: Country Blues, String Band. **Walter Vinson**, **Lonnie Chatmon**, **Armenter Chatmon** (besser bekannt als **Bo Carter** (s.o.)) und **Sam Chatmon** (der auch als Solo-Künstler bekannt war).	„Stop And Listen" (Yazoo 2006) Best Of mit 20 Aufnahmen in guter Tonqualität.
	„Complete Recorded Works" Vol. 1–4
Buddy Moss (1914–1984) Stil: Country Blues, Piedmont Blues. Toller Gitarrist & Sänger!	„Complete Recorded Works" Vol. 1–3 – Enthält alle Pre-War-Aufnahmen.
	„Atlanta Blues Legend" – Toller Live-Mitschnitt von 1960. 18 Tracks.
Jack Owens (1904–1997) Stil: Delta Blues, Bentonia Blues. Zeitgenosse von **Skip James**, der einen sehr ähnlichen Stil und ein sehr ähnliches Repertoire wie James hat. Beide spielten im sogenannten „Crossnote-Tuning".	„The Last Giants Of Mississippi Blues" Enthält 11 Aufnahmen Jack Owens (teilweise mit **Bud Spires** an der Bluesharp) und 10 Aufnahmen von dem ebenfalls großartigen und ebenfalls fast vergessenen **Eugene Powell**).
	„It Must Have Been The Devil" 11 Aufnahmen mit Bud Spires, größtenteils von Anfang der 70er.
	„Bentonia Country Blues" Mini-Album mit 7 Aufnahmen von 1978, nur als mp3-Download erhältlich.

Crossnote-Tuning ist Thema meines nächsten Buchs ‚Garantiert Bluesgitarre lernen – Open Tunings & Bottleneck / Slide'.

CD-Empfehlungen

Musiker	Diskographie
Jack Owens (1904–1997) *Fortsetzung*	Auf **youtube** findet man einige wenige großartige Clips von Jack Owens, die 1978 von **Alan Lomax** aufgenommen wurden.
	📀 Die DVD „**The Land Where The Blues Began**" enthält die gleichnamige Doku von **Alan Lomax** (ca. 1 Stunde). Unbedingt darauf achten, dass man die Version mit den 3 Stunden Bonusmaterial (also den kompletten Songs) erwischt!
Charley Patton (1891–1934) Stil: Delta Blues, Slide. Manchmal wird der Name auch Charley Patton oder Charlie Patton geschrieben. Ein Gigant des Delta Blues!	„**The Best Of**" (Yazoo 2069) – 23 Aufnahmen, tolles Remastering.
	„**Primeval Blues, Rags And Gospel Songs**" (Yazoo2074) Weitere 23 Remasterings.
	„**Complete Recordings 1929–1934**" JSP7702 Diese 5-CD-Box enthält sämtliche 92 Aufnahmen von Patton.
Robert Petway (ca.1907–ca.1978) Country Blues.	„**Catfish Blues Mississippi Blues Vol. 3**" Die CD enthält alle 14 Aufnahmen von Robert Petway (2 weitere gelten als verschollen) plus einige Aufnahmen anderer Künstler.
	„**Big Joe Williams And The Stars Of Mississippi Blues**" JSP7719 5-CD-Box jeweils mit den kompletten Vintage-Aufnahmen von **Big Joe Williams**, **Tommy McClennan**, **David Honeyboy Edwards**, **Robert Petway** und **Willie Poor Boy Lofton**.
Eugene Powell / Sonny Boy Nelson (1908–1998) Stil: Delta Blues, Country Blues. Der tolle und zu Unrecht fast vergessene Eugene Powell hat leider nur sehr wenig aufgenommen.	„**Louisiana Blues – Eugene Powell – The Complete Recorded Works in Chronological Order**" enthält die Aufnahmen von 1936.
	„**Blues At Home 3**" ist ein mp3-Album mit 24 großartigen Aufnahmen (1976–1982).
	„**The Last Giants Of Mississippi Blues**" enthält 10 Aufnahmen von Powell und 11 Aufnahmen von dem ebenfalls großartigen und ebenfalls fast vergessenen **Jack Owens** (teilweise mit **Bud Spires** an der Bluesharp).
	Auf **youtube** findet man einige wenige großartige Clips von **Eugene Powell**, die von **Alan Lomax** aufgenommen wurden.
	Für Hinweise auf weitere CDs, DVDs oder wo man die oben genannten Clips auf DVD findet, wäre ich sehr dankbar!
Tampa Red (1904–1981) Stil: Acoustic & Electric Chicago Blues, Slide.	„**You Can't Get That Stuff No More**" – Sampler mit 24 Tracks.
	„**Complete Recorded Works**" Vol. 1–15 (!)
	„**Tampa Red & Georgia Tom – Music Making In Chicago 1928–1935**" JSP77160 – 4-CD-Box mit 100 Aufnahmen.
Johnny Shines (1915–1992) Stil: Delta Blues, Chicago Blues, Slide. Von Johnny Shines gibt es zur Zeit keine Komplett-Box, daher hier einige herausragende akustische Delta Blues-CDs von ihm. Er spielte auch Chicago Blues mit Band.	„**Standing At The Crossroads**"
	„**Hey Ba-Ba-Re-Bop**"
	📀 Auf den Vestapol-DVDs „**Legends Of The Delta Blues**" und „**Legends Of Bottleneck Blues Guitar**" kann man Johnny Shines spielen sehen.
Frank Stokes (1888–1955) Stil: Country Blues. Er nahm auch mit **Dan Sane** unter dem Namen **Beale Street Sheiks** auf.	„**The Best Of**" (Yazoo 2072) 22 Aufnahmen in – trotz des Alters – guter Tonqualität.
	„**Complete Victor Titles With Alternate Takes 1928–1929**"
	„**Beale Street Sheiks – Complete Paramount Recordings 1927–1929**"
Henry Thomas (1874–1930) Stil: Songster. Er nahm als erster Klassiker wie „Fishing Blues" und „Bull-Doze Blues" (später von Canned Heat unter dem Namen „Going Up The Country" gecovert) auf.	„**Texas Worried Blues - Complete Recorded Works 1927–1929**" (Yazoo 1080/1) Enthält alle 23 Aufnahmen von Henry Thomas.

Charley Patton gehört in jeden Blueshaushalt!

Tampa Red gehört in jeden Blueshaushalt!

1. Die ursprünglichen Blues-Gitarristen

Musiker	Diskographie
Muddy Waters (1913–1983) Stil: Delta Blues, Slide. Auch wenn Muddy Waters später als Bandleader die vielleicht beste Chicago Blues Band aller Zeiten haben sollte, so hat er doch ganz rustikal mit akustischem Delta Blues angefangen.	„The Complete Plantation Recordings" Gute Tonqualität, mit zusätzlichen Interview-Schnipseln.
	„Library Of Congress Recordings 1941–1942" Größtenteils deckungsgleich mit den **„The Complete Plantation Recordings"**. Mehr Songs, keine Interviews.
	„Rollin' Stone – A Golden Anniversary" Doppel-CD, die bei den frühesten Aufnahmen nach den eben genannten CDs beginnt und die Muddys Entwicklung vom Delta Blues zum Chicago Blues zeigt. Tolles Remastering. Leider nur noch als Download erhältlich.
	„Goin' Way Back" – Muddy Waters & Friends. Sehr schöner unplugged-Mitschnitt einer zwanglosen Session. Mittlere Tonqualität, musikalisch unbezahlbar!
	„One More Mile (Chess Collectibles Vol. 1)" Doppel-CD mit zahlreichen Alternate Takes und Previously-Unreleased-Aufnahmen, u. a. 11 Aufnahmen von einem Unplugged-Auftritt bei einem Schweizer Radio-Sender 1972.
Casey Bill Weldon (1909–ca. 1970) Stil: Country Blues, Slide. Weldon spielte zeitweise mit **Memphis Minnie** (mit der er kurzzeitig auch verheiratet gewesen sein soll).	„Bottleneck Guitar Trendsetters of the 1930s" (Yazoo 1049) Enthält jeweils 7 Aufnahmen von Casey Bill Weldon und Kokomo Arnold (s.o.)
	„Complete Recorded Works" Vol. 1–3 Enthält 75 Aufnahmen von Weldon.
Booker „Bukka" White (1909–1977) Stil: Delta Blues, Slide. Bukka White gehört zu den Wiederentdeckten, die in den 60ern neue Aufnahmen machten und auf vielen Blues-Festivals spielten.	„Parchman Farm" – Enthält 21 Aufnahmen aus der Frühphase und aus der Zeit nach der Wiederentdeckung. Gute Tonqualität, guter Einstieg in Bukkas Musik.
	„Aberdeen Mississippi Blues – The Vintage Recordings 1930–1940". Enthält alle 20 Aufnahmen aus dieser Zeit, während die irreführend betitelte CD **„The Complete Bukka White"** nur die 14 Vocalion-Aufnahmen enthält.
	📀 Yazoo-DVD 500, Vestapol-DVDs **„Legends Of The Delta Blues"** und **„Legends Of Country Blues Guitar Vol. Two"**.
Josh White (1914–1969) Stil: Piedmont Blues, Songster. Nach seiner Wiederentdeckung war Josh White eher als Folk-Musiker bekannt, aber in der ersten Phase seiner Karriere war er ein großartiger Bluesmusiker.	„Blues Singer" – Sampler mit 20 Aufnahmen aus der ersten Karriere-Phase.
	„Complete Recorded Works" Vol. 1–6
	📀 Vestapol-DVDs **„Free And Equal Blues – Rare Performances"**, **„Legends Of Country Blues Vol. Three"**.
Big Joe Williams (1903–1982) Stil: Delta Blues, Slide.	„Complete Recorded Works" Vol. 1 In diesem Fall ist die erste der beiden Complete-CDs auch der beste Einstieg in die frühen Aufnahmen dieses Musikers.
	„Shake Your Boogie" – 24 Aufnahmen von 1960 und 1969 in guter Tonqualität und mit einem Big Joe Williams in Topform.
	„Complete Recorded Works" Vol. 1–2 Enthält alle Aufnahmen von 1935–1949.
	„Big Joe Williams And The Stars Of Mississippi Blues" JSP7719 5-CD-Box mit allen Aufnahmen von 1935–1949, dazu jeweils die kompletten Vintage-Aufnahmen von **Tommy McClennan**, **David Honeyboy Edwards**, **Robert Petway** und **Willie Poor Boy Lofton**.
	📀 Yazoo-DVD 504, Vestapol-DVD **„Legends Of Country Blues Guitar Vol. Two"**.

Muddy Waters gehört in jeden Blueshaushalt!

CD-Empfehlungen

Musiker	Diskographie
Robert Wilkins (1896–1987) Stil: Memphis Blues, Country Blues, Gospel. Er nahm von 1928–1935 siebzehn Songs auf, nach seiner Wiederentdeckung im Rahmen des 60er-Blues-Revivals machte er weitere Aufnahmen.	„The Original Rolling Stone" (Yazoo 1077) Enthält in guter Tonqualität die 14 noch auffindbaren Aufnahmen (von 17, die Wilkins von 1928–1935 gemacht hat).

Von vielen herausragenden Bluesmusikern existieren gar keine oder fast gar keine Aufnahmen. Hier ein paar Beispiele für grandiose aber viel zu wenig aufgenommene Akustik-Blueser.

Bluesmusiker ohne Aufnahmen
Garfield Akers (ca.1901/2–ca.1953/9) hat wahrscheinlich nur vier Songs aufgenommen, zumindest sind keine weiteren bekannt: „Cottonfield Blues Pt. 1 und Pt. 2", „Jumpin' And Shoutin' Blues" und „Dough Roller Blues".
Kid Bailey (Lebensdaten unbekannt) nahm nur zwei Songs auf: „Rowdy Blues" und „Mississippi Bottom Blues". Es gibt Debatten, ob **Kid Bailey** vielleicht ein Pseudonym von **Willie Brown** (s.u.) war … Ich höre da allerdings nicht so viel Ähnlichkeit zwischen diesen Musikern, dass ich diese These nachvollziehen kann.
Willie Brown (1900–1952) arbeitete meist als 2. Gitarrist bei Musikern wie **Charley Patton** und **Son House**. Er nahm nur drei Songs allein auf: 1930 „M & O Blues" und „Future Blues" und 1941 „Make Me A Pallet On The Floor" (im Rahmen einer **Alan Lomax Library Of Congress** Recordings-Session von Son House, den Brown auf den restlichen Aufnahmen wieder begleitete). Er ist nicht zu verwechseln mit William Brown:
William Brown (Lebensdaten unbekannt) ist ein weiterer grandioser Gitarrist, der 1942 für die **Library of Congress** drei Titel aufgenommen hat („East St. Louis Blues", „Ragged And Dirty" und der Klassiker „Mississippi Blues").
(Blind) Willie Walker (1896–1933) hat nur vier Songs aufgenommen, von denen lediglich noch zwei erhalten sind und ein Alternate Take. Aber sein „South Carolina Rag" ist ein echter Klassiker!

Viele dieser tollen Aufnahmen findet man auf Samplern, z. B.:

Sampler	
„Back To The Crossroads – The Roots Of Robert Johnson"	Yazoo 2070. Eine großartige Zusammenstellung! Hier kann man hören, woher Robert Johnson seine Ideen hatte …
„The Best There Ever Was – The Legendary Early Blues Performers"	Yazoo 3002
„Pure Vintage Blues: Future Blues"	
„Son House And The Great Delta Blues Singers 1928–1930"	Auf dieser CD befinden sich alle genannten Aufnahmen von **Willie Brown**, **Kid Bailey** und **Garfield Akers** (außer Browns „Make Me A Pallet On The Floor" – diesen gibt es als mp3-Download auf der Sammlung „Deep South (The Story of the Blues)" oder als einzelnen mp3-Download).
„Mississippi Blues & Gospel – Field Recordings 1934–1942"	Enthält die Aufnahmen von William Brown.
„Ragtime Blues Guitar 1927–1930"	Enthält unter anderem alle 3 noch existierenden Aufnahmen von **Blind Willie Walker**.
„The Road To Robert Johnson & Beyond"	JSP7795 – 4-CD-Box mit 105 Aufnahmen.

Es gibt ein paar CD-Reihen mit sogenannten Field-Recordings, also Aufnahmen, die mit tragbarem Aufnahme-Equipment im Süden der USA gemacht wurden. Diese Aufnahmen wurden in der 2. Hälfte des 20. Jahrhunderts gemacht und haben die Musik von vielen meist unbekannten Musikern für die Nachwelt festgehalten.

Tragbares Equipment
Der Begriff "tragbar" ist hier sehr relativ: Wir reden hier nicht von digitalem Equipment in der Größe einer Fernbedienung und mit einem Gewicht von ein paar hundert Gramm, sondern von Tonbandgeräten in der Größe eines Koffers und mit einem Gewicht von zig Kilogramm.

1. Die ursprünglichen Blues-Gitarristen

CD-Reihen mit tragbarem Equipment
Alan Lomax hat unglaubliche Mengen an **Field Recordings** gemacht, nicht nur im Bluesbereich. Ausführlichere Infos zu seinen Aufnahmen findet man auf der Website *www.culturalequity.org/alanlomax/ce_alanlomax_discography.php*.
„**Living Country Blues USA**" Vol. 1–12. Aufnahmen aus den frühen 1980er Jahren von **Siegfried A. Christmann** und **Axel Küstner** aus Deutschland.
„**The George Mitchell Collection Vol. 1–45**". 7-CD-Box mit großartigen Aufnahmen, größtenteils aus den 1960er Jahren.
Unter der Websadresse *http://memory.loc.gov/ammem/ftvhtml/* gibt es kostenlos zahlreiche **Field-Recordings** vom „**Fort Valley State College Folk Festival**" zum Download (wahlweise als mp3 oder sogar als wav).
Unter der Websadresse *http://memory.loc.gov/ammem/lohtml/lohome.html* gibt es kostenlos zahlreiche **Field-Recordings** vom „**The John and Ruby Lomax 1939 Southern States Recording Trip**" zum Download (wahlweise als mp3 oder sogar als wav).

Hintergrundwissen

Bis in die frühen 60er Jahre wurden Schellack-Platten hergestellt. Diese Vorläufer der Vinyl-Schallplatte liefen mit 78 Umdrehungen pro Minute und hatten eine maximale Spielzeit von etwas über drei Minuten. Es gab also noch keine Langspielplatten, sondern nur Singles. Wenn man heutzutage einen CD-Sampler von diesen alten Aufnahmen eines Künstlers hört, dann klingen viele dieser Songs sehr ähnlich, um es mal vorsichtig zu formulieren. **Elmore James** hat seinen ,*Dust My Broom*'-Riff immer wieder recycelt, **Muddy Waters** oder **Tampa Red** fangen etliche Songs mit demselben Intro an, **J. B. Lenoir** beendet so ziemlich jeden Song mit demselben Schlusslick. Auch vor **Modern Talking** gab es also schon Künstler, die ein und denselben Song immer wieder mit einem neuen Text veröffentlicht haben ☺. Damals haben diese Ähnlichkeiten für einen gewissen Wiedererkennungswert gesorgt. Da es keine Alben gab, fielen die Wiederholungen nicht ganz so ins Gewicht.

Info

Auf der folgenden Website findest du eine unglaublich ausführliche und mit viel Liebe erstellte Auflistung vieler Veröffentlichungen von Bluesmusikern, insbesondere aus der Pre-War-Zeit.
- *http://www.wirz.de/music/american.htm*

Wo kann man diese Aufnahmen kaufen?

Es gibt Plattenlabels, die sich entweder dem Blues im Allgemeinen oder speziell den ganz alten Blues-Aufnahmen verschrieben haben. Bei **Yazoo** (*www.yazoorecords.com*), **Document Records** (*www.document-records.com*) und **JSP** (*www.jsprecords.com*) findet man die ganz alten Aufnahmen (**Yazoo** bietet in der Regel die bessere Klangqualität, **Document** meist die kompletten Aufnahmen in nicht so guter Klangqualität, **JSP** bietet Komplett-Boxen in guter Klangqualität), während man bei **Crosscut Records** in Bremen (*www.crosscut.de*) alle möglichen Blues-Alben findet.

Crosscut Records gehört mittlerweile zu **Bear Family** (*www.bear-family.de*), die immer wieder sehr schön aufgemachte Box-Sets veröffentlichen (**Bill Haley**, **Freddie King** etc.). Aber auch umfangreiche Box-Sets von **Blind Willie McTell**, **Blind Blake**, **Blind Boy Fuller**, **Blind Lemon Jefferson** ... findet man hier. Diese Box-Sets enthalten teilweise alle erhaltenen Aufnahmen des jeweiligen Künstlers.

Ansonsten findet man seltene CDs bei den üblichen Verdächtigen: *www.amazon.de*, *www.amazon.com*, *www.ebay.de*, *www.ebay.com*.

CD-Empfehlungen

2. Heutige Musiker, die sich dem akustischen Blues verschrieben haben

Musiker	Anmerkungen
Scott Ainslie Stil: Delta Blues, Country Blues, Modern Acoustic Blues, Slide.	Scott ist ein echter Meister, wenn es um traditionellen akustischen Blues geht (*www.scottainslie.com*).
Eric Bibb (*1951) Stil: Modern Acoustic Blues. 📀 Es gibt eine DVD von Bibb, auf der er auch einiges erzählt: **„The Guitar Artistry Of"** (*www.ericbibb.com*).	Bibb ist ein echtes Original, das hauptsächlich eigene Songs spielt. Auf einigen Aufnahmen spielt er auch mit Band, wer das nicht möchte, sollte vorher in die CDs reinhören.
Rory Block (*1949) Stil: Alle Arten von akustischem Blues, Slide. Eine tolle Gitarristin, die sich – neben Eigenkompositionen – der möglichst authentischen Reproduktion der alten akustischen Bluesgitarren-Stile verschrieben hat (*www.roryblock.com*). Sie hat in den letzten Jahren mehrere CDs aufgenommen, die sich jeweils einem bestimmten Musiker widmen (aber auch ihre älteren CDs sind teilweise sehr empfehlenswert):	„The Lady & Mr. Johnson" (2006, natürlich ist hier Robert Johnson gemeint) „Blues Walkin' Like A Man – A Tribute To Son House" (2008) „Shake 'Em On Down – A Tribute To Mississippi Fred McDowell" (2011) „I Belong To The Band – A Tribute To Rev. Gary Davis" (2012) „Avalon: A Tribute To Mississippi John Hurt" (2013) „Hard Luck Child – A Tribute To Skip James" (2014) 📀 Anspieltipp: Rorys DVD aus der **„The Guitar Artistry Of"**-Reihe.
Roy Book Binder (*1941) Stil: Country Blues, Slide.	Roy Book Binder ist ein sympathischer Bluesgitarrist, der neben zahlreichen CDs auch mehrere Lehr-DVDs veröffentlicht hat. 📀 Anspieltipp: Seine DVD aus der **„The Guitar Artistry Of"**-Reihe (*www.roybookbinder.com*).
Catfish Keith (*1962) Stil: Modern Acoustic Blues, Slide.	Catfish Keith ist ein moderner, sehr grooviger Blueser mit einer bemerkenswerten Spieltechnik (*www.catfishkeith.com*).
John Cephas (1930-2009) Stil: Acoustic Blues.	John Cephas & **Phil Wiggins** waren bis zum Tod von John Cephas ein großartiges Akustik-Blues-Duo in der Tradition von **Sonny Terrie** und **Brownie McGhee**. Neben den leicht zu findenden CDs unter ihrem Namen sind sie auch auf einigen CDs der **„Living Country Blues"**-Reihe vertreten, auf Volume 1 sogar ausschließlich.
Mike Dowling Stil: Swing, Country Blues, Slide.	Mike Dowling ist ein sympathischer und sehr vielseitiger Blues- und Jazzgitarrist, der mit seinen Workshops, Büchern und DVDs auch viel zur Verbreitung und Erhaltung des traditionellen Blues und Swing beiträgt. www.mikedowling.com (*www.mikedowling.com*).
Archie Edwards (1918–1998) Stil: Piedmont / Carolina Blues. Ein toller, leider fast völlig unbekannter Akustik-Blueser. Obwohl er schon 1918 geboren wurde, nahm er erst spät auf (*www.acousticblues.com*). Es gibt zur Zeit 3 CDs von ihm:	„Living Country Blues USA Vol. 6 – The Road Is Rough" „Blues 'n Bones" „Toronto Sessions"
David Evans Stil: Country Blues.	Evans ist nicht nur ein toller Musiker, sondern lehrte auch an der Universität von Memphis (!), ist der Autor des Buchklassikers **„Big Road Blues"** und machte **Field-Recordings** von Musikern wie **Jack Owens** (s. o.).
Paul Geremia (*1944) Stil: Country Blues	Einer der größten weißen Country-Bluesmusiker überhaupt, der bereits zahlreiche CDs veröffentlicht hat. 📀 Außerdem kann man ihn auf der Vestapol-DVD **„The Guitar Artistry Of Paul Geremia – 6 & 12 String Blues"** bewundern (*www.paulgeremia.org*).
Reverend Robert B. Jones Stil: Country Blues.	Auf **youtube** gibt es zahlreiche Videos von ihm zu sehen, aber seine CDs sind nicht so leicht zu bekommen (auf *www.elderly.com* wird man fündig). Am besten den Links auf seiner Website folgen: *www.revrobertjones.com*.

2. Heutige Musiker

Musiker	Anmerkungen
Stefan Grossman (*1945) Stil: **Country Blues.**	Ein sehr guter Country-Bluesgitarrist, der sich vor allem auch durch sein tolles Lehrmaterial zum Thema Akustische Bluesgitarre einen Namen gemacht hat. 📀 Er ist auch verantwortlich für die **Vestapol-DVDs**, die ich im Laufe dieses Kapitels immer wieder empfohlen habe (*www.guitarvideos.com*).
John Hammond (Jr., *1942) (Nicht zu verwechseln mit seinem gleichnamigen Vater) Stil: **Country Blues, Delta Blues, Electric Blues, Slide.**	Vielleicht der bekannteste Vertreter des akustischen Blues. Hammond spielt gleichzeitig Gitarre und eine auf einem Rack um seinen Hals montierte Mundharmonika. Dazu singt er und stampft den Rhythmus mit dem Fuß – eine wahre One-Man-Band. 📀 Sehr empfehlenswert ist seine DVD „**New Morning – The Paris Concert**" (*www.johnhammond.com*).
Steve James (*1950) Stil: **Alle Arten von akustischem Blues, Slide.**	Ein wandelndes Blues-Lexikon, ein sehr sympathischer Mensch und ein herausragender Gitarrist und Performer. Alle seine CDs sind großartig. Es lohnt sich, auch nach den nicht mehr erhältlichen CDs Ausschau zu halten und sie gegebenenfalls gebraucht zu kaufen. 2013 habe ich ihn für ein Konzert nach Deutschland geholt und dabei auch mit ihm gespielt. Ein sehr lehrreiches Wochenende für mich! (*www.stevejames.com*)
Doug MacLeod (*1946) Stil: **Country Blues, Slide.**	2010 habe ich Doug persönlich kennengelernt und lange mit ihm über den Sinn des Lebens, den Blues und das Leben auf Tour gesprochen. Doug hat viel Lebenserfahrung und ist äußerst bodenständig und sympathisch – ein echtes Original, das hauptsächlich eigene Songs spielt. So kann der akustische Blues der Gegenwart klingen! Auf einigen Aufnahmen spielt er auch mit Band, wer das nicht möchte, sollte vorher in die CDs reinhören. 📀 Es gibt mehrere DVDs von Doug, unter anderem „**Blues In Me**". (*www.doug-macleod.com*)
Woody Mann Stil: **Country Blues, Delta Blues.**	Woody Mann ist ein sehr vielseitiger Bluesgitarrist, der mit seinen Workshops, Büchern und DVDs auch viel für die Verbreitung und Erhaltung des traditionellen Blues macht. 📀 **Anspieltipp:** Seine DVD aus der „**The Guitar Artistry Of**"-Reihe (*www.woodymann.com*)
Bob Margolin (*1949) Stil: **Delta Blues, Chicago Blues, Slide.**	Spielt meist elektrisch, hat aber auf seinen CDs meist auch einige Unplugged-Schätze. Er spielte 7 Jahre lang in der Band von **Muddy Waters**. 2013 habe ich ihn persönlich kennengelernt und für die Zeitschrift ‚Gitarre & Bass' interviewt. Bob ist ein bemerkenswerter Gitarrist, Performer und Geschichtenerzähler und äußerst humorvoll. Das anschließende Konzert war mit das beste, das ich erlebt habe (*www.bobmargolin.com*).
Eric Noden Stil: **Fingerstyle-Blues.**	Noden ist ein toller Fingerstyle-Blueser, der mehrer Solo-CDs veröffentlicht hat und auch mit dem großartigen Bluesharper **Joe Filisko** spielt und aufnimmt. Außerdem geben die beiden oft Workshops. Auf der **Billy Boy Arnold**-CD „**Billy Boy Arnold sings Big Bill Broonzy**" ist Noden ebenfalls zu hören (*www.ericnoden.com*).
Paul Rishell (*1950) Stil: **Country Blues, Delta Blues, Electric Blues, Slide.**	Ein toller Gitarrist, der oft mit seiner Frau **Annie Raines** (Mundharmonika) auftritt. Von seinen zahlreichen CDs sind die meisten akustisch, einige wenige Aufnahmen auch elektrisch und mit Band (*www.paulandannie.com*).
Eric Sardinas (*1970) Stil: **Electric Delta Blues, Bluesrock, Slide.**	Eric Sardinas spielt Akustischen Blues mit Bottleneck und in Open Tunings ... allerdings auf einer Resonatorgitarre, mit einem verzerrten Verstärker und begleitet von Schlagzeug und Bass. So klingt Bottleneck-Blues im 21. Jahrhundert. Ich wette, dass **Robert Johnson** und **Son House** ihre wahre Freude an dieser Musik gehabt hätten! (*www.ericsardinas.co.uk*)
Lloyd Spiegel Stil: **unbeschreiblicher akustischer Blues.**	Ein sehr moderner, technisch sehr versierter Gitarrist. 📀 Auf der DVD „**Live In Japan**" kann man mit offenem Mund bestaunen, was der Mann auf der Gitarre macht (*www.lloydspiegel.com*).

CD-Empfehlungen

Musiker	Anmerkungen
Taj Mahal (*1942) **Stil: Modern Acoustic Blues.**	Taj Mahal hat viel Neues in den Blues gebracht, indem er Elemente der Weltmusik mit eingebrachte. Aufgrund der Vielseitigkeit dieses Mulitinstrumentalisten sollte man vor dem Kauf auf jeden Fall in die entsprechende CD reinhören ... 📀 Es gibt mehrere Video-Aufnahmen, von denen die DVD „**Live at Ronnie Scott's (1988)**" noch erhältlich ist (*www.tajblues.com*)
Hans Theessink (*1948) **Stil: Delta Blues, Slide.**	Ein Niederländer in dieser Liste? Ich schlage vor, in die CD „**Hard Road Blues**" reinzuhören und dann selbst zu entscheiden ... (*www.theessink.com*).
Dave van Ronk (1936–2002) **Stil: Folk, Blues.**	Van Ronk hat seit den späten 1950ern zahlreiche CDs aufgenommen, unter anderem für die Label **Folkway** und **Prestige**. Er förderte **Bob Dylan** und **Joni Mitchell**.
Toby Walker (*1957) **Stil: Alle Arten von akustischem Blues, Slide.**	Toby spielt sowohl alte Klassiker als auch eigene Songs. Er ist ein sehr sympathischer Mensch und ein herausragender Gitarrist, Performer und Gitarrenlehrer, der seine Kenntnisse mit Begeisterung weitergibt. Anfang 2014 habe ich ihn für ein Konzert nach Deutschland geholt und dabei auch mit ihm auf der Bühne gestanden. Ein großartiges Erlebnis! (*www.littletobywalker.com*)

3. Akustischer Blues in Deutschland, Österreich und der Schweiz

Musiker	Anmerkungen
Al Cook	Toller akustischer Bluesgitarrist aus Österreich, der seit 50 Jahren auf der Bühne steht und zahlreiche Platten aufgenommen hat (*www.alcook.at*).
Peter Crow C.	Toller akustischer Bluesgitarrist, der in der in der Nähe von München beheimatet ist und mit verschiedenen Besetzungen spielt. Er hat bereits mehrere tolle CDs aufgenommen (*www.peterkrause-blues.de*). Sehr empfehlenswert ist auch sein Duo „**Black Patti**" mit **Ferdinand Jellyroll Krämer** (*http://black-patti.de*).
Delta Boys	Das Duo besteht aus **Michael van Merwyk** (Gitarre / Gesang) und **Gert Gorke** (Bluesharp / Gesang) und bietet akustischen Blues vom Feinsten. (*http://www.bluesoul.de/delta-boys.html*).
Down Home Percolators	Das Frankfurter Duo, bestehend aus **Bernd Simon** (Gitarre / Gesang) und **Klaus Mojo Kilian** (Bluesharp / Gesang), bietet akustische Bluesklassiker äußerst authentisch dar. Im Quartett mit Schlagzeug und Kontrabass nennen sie sich „**Matchbox Bluesband**"(*www.matchbox-bluesband.de*).
Schorsch Hampel	Nachdem Schorsch Hampel aus München mit seiner Band „**Schorsch & de Bagasch**" die herausragende CD „**Sekänd Händ Blues**" aufgenommen hat, ist er mehr und mehr auch akustisch in Erscheinung getreten, teils zusammen mit anderen Künstlern. *„Mit offene Knia"* zeigt, wie seine Band akustisch klingt. Ein sehr interessanter Musiker! (*www.schorsch-hampel.de*)
Willie Salomon	Wiilie Salomon aus Regensburg ist ein großartiger Akustik-Blueser, dessen CDs sehr empfehlenswert sind. Er spielt eigene Songs und alte Klassiker. Auf seinen neueren Aufnahmen spielt er auch zusätzliche Instrumente. Akustischer Blues at it's best! (*www.williesalomon.com*)
Erik Trauner	Erik Trauner aus Österreich ist nicht nur als Frontmann der „**Mojo Blues Band**" ein Genuss, sondern auch akustisch und solo. (*www.mojobluesband.com*)
Abi Wallenstein	Abi Wallenstein aus Hamburg spielt sowohl solo als auch mit verschiedenen Besetzungen. Wahnsinn, was er mit seiner Band „**Blues Culture**" mit einer Gitarre, einer Bluesharp und einer Cajón für einen Groove erzeugt! (*www.abiwallenstein.de*)
Rainer Wöffler	Rainer Wöffler aus Oberbayern spielt mit seiner Band „**Sons Of The Desert**" auf Instrumenten der 20er und 30er Jahre mit sehr viel Humor die Musik aus eben dieser Zeit (Blues, Jazz, Ragtime, Vaudeville-Songs, Hawaii-Musik) (*www.sons-of-the-desert.de*). Außerdem bildet er mit **Tanja Wirz** aus der Schweiz das Duo „**Red Hot Serenaders**", die akustischen Blues und Jazz zum Besten geben (*www.redhotserenaders.de*).

CD-Empfehlungen

4. Akustischer Blues von elektrischen Gitarristen

Folgende Musiker sind eigentlich für ihre Künste an der elektrischen Gitarre bekannt, haben aber auch akustisch aufgenommen.

Musiker	Anmerkungen
Eric Clapton **Stil: Bluesrock, Delta Blues, Pop.**	Über diesen Mann muss ich nicht viel sagen, seine CD **„Unplugged"** dürfte die meistverkaufte Blues-CD überhaupt sein (auch wenn sie keine reine Blues-CD ist). Clapton ist als einziger Mensch mehrmals in die Rock'n'Roll-Hall-Of-Fame aufgenommen worden, und das dann gleich dreimal (mit den **Yardbirds**, mit **Cream** und als Solokünstler). Auch seine beiden CDs mit den Songs von **Robert Johnson** („Me & Mr. Johnson", „Sessions For Robert J.") enthalten einige schöne akustische Bluesaufnahmen.
Rory Gallagher **Stil: Bluesrock mit vielen Einflüssen wie z. B. Irish Folk.** Rory Gallagher hatte auf den meisten seiner Alben mindestens eine akustische Nummer. Oft waren diese bluesig, wobei er sowohl eigene Songs schrieb, als auch Songs der Urväter des Blues coverte. Hier eine Auswahl:	„20:20 Visions" aus dem Album **„Tattoo"**. „As The Crow Flies" von den Alben **„Wheels Within Wheels"** und **„Irish Tour"**. „Banker's Blues" aus dem Album **„Blueprint"**. „Barley And Grape Rag" aus dem Album **„Calling Card"**. „Can't Be Satisfied" aus dem Album **„Memories OF My Trip"** von **Chris Barber** mit **Rory Gallagher** als Gast. „Empire State Express" aus dem Album **„Fresh Evidence"**. „Nothin' But The Devil" aus dem Album **„Jinx"**. „Pistol Slapper Blues" aus dem Album **„Live! In Europe"**. „Seven Days" aus dem Album **„Defender"**. „Unmilitary Two Step" aus dem Album **„Blueprint"**. „Walkin' Blues" aus dem Album **„Wheels Within Wheels"**. „Wave Myself Goodbye" aus dem Album **„Rory Gallagher"**. „Who's That Comin" aus dem Album **„Tattoo"**.
Buddy Guy **Stil: Chicago Blues.** Buddy Guy ist an der elektrischen Gitarre eine der ganz großen Blueslegenden, aber er hat auch ein paar beachtenswerte akustische Aufnahmen gemacht:	„Folk Singer" – Muddy Waters mit **Buddy Guy** und **Willie Dixon** „Alone & Acoustic" – **Buddy Guy** und **Junior Wells** „Blues Singer"
Freddie King **Stil: Texas-Blues, Bluesrock.** Freddie und **Muddy Waters** sind meine beiden absoluten Lieblingsmusiker. Diese Stimme, dieser Gitarrenton, dieses Feeling!	„Live At The Electric Ballroom" Die CD enthält einen Live-Mitschnitt von 1974, zusätzlich spielt Freddie akustische Versionen von **„That's Alright"** und **„Dust My Broom"**.
Keb' Mo' **Stil: Modern Blues-Pop, Slide, Modern Acoustic Blues.** Keb' Mo' spielt meist eine sehr poppige, moderne Spielweise des Blues, hat aber auch den traditionellen akustischen Blues richtig drauf, wie er immer wieder beweist. **Tipp:** Die modernen Pop-Nummern von Keb' Mo' können auf den Fan traditioneller Blues-Stile uninteressant bis befremdlich wirken. Wenn man sich aber mit der Vorhörfunktion durch den Download-Store klickt und sich einzelne Tracks herauspickt, kann man sich eine Hammer-CD zusammenstellen! Hier ein paar Anspieltipps:	„A Letter To Tracy" aus dem Album **„Slow Down"**. „Am I Wrong" aus dem Album **„Keb' Mo'"**. „Every Morning" aus dem Album **„Keb' Mo'"**. „Kind Hearted Woman Blues" aus dem Album **„Keb' Mo'"**. „Love Blues" aus dem Album **„Keb' Mo'"**. „Love In Vain" aus dem Album **„Slow Down"**. „Momma, Where's My Daddy" aus dem Album **„Just Like You"**. „Perpetual Blues Machine" aus dem Album **„Just Like You"**. „Prosperity Blues" aus dem Album **„Keep It Simple"**. „Suitcase" aus dem Album **„Suitcase"**. „You Can Love Yourself" aus dem Album **„Just Like You"**.

4. Akustischer Blues von elektrischen Gitarristen

Musiker	Anmerkungen
Gary Moore Stil: Bluesrock, Hard Rock.	„Blues For Greeny (Remastered)" Die Remastered-Edition dieser CD enthält als 3 Unplugged-Bonus-Tracks: *„The World Keeps On Turnin'", „The Same Way"* und *„Stop Messin' Around"*.
Stevie Ray Vaughan Stil: Bluesrock, Texas-Blues.	„S.R.V." Diese CD-Box enthält neben vielen Live-Mitschnitten auch die drei Unplugged-Tracks aus der MTV-Session von 1990: *„Rude Mood", „Pride And Joy"* und *„Testify"*.
Johnny Winter Stil: Bluesrock, Texas-Blues. Johnny Winter streut auf seinen Alben immer mal wieder eine akustische Bluesnummer ein. Hier eine Auswahl:	*„Bad Girl Blues"* aus dem Album *„***3rd Degree***"*.
	„Broke Down Engine" aus dem Album *„***Progressive Blues Experiment***"*.
	„Dallas" aus dem Album *„***Johnny Winter***"*.
	„Goin' Down Slow" aus dem Album *„***Winter Blues – The Dave Cash Collection***"* und *„***Avocado Green***"*.
	„Kind Hearted Woman" aus dem Album *„***Winter Blues – The Dave Cash Collection***"* und *„***Avocado Green***"*.
	„Low Down Gal Of Mine" aus dem Album *„***Winter Blues – The Dave Cash Collection***"* und *„***Avocado Green***"*.
	„Rollin' & Tumblin'" aus dem Album *„***Live Bootleg Series Vol. 4***"*.
	„Thirty-Eight Thirty-Two Twenty" aus dem Album *„***Avocado Green***"*.
	„TV Mama" aus dem Album *„***White Hot Blues***"*.

DVD-Empfehlungen

DVDs

DVD-Empfehlungen zu einzelnen Künstlern (z. B. von Stefan Grossmans Label Vestapol (u. a. aus der Reihe **„The Guitar Artistry Of"** und diverse Live-Mitschnitte oder von Yazoo) hast du ja bereits in den den *CD-Empfehlungen* gefunden.

CD-Empfehlungen, vgl. S. 189ff

Hier noch einige speziellere DVDs:

DVD-Empfehlungen	
Stefan Grossmann Stil: Delta Blues, Country Blues, Modern Acoustic Blues, Slide. Stefan Grossmann, selbst auch ein ausgezeichneter akustischer Bluesgitarrist, hat einige tolle Sammlungen von raren Videoaufnahmen verschiedener Musiker zusammengetragen. Ich liste hier die DVDs auf, die sich mit akustischem Blues beschäftigen. Nähere Infos jeweils unter www.guitarvideos.com.	„Legends Of Country Blues Guitar Volume One" (Vestapol 13003) „Legends Of Country Blues Guitar Volume Two" (Vestapol 13016) „Legends Of Country Blues Guitar Volume Three" (Vestapol 13037) „Legends Of Bottleneck Blues Guitar" (Vestapol 13002) „Legends Of The Delta Blues" (Vestapol 13038)
Die folgenden vier DVDs enthalten sowohl akustische Solo-Aufnahmen als auch Auftritte mit Band. Auf das DVD-Regal eines Blues-Fans gehören sie in jedem Fall. **Achtung:** Die DVDs gibt es jeweils in der normalen Kunststoff-DVD-Hülle und in einer Papphülle. Wer Wert auf ein ordentliches DVD-Regal legt, sollte also beim Bestellen auf einheitliche Hüllen achten ... Nähere Infos bei den bekannten Online-Shops.	
Hip-O-Records	„The American Folk Blues Festival 1962-1966 Volume One" „The American Folk Blues Festival 1962-1966 Volume Two" „The American Folk Blues Festival 1962-1969 Volume Three" „The American Folk Blues Festival – The British Tour 1963-1966"
Tropical Music / Sony	„Legends Of The American Folk Blues Festivals Vol. 3" 156-minütige DVD mit bisher unveröffentlichtem Material. Nähere Infos bei den bekannten Online-Shops.
Rhino	„Blues Masters - The Essential History of the Blues" Fasst die beiden je 51-minütigen VHS-Videos zu einer 103-minütigen DVD zusammen.
Fat Possum Records	„You See Me Laughin' – The Last of the Hill Country Bluesmen" 77-minütige DVD mit R. L. Burnside und anderen.
Robert Mugge, Robert Palmer, Dave Stewart	„Deep Blues" – 90-minütige Blues-Doku mit zahlreichen Performances von meist unbekannten aber großartigen Musikern.
Alan Lomax	„The Land Where The Blues Began" – 60-minütige Doku. Unbedingt darauf achten, dass man die Version mit den 3 Stunden Bonusmaterial (also den kompletten Songs) erwischt!
Victor Wooten	„Groove Workshop" – Absolute Pflichtlektüre für jeden Musiker! Über fünfeinhalb(!) Stunden Spielzeit.

Buch-Empfehlungen

Bücher

Buch-Empfehlungen	
GARANTIERT BLUESGITARRE LERNEN *Der ultimative Einsteigerkurs für Akustik- und E-Gitarre (Andi Saitenhieb)* Alfred Music, über 200 Seiten, mit mp3-CD mit ca. 4,5 Stunden Spielzeit. (ISBN 978-3943638059)	Das vorliegende Buch baut auf den Grundlagen auf, die in „Garantiert Bluesgitarre" gelegt werden. Dort erkläre ich die verschiedenen Blues-Schemata, zeige unzählige weitere Bassläufe und Begleitungen – alles anhand von bekannten Bluesklassikern. Solltest du mit dem vorliegenden Buch Probleme bekommen, weil dir Grundkenntnisse fehlen, kannst du hier deine Lücken schließen. „Garantiert Bluesgitarre" ist auch für Einsteiger geeignet und baut Schritt für Schritt auf, ohne Sprünge im Schwierigkeitsgrad.
ACOUSTIC GUITAR MANUAL *How to Buy, Maintain, Set Up, Troubleshoot, and Repair Your Guitar (Paul Balmer)* Haynes Publishing (ISBN 978-1844259632)	Auch unter dem Titel „Acoustic Guitar Handbook" erhältlich von Voyageur (ISBN 978-0760340226)
ACOUSTIC GUITAR – MYTHOS & TECHNIK *(Paul Balmer)* PPV Medien, 192 Seiten, deutsche Übersetzung (ISBN 978-3955120023)	Deutsche Ausgabe des „Acoustic Guitar Manual". Sehr schönes gebundenes Buch mit tollen Fotos und Tipps zu Kauf, Pflege, Einstellung und Reparatur von Akustikgitarren.
ACOUSTIC GUITAR GUIDE *Everything You Need to Know to Buy and Maintain a New or Used Guitar (Larry Sandberg)* Capella Books - Revised and updated 2000 (ISBN 978-1556524189)	Herausragendes Buch, das die akustische Gitarre und ihre Bestandteile erklärt. Pflichtlektüre für Gitarristen, die ihr Instrument nicht nur spielen, sondern auch verstehen wollen.
THE ULTIMATE GUITAR BOOK *(Tony Bacon)* Alfred A. Knopf (ISBN 978-0375700903)	Schöne Übersicht über die Entwicklung der akustischen Gitarre mit Informationen über die Hersteller und vielen guten Farbfotos.
ACOUSTIC GUITAR *The Illustrated Encyclopedia (Dave Hunter)* Thunder Bay Press - 2009 (ISBN 978-1592239658)	Schöne Übersicht über die Entwicklung der akustischen Gitarre mit Informationen über die Hersteller und vielen guten Farbfotos.
THE OFFICIAL VINTAGE GUITAR PRICE GUIDE *(Alan Greenwood)* Hal Leonard (Erscheint jährlich neu, daher keine ISBN für dieses Buch)	Geschätze Preise für unzählige Marken und Modelle, jeweils mit sehr kurzer Vorstellung der Marke. Unverzichtbare Hilfe, wenn man selbst kein Profi auf dem Vintage-Gitarren-Markt ist.
BLUE BOOK OF ACOUSTIC GUITARS *(Zachary R. Fjestad)* Blue Book / Alfred Music (erscheint regelmäßig neu, 14. Auflage 2012: ISBN 978-1936120246)	Fast 900 Seiten mit Preisen für gebrauchte und Vintage-Gitarren. Es gibt auch ein „Blue Book Of Electric Guitars" (ISBN 978-1936120178) und ein „Blue Book Of Guitar Amplifiers" (ISBN 978-1886768598).
ALL MUSIC GUIDE TO THE BLUES *(Vladimir Bogdanov, Chris Woodstra, Stephen Thomas Erlewine)* Backbeat Books, 3. Auflage (2003), 754 Seiten, englisch (ISBN 0879307366)	Biographien & CD-Rezensionen. Zum Preis von einer CD erspart man sich zukünftige CD-Fehlkäufe. Zur Zeit „out-of-print", aber alle Infos aus diesem Buch findet man auch unter: www.allmusic.com
DEEP BLUES *(Robert Palmer)* Penguin, 310 Seiten, englisch (ISBN 0-14-006223-8)	Standard-Werk für Bluesfans.
ESCAPING THE DELTA – *Robert Johnson and the Invention of the Blues (Elijah Wald)* Amistad, 340 Seiten, englisch (ISBN 978-0-06-052427-2)	Sehr interessantes Buch über die Ursprünge von Robert Johnsons Musik und die Welt in der er lebte gefolgt von einer Analyse von Johnsons Werk und schließlich einer Analyse der Einflüsse von Johnson auf die Musik nach ihm. Englische Ausgabe!

Buch-Empfehlungen

VOM MISSISSIPPI ZUM MAINSTREAM – ROBERT JOHNSON UND DIE ERFINDUNG DES BLUES (Elijah Wald) Rogner & Bernhard, 340 Seiten, deutsche Übersetzung (ISBN 978-3954030217)	Sehr interessantes Buch über die Ursprünge von Robert Johnsons Musik und die Welt in der er lebte gefolgt von einer Analyse von Johnsons Werk und schließlich einer Analyse der Einflüsse von Johnson auf die Musik nach ihm. Deutsche Übersetzungsausgabe von „Escaping the Delta"!
THE BLUES – **A VERY SHORT INTRODUCTION** (Elijah Wald) Oxford University Press, 150 Seiten, englisch (ISBN 978-0195398939)	Sehr gute Einführung in die Geschichte des Blues – nicht nur für Neu-Einsteiger! In Englisch!
DER BLUES – EINE KLEINE EINFÜHRUNG (Elijah Wald) Reclam, 220 Seiten, deutsche Übersetzung (ISBN 978-3150188705)	Sehr gute Einführung in die Geschichte des Blues – nicht nur für Neu-Einsteiger! Deutsche Übersetzungsausgabe von „The Blues – A Very Short Introduction"!
BIG ROAD BLUES (David Evans) Da Capo Press, 396 Seiten, englisch (ISBN 978-0306803000)	Sehr interessantes Buch aus den 1970ern vom „Blues-Professor" David Evans (der tatsächlich an einer Universität die Geschichte dieser Musik lehrt) über den Blues. Evans ist ganz nebenbei auch ein sehr guter Akustik-Bluesgitarrist. Ein weiteres Buch von Evans mit dem Titel „Tommy Johnson" von 1971 ist lange „out-of-print" und nur noch gebraucht zu bekommen.
THE LAND WHERE THE BLUES BEGAN (Alan Lomax) NewPress, New Edition 2002, 560 Seiten (ISBN 1565847393)	Standard-Werk für Bluesfans.
BLUES Geschichte, Stile, Musiker, Songs & Aufnahmen (Bill Wyman) Zweitausendeins, 400 Seiten, deutsch (ISBN 3861507706)	Der Titel sagt alles ...
TALKIN´ TO MYSELF **(BLUES LYRICS, 1921–1942)** (Michael Taft) Routledge, New Edition (2005), 744 Seiten, englisch (ISBN 0415973783)	Enhält 2000 Songtexte aus der genannten Zeitspanne.
THE LANGUAGE OF THE BLUES (Debra DeSalvo) Billboard Books, 174 Seiten, englisch (ISBN 0823083896)	Mojo, Killing Floor, Hobo, Dust My Broom ... hier werden die typischen Blues-Ausdrücke unterhaltsam erklärt.
BARRELHOUSE WORDS A Blues Dialect Dictionary (Stephen Calt) Illinois, 290 Seiten, englisch (ISBN 978-0-252-07660-2)	Erklärt Blues-typische Ausdrücke in Form eines Wörterbuchs.
ELWOOD'S BLUES Interviews With The Blues Legends & Stars (Dan Aykroyd and Ben Manilla) Backbeat Books, 260 Seiten, englisch (ISBN 0879308095)	Sehr interessante Interviews mit diversen Bluesmusikern.
THE MUSIC LESSON (Victor Wooten) Berkley/Penguin, 270 Seiten, englisch (ISBN 978-0-425-22093-1)	Philosophisches Buch über das Musiker-Dasein. Englische Ausgabe!

Buch-Empfehlungen

MUSIC LESSON – DIE GESCHICHTE EINER SUCHE NACH WAHRHEIT, WEISHEIT UND VOLLENDUNG *(Victor Wooten)* Irisiana, 350 Seiten, deutsche Übersetzung (ISBN 978-3424150315)	Philosophisches Buch über das Musiker-Dasein. Deutsche Übersetzungsausgabe von Victor Wootens „The Music Lesson"!
THE BIG GIG *(Zoro)* Alfred Music, 400 Seiten, englisch (ISBN 978-0739082430)	Dieses Buch sollte jeder lesen, der auch nur entfernt daran denkt, als Musiker auch nur halbwegs erfolgreich zu sein.
BANDOLOGIE *Wie man als Musiker seine Band zum Erfolg führt* *(Nils Kolonko)* Kolonko-Books, 370 Seiten (ISBN 978-3-939278-00-9)	Dieses Buch würde ich gleich nach 'The Big Gig' lesen. Direkt beim Autor zu bekommen: *www.bandologie.de*

Glossar

Begriff	Bedeutung	Seite
Abzugsbindung (Pull Off)		28
Achtelnoten, gerade (Straight Eighths)	Einteilung von Viertelnoten in zwei gleich lange Teile. Auch „straight", „binär" oder „Rockachtel" genannt. Gegenteil von → Shuffle.	
Akzent	Betonung, wird in den Noten mit dem Zeichen „>" dargestellt	64
Alternating Bass (Wechselbass)		60ff
Aufschlagsbindung (Hammer On)		25
Auftakt	Unvollständiger Takt am Anfang einer Notation. Wird benutzt, um die Betonung zu verschieben, da die erste Note im ersten vollständigen Takt betont ist. Ohne Auftakt: „JETZT geht's los." Mit einem Ton Auftakt: „Und JETZT geht's los."	
Backbeat	Bezeichnung der Zählzeiten „2" und „4", die in Rock, Pop & Blues etc. betont werden (u.a. durch die Snare Drum des Schlagzeugs).	64
Barré	Gitarrentechnik, bei der ein Finger der Greifhand (meist der Zeigefinger) mehr als eine Saite gleichzeitig greift (am selben Bund).	
Bending (Saitenziehen)		37
Blues-Bend (Blues-Bend)		37
Blues-Schema(ta)		167ff
Blues-Terz	Nicht exakt notierbare Tonhöhe zwischen der kleinen Terz (Moll-Terz) und der großen Terz (Dur-Terz). Die Blues-Terz wird auf der Gitarre durch → Saitenziehen erzeugt.	25
Boogie / Boogie Woogie	Musik-Stil, anfangs auf dem Klavier gespielt. Entstanden zu Beginn des 20. Jahrhunderts.	42ff & 115ff
Bottleneck / Slide	Spieltechnik mit Glas- oder Metallröhrchen. Thema meines nächsten Buchs „Garantiert Bluesgitarre lernen – Open Tunings & Bottleneck / Slide".	
Brush Stroke		111
Chorus	Ein Durchgang der dem Song zugrundeliegenden Form (im Blues meist 12-taktig, oft auch 8-, 16-taktig oder 24 taktig, im Jazz meist 32-taktig). Außerdem wird mit diesem Begriff ein Effektgerät für elektrische Gitarre bezeichnet. Die dritte Bedeutung ist Kehrvers / Refrain. In diesem Buch ist immer die erste Bedeutung gemeint.	
chromatisch	Bewegung in Halbtönen, also ohne Töne auszulassen.	57
Document / Document Records (www.document-records.com)	Label, das sich auf die Veröffentlichung alter Aufnahmen spezialisiert hat. Der Fokus liegt auf Vollständigkeit, nicht unbedingt auf Klangqualität. Siehe CD-Empfehlungen im gesamten Buch, insbesondere Anhang „CD-Empfehlungen".	189ff
Dominante	Spannungsakkord auf der V. Stufe der Tonleiter.	28
doppelter Wechselbass (Double Alternating Bass)		73ff
Double Alternating Bass (Doppelter Wechselbass)		73ff
Downbeat	Hauptzählzeit. Gegenteil von Offbeat.	
Dropped D-Tuning	Alternative Gitarrenstimmung, bei der die tiefe E-Saite um zwei Halbtöne auf D runtergestimmt wird.	100

Glossar

Begriff	Bedeutung	Seite
Faulenzer		21
Fingerpicking / Fingerstyle	Gitarrenspieltechnik, bei der die Saiten mit verschiedenen Fingern gezupft werden. Gegenteil von Strumming / Schlaggitarre, bei der Akkorde „geschrammelt" werden.	
Hammer On (Aufschlagsbindung)		25
Handballen-Dämpfen (Palm-Mute)		11
JSP Records (www.jsprecords.com)	Label, das sich auf die Veröffentlichung alter Aufnahmen spezialisiert hat. Der Fokus liegt auf Vollständigkeit bei ordentlicher Klangqualität. Siehe CD-Empfehlungen im gesamten Buch, insbesondere Anhang „CD-Empfehlungen".	189ff
Kapo / Kapodaster	Hilfsmittel zum Verändern der Tonart einer Gitarre, ohne die Saiten anders stimmen zu müssen.	165/66
Lage	Positionsbezeichnung für die die Greifhand auf dem Griffbrett.	49
Lick	Musikalisches Motiv aus meist kleineren Solo-Bausteinen auf den höheren Saiten.	95
marcato	Einen Ton nur kurz, aber nicht so kurz wie beim → Staccato anspielen. In der Notation mit „^" gekennzeichnet.	64
Monotoner Bass (Steady Bass)	Siehe auch „Alternating Bass" und „Walking Bass".	12ff.
Offbeat	Unbetonte Zählzeit, also die „und"-Zählzeiten (eins und zwei und drei und vier und). Es gibt auch Sechzehntel-Offbeats. Gegenteil von → Downbeat.	
Open Tuning	Alternative Art der Gitarrenstimmung. Thema meines nächsten Buchs *„Garantiert Bluesgitarre lernen – Open Tunings & Bottleneck / Slide"*.	
Palm-Mute (Handballen-Dämpfen)		11
Position	Bestimmte Anordnung der Töne auf dem Griffbrett. Das Griffbrett wird in 5 Positionen eingeteilt (benannt nach den Grundakkorden: A, C, D, E, G, auch CAGED-System genannt). Die Positionen können auf dem Griffbrett verschoben werden, um in anderen Tonarten zu spielen. Nicht zu verwechseln mit → Lage.	
Pull Off (Abzugsbindung)		28
Quick Change (Schema)	12-taktiges Blues-Schema mit „schnellem Wechsel" (sic!) zur IV. Stufe schon im zweiten Takt: I I I I IV IV I I V IV I I. Vergleiche mit → Standard Blues-Schema.	
Ragtime	Ragtime ist eine Musikrichtung, die ursprünglich auf dem Klavier gespielt wurde. Sie entstand zu Beginn des 20. Jahrhunderts.	76ff
Rake	Rhythmisch-perkussive Spieltechnik, bei der mehrere benachbarte Saiten leicht verzögert nacheinander angeschlagen werden (aufwärts oder abwärts; mit dem Plek, einem Finger oder mehreren Fingern. Das Klangergebnis ist schwer zu beschreiben, das hörst du dir am besten auf der CD an (*CD-Track 151, Seite 98*).	98
Repertoire	Songs, die man vorführbereit beherrscht.	130ff
Riff	Musikalisches Motiv aus meist wiederkehrenden Rhythmus-Bausteinen auf den tieferen Saiten.	95

Glossar

Begriff	Bedeutung	Seite
Saitenziehen (Bending)		37
Shuffle(-Feeling)	Rhythmisches Feeling mit Aufteilung der Viertel in zwei unterschiedlich lange Achtelnoten. Auch „ternäres Feeling" oder „Swing" genannt. Höre dir z. B. CD-Track 40 an. Gegenteil von → Gerade Achtelnoten (Straight Eighths).	
Slide	Spieltechnik, bei der zwei Töne mit einem Anschlag erzeugt werden. Der zweite Ton wird durch Rutschen des greifenden Fingers auf einen anderen Bund auf derselben Saite erzeugt. Sie auch S. 39 in *„Garantiert Bluesgitarre lernen"*.	13 & 151
Smear-Bend (Blues-Bend)		37
staccato	Kurze, abgehackt klingende Spielweise. Die Saiten können mit der Anschlags- oder der Greifhand abgestoppt werden.	50
Standard Blues-Schema	12-taktiges Blues-Schema mit dem Aufbau I I I I IV IV I I V IV I I. In den letzten beiden Takten wird gerne ein → Turnaround gespielt.	
Steady Bass (Monotoner Bass)	Siehe auch „Alternating Bass" und „Walking Bass" hier im Glossar.	12ff.
Straight Eighths (Gerade Achtelnoten)	Einteilung von Viertelnoten in zwei gleich lange Teile. Auch „straight", „binär" oder „Rockachtel" genannt. Gegenteil von → Shuffle.	
String Snap	Perkussive Spieltechnik, bei der man eine Saite auf das Griffbrett der Gitarre knallen lässt.	102
Synkope (Vorzieher)	Eine Synkope, auf deutsch treffenderweise „Vorzieher" genannt, ist das Vorziehen eines Tons (oder eines Akkordes) von einer betonten Zählzeit auf eine unbetonte Zählzeit.	
transponieren	Übertragen in eine andere Tonart. Es gibt 12 verschiedene Töne, und jeder dieser 12 Töne kann die Funktion des Grundtons (Bezugspunkt) übernehmen. Dementsprechend kann man jeden Song in 12 verschiedenen Tonarten spielen (die gewählte Tonart richtet sich in der Regel nach der Tonlage des Sängers).	
Turnaround	Bluestypische Wendung in den letzten zwei Takten des → Chorus. Führt vom Grundakkord zur → Dominante (Spannungsakkord) und erzeugt den Wunsch nach einem weiteren Chorus. Kann auch als Intro und leicht abgewandelt (ohne Dominante) auch als Ending verwendet werden.	
Vamp		13 & 173
Vorzieher (Synkope)	Eine Synkope, auf deutsch treffenderweise „Vorzieher" genannt, ist das Vorziehen eines Tons (oder eines Akkordes) von einer betonten Zählzeit auf eine unbetonte Zählzeit.	
Walking Bass	Melodische, hauptsächlich in Viertelnoten fortschreitende Basslinie, meist aus Tonleiter oder Arpeggio (Akkordzerlegung) des jeweils zugrunde liegenden Akkordes gebildet.	
Wechselbass (Alternating Bass)		60ff
Yazoo Records (www.yazoorecords.com – zum Zeitpunkt der Drucklegung offline. Alternativ: www.shanachie.com)	Label, das sich auf die Veröffentlichung alter Aufnahmen spezialisiert hat. Der Fokus liegt eher auf Klangqualität, nicht unbedingt auf Vollständigkeit. Siehe CD-Empfehlungen im gesamten Buch, insbesondere Anhang „CD-Empfehlungen".	189ff

CD – Trackliste

Track	MP3-Name	Titel im Buch	Seite
0	000 Willkommen	Herzlich Willkommen	
1	001 Intro	Intro	6ff.
2	002 One Chord Vamp	One Chord-Vamp – Melodie	13
3	003 One Chord Vamp mit Steady Bass	One Chord-Vamp – Melodie & Steady Bass	14
4	004 Steady Bass 12-Takter in A	Kind Hearted Woman Blues – Bassbegleitung (Tonart A)	15
5	005 A-Baustein	Kind Hearted Woman Blues – Takt 1	17
6	006 D-Baustein	Kind Hearted Woman Blues – Takt 5	19
7	007 E-Baustein	Kind Hearted Woman Blues – Takt 9	19
8	008 A-Blues mit 3 Bausteinen	Kind Hearted Woman Blues – Einfache Begleitung	20
9	009 A-Baustein mit Halbton-Verschieber	Kind Hearted Woman Blues – Takt 1–4 (A7 verschieben)	21
10	010 A-Baustein mit Halbton-Verschieber 2	Kind Hearted Woman Blues – Takt 7–8	22
11	011 D-Baustein mit Bass-Lauf	Kind Hearted Woman Blues – Takt 5 Basslauf	22
12	012 D-Baustein mit Bass-Lauf (Variation)	Kind Hearted Woman Blues – Takt 5 Variation	23
13	013 D-Baustein mit Picking	Kind Hearted Woman Blues – Takt 5 Picking	23
14	014 E-Baustein 1	Kind Hearted Woman Blues – Takt 9 Offbeats	24
15	015 E-Baustein 2	Kind Hearted Woman Blues – Takt 9 Tonwechsel	25
16	016 E-Baustein 3	Kind Hearted Woman Blues – Takt 9 Hammer On	25
17	017 Der Robert-Johnson-Turnaround 1	Kind Hearted Woman Blues – Turnaround Basslauf	26
18	018 Der Robert-Johnson-Turnaround 2	Kind Hearted Woman Blues – Turnaround	26
19	019 Der Robert-Johnson-Turnaround 3	Kind Hearted Woman Blues - Turnaround in Achtelnoten	27
20	020 Der Robert-Johnson-Turnaround 4	Kind Hearted Woman Blues – Turnaround in Achteltriolen	27
21	021 Robert-Johnson-Ending	Kind Hearted Woman Blues – Ending	28
22	022 Robert-Johnson-Intro 1	Kind Hearted Woman Blues – Hoher A7-Griff	29
23	023 Robert-Johnson-Intro 2	Kind Hearted Woman Blues – Hohen A7 verschieben	29
24	024 Intro lang (mit hohem A7-Griff)	Kind Hearted Woman Blues – Intro	30
25	025 Kindhearted Woman Blues	Kind Hearted Woman Blues	32
26	026 D7 Variation 1	D7-Variation 1	34
27	027 D7 Variation 2	D7-Variation 2	34
28	028 D7 Variation 3	D7-Variation 3	34
29	029 D7 Variation 4	D7-Variation 4	35
30	030 D7 Variation 5	D7-Variation 5 – Verzierungstechniken	35
31	031 D7 Variation 6	D7-Variation 6 – Verzierungstechniken	35
32	032 B7-Pattern 1	Baustein – B-Pattern	36
33	033 B7-Pattern 2 mit Auftakt + Bending	Baustein – B-Pattern mit Bending	37
34	034 A7-Fill	Baustein – A7-Fill	38
35	035 A7-Fill mit Triole	Baustein – A7-Fill mit Achteltriole	38
36	036 A7-Fill 2-taktig 1	Baustein – 2-taktiger A7-Fill	38
37	037 A7-Fill 2-taktig 2	Baustein – A7-Fill mit Basston auf der ‚4'	39
38	038 Turnaround in E	DER Robert Johnson-Turnaround in E	39
39	039 Highway to the Red River Blues	Highway To The Red River Blues	40
40	040 Der Boogie-Riff in E	Der „Boogie-Riff" in E	42
41	041 Der Boogie-Riff in A	Der „Boogie-Riff" in A	43
42	042 Der Boogie-Riff in E Variation 1	Der „Boogie-Riff" in E – Variation 1	43
43	043 Der Boogie-Riff in E Variation 2	Der „Boogie-Riff" in E – Variation 2	43
44	044 Harmonisierter Boogie-Riff E	Harmonisierter Boogie-Riff – Pattern E mit 2 Positionen	44
45	045 Harmonisierter Boogie-Riff Variation 1	Harmonisierter Boogie-Riff – Pattern E mit 2 Positionen (Variation)	45
46	046 Harmonisierter Boogie-Riff Variation 2	Harmonisierter Boogie-Riff – Pattern E mit 3 Positionen	45
47	047 Harmonisierter Boogie-Riff A	Harmonisierter Boogie-Riff – Pattern A mit 2 Positionen	46
48	048 Harmonisierter Boogie-Riff A Variation 1	Harmonisierter Boogie-Riff – Pattern A mit 3 Positionen	47
49	049 Harmonisierter Boogie-Riff D	Harmonisierter Boogie-Riff – Pattern D mit 2 Positionen	47
50	050 Harmonisierter Boogie-Riff D Variation	Harmonisierter Boogie-Riff – Pattern D mit 3 Positionen	48
51	051 Boogie-Fill fuer Gesangspausen	Standard Boogie-Fill	49
52	052 Boogie-Fill harmonisiert	Harmonisierter Boogie-Riff mit Fill	49
53	053 Der Delta-B7-Akkord	Delta B7-Akkord	50
54	054 Der Train-Whistle-Lick	Train Whistle-Lick	50
55	055 Robert Johnson-Ending	Robert Johnson-Ending in der Tonart E	51
56	056 Turnaround-Alternative	Robert Johnson-Turnaround – Alternative in der Tonart E	51
57	057 Sweet Home Chicago	Sweet Home Chicago	52
58	058 Standard Blues Riff in G	Standard Blues-Riff in G (verschiebbar)	54
59	059 Harmonisierter Boogie-Shuffle (verschiebbar)	Harmonisierter Boogie-Shuffle (verschiebbar)	55
60	060 Boogie-Shuffle mit Fill (verschiebbar)	Standard Boogie-Shuffle mit Hammer On-Fill (verschiebbar)	55
61	061 Boogie-Shuffle mit Fill in A	Fill-In mit Hammer On in A	56
62	062 Boogie-Shuffle mit Fill in D	Hammer On mit tieferem Ton in D	57
63	063 Turnaround in E mit tiefen Sexten	Turnaround in E mit tiefen Sexten	57
64	064 Turnaround in E mit Triolen und Slide	Turnaround in E mit Triolen und Slide	58
65	065 Turnaround in Tonart A	Turnaround in Tonart A	58
66	066 Turnaround in A mit Triolen und Slide	Turnaround in A mit Triolen und Slide	58
67	067 Aufgang zur IV. Stufe	Übergang Takt 4	59
68	068 Alternating Bass E	Wechselbass mit dem E-Akkord	62
69	069 Alternating Bass A	Wechselbass mit dem A7-Akkord	62

Garantiert Akustik Bluesgitarre lernen

CD – Trackliste

Track	MP3-Name	Titel im Buch	Seite
70	070 Alternating Bass E + A	Wechselbass E- und A7-Akkord abwechselnd	63
71	071 Alternating Bass B7	Wechselbass mit dem B7-Akkord	63
72	072 Alternating Bass E + B7	Wechselbass E- und B7-Akkord abwechselnd	63
73	073 Alternating Bass mit Akzent	Anschlagstechnik – Betonung auf den Zählzeiten ‚2' und '4'	64
74	074 Delta Blues Melodie	‚Delta Blues' – Melodie	65
75	075 Delta Blues Takt 1-2	‚Delta Blues' – Takt 1 und 2	66
76	076 Delta Blues Takt 3-4	‚Delta Blues' – Takt 3 und 4	66
77	077 Delta Blues Takt 7	‚Delta Blues' – Takt 7	67
78	078 Delta Blues Takt 8	‚Delta Blues' – Takt 8	67
79	079 Delta Blues komplett	‚Delta Blues' im Stile von Steve James	68
80	080 Steve James-Figur Steady Bass	Steady Bass à la Steve James in A (1)	69
81	081 Steve James-Figur Wechsel-Bass	Wechselbass à la Steve James 1 in A	69
82	082 Sexten-Figur Steady Bass	Sexten-Figur mit Steady Bass 1 in A	70
83	083 Steve James-Figur 2 – Steady Bass	Steady Bass à la Steve James 2 in A	71
84	084 Sexten-Figur 2 – Steady Bass	Sexten-Figur mit Steady Bass 2 in A	71
85	085 Steve James-Figur 3 – A-Position	Steady Bass à la Steve James 2 in A	72
86	086 Steve James-Figur 3 – D-Position	Steady Bass à la Steve James 2 in D	72
87	087 Doppelter Wechselbass, Tonart A	Doppelter Wechselbass – Standardfolge (Blues in A)	73
88	088 Doppelter Wechselbass, Tonart E	Doppelter Wechselbass – Standardfolge (Blues in E)	73
89	089 D7 -Melodie mit doppeltem Wechselbass	D7-Melodie mit doppeltem Wechselbass	74
90	090 A7 -Melodie mit doppeltem Wechselbass	A7-Melodie mit doppeltem Wechselbass	74
91	091 E7 -Melodie mit doppeltem Wechselbass	E7-Melodie mit doppeltem Wechselbass	74
92	092 Steve James-Lick 1 mit doppeltem Wechselbass	Doppelter Wechselbass à la Steve James	75
93	093 Steve James-Lick 2 mit mit Basslauf	Walking Bass à la Steve James	75
94	094 Ragtime Spicy Cat Akkordfolge	‚Spicy Cat' – Typische Ragtime-Akkordfolge	76
95	095 Ragtime Spicy Cat Wechselbass	‚Spicy Cat' – Wechselbass	77
96	096 Zweitaktiges Picking-Pattern C	Zweitaktiges Picking-Pattern mit C-Akkord	78
97	097 Spicy Cat mit zweitaktigem Picking-Pattern	‚Spicy Cat' – Zweitaktiges Picking-Pattern	79
98	098 Akkordwechsel im Picking-Pattern	‚Spicy Cat' – Akkordwechsel im Picking-Pattern	79
99	099 Bass-Lauf Takt 8	‚Spicy Cat' – Bass-Lauf Takt 8	80
100	100 Rag Papa Rag Akkordfolge	‚Rag Papa Rag'-Akkordfolge	81
101	101 Rag Papa Rag Wechselbass	‚Rag Papa Rag' – Wechselbass	82
102	102 Rag Papa Rag komplett	‚Rag Papa Rag' – Notenbuchversion	83
103	103 Rag Papa Rag Takt 1-2	‚Rag Papa Rag' – Takt 1 und 2	83
104	104 Rag Papa Rag Takt 3-4	‚Rag Papa Rag' – Takt 3 und 4	84
105	105 Rag Papa Rag Takt 5-7	‚Rag Papa Rag' – Takt 5 bis 7	84
106	106 Rag Papa Rag Takt 5-6	‚Rag Papa Rag' – Takt 5 bis 6	84
107	107 Rag Papa Rag Takt 7-8	‚Rag Papa Rag' – Takt 7 bis 8	85
108	108 Rag Papa Rag Takt 6-7	‚Rag Papa Rag' – Takt 6 – 7 – 6	85
109	109 A7 mit Double Alternating Bass	‚Rag Papa Rag' – A7-Variation „Doppelter Wechselbass"	86
110	110 D7 mit Double Alternating Bass	‚Rag Papa Rag' – D7(9)-Variation „Doppelter Wechselbass"	86
111	111 G7 mit Double Alternating Bass	‚Rag Papa Rag' – G7-Variation „Doppelter Wechselbass"	87
112	112 C mit Double Alternating Bass	‚Rag Papa Rag' – C-Variation „Doppelter Wechselbass"	87
113	113 G7 mit alternativer Melodie	‚Rag Papa Rag' – G7-Variation mit veränderter Melodieführung	88
114	114 C Schluss-Fill	‚Rag Papa Rag' – C-Variation mit Schluss-Fill	88
115	115 Spicy Cat in G	‚Spicy Cat' – Tonart G	89
116	116 Rag Papa Rag in G	‚Rag Papa Rag' – Tonart G	91
117	117 Rag Papa Rag in D	‚Rag Papa Rag' – B7-Baustein	92
118	118 Truckin' My Blues Away	‚Truckin' My Blues Away'-Akkordfolge	93
119	119 Uebersicht Bass-Riffs + Baby Please Dont Go	Bass-Riffs und ‚Baby, Please Don't Go'	95
120	120 Baby Please Dont Go - Melodie	‚Baby, Please Don't Go' – Melodie	96
121	121 Baby Please Dont Go - Melodie mit Steady Bass	‚Baby, Please Don't Go' – Steady Bass-Arrangement	97
122	122 Baby Please Dont Go - Bass-Riff	‚Baby, Please Don't Go' – Basslauf Basisversion & Rake	98
123	123 Baby Please Dont Go - komplett	‚Baby, Please Don't Go' – Basslauf mit Rake	99
124	124 Big Street Blues - Uebersicht + Bass-Riff	‚Big Street Blues' – Bass-Riff (Takt 1–4)	101
125	125 Big Street Blues - Bass-Riff vorgezogen	‚Big Street Blues' – Bass-Riff (Takt 1–4 - vorgezogen in Auftakt)	101
126	126 Big Street Blues - Bass-Riff mit Akkord	‚Big Street Blues' – Bass-Riff (Takt 1–4) – Betonung auf der ‚1' durch D-Akkord)	102
127	127 Big Street Blues - Bass-Riff umgedreht	‚Big Street Blues' – Bass-Riff (Takt 1–4 – Basslauf umgedreht)	102
128	128 Big Street Blues - G-Pattern	‚Big Street Blues' – G-Pattern	103
129	129 Big Street Blues - Takt 7-8 Strumming	‚Big Street Blues' – Takt 7-8 Strumming	104
130	130 Big Street Blues - A-Pattern und komplett	‚Big Street Blues' – A-Pattern	104
131	131 Future Blues - Bass-Riff (chromatisch abwärts)	‚Future Blues' -Bass-Riff (chromatisch abwärts)	105
132	132 Bass-Riff E	Basslauf in E	106
133	133 Bass-Riff A	Basslauf in A	107
134	134 Bass-Riff B	Basslauf in B	107
135	135 Solo-Lick 1	Solo-Lick 1 in E	107
136	136 Solo-Lick 2	Solo-Lick 2 in E	108
137	137 Blues Solo im Stile von Boom Boom	Blues Solo im Stile von ‚Boom Boom'	108
138	138 Nobody Knows You - Uebersicht und Akkorde	‚Nobody Knows You ...' – Basisversion mit Wechselbass im einfachen Wechselschlag	111
139	139 Nobody Knows You - Takt 1-2	‚Nobody Knows You ...' – Takt 1 – 2	112
140	140 Nobody Knows You - Takt 4 Basslauf	‚Nobody Knows You ...' – Takt 4 – Basslauf von D nach F	112

CD – Trackliste

Track	MP3-Name	Titel im Buch	Seite
141	141 Nobody Knows You - Takt 6 Basslauf	'Nobody Knows You ...' – Basslauf von C nach A7	112
142	142 Nobody Knows You - Takt 8 Basslauf	'Nobody Knows You ...' – Bass-Fill über G7	113
143	143 Nobody Knows You - Instrumental	'Nobody Knows You When You're Down And Out' – Blues Solo	113
144	144 Nobody Knows You - Zwischenspiel	'Nobody Knows You When You're Down And Out' – Zwischenspiel	114
145	145 Walking Bass a la Steve James	Walking Bass à la Steve James in E	115
146	146 Walking Bass a la Steve James Variation	Walking Bass à la Steve James in E – Variation	115
147	147 Walking Bass a la Steve James Variation in A	Walking Bass à la Steve James in A	116
148	148 Walking Bass a la Toby Walker Chorus 1	Walking Bass à la Toby Walker 1 in E	116
149	149 Walking Bass a la Toby Walker Chorus 2 E	Walking Bass à la Toby Walker 2 in E	117
150	150 Walking Bass a la Toby Walker Chorus 2 A	Walking Bass à la Toby Walker 2 in A (Fingersatz 1 und 2)	118
151	151 Walking Bass a la Pig Meat Strut	Walking Bass à la Big Bill Broonzy	118
152	152 Boogie Bass E mit Septime	Boogie Woogie Bass 1 auf dem Grundton E	119
153	153 Boogie Bass E mit Oktave	Boogie Woogie Bass 2 auf dem Grundton E	119
154	154 Boogie Bass A mit Septime	Boogie Woogie Bass 1 auf dem Grundton A	120
155	155 Boogie Bass A mit Oktave	Boogie Woogie Bass 2 auf dem Grundton A	120
156	156 Boogie Bass A mit Oktave - Barre	Boogie Woogie Bass 2 mit Barréakkord auf dem Grundton A	120
157	157 Boogie Bass A mit Septime - Barre	Boogie Woogie Bass 3 mit Barréakkord auf dem Grundton A	121
158	158 Boogie Bass B	Boogie Woogie Bass 1 mit Barréakkord auf dem Grundton B	121
159	159 Chicago Blues Basslauf in E	Chicago Blues – Basslauf	122
160	160 Boogie Bass G mit Oktave	Boogie Woogie Bass 1 auf dem Grundton G	123
161	161 Boogie Bass G mit Septime	Boogie Woogie Bass 2 auf dem Grundton G	123
162	162 Boogie Bass C mit Septime	Boogie Woogie Bass auf dem Grundton C	123
163	163 Boogie Bass D	Boogie Woogie Bass auf dem Grundton D	124
164	164 Boogie Bass D tief	Boogie Woogie Bass auf dem Grundton D mit Oktavsprung abwärts	124
165	165 Boogie Bass C Takt 10 chromatisch	Boogie Woogie Bass auf dem Grundton D mit Oktavsprung abwärts	124
166	166 Boogie Bass Turnaround	Boogie Woogie – Turnaround in G	125
167	167 Boogie Bass in G komplett	Boogie Woogie – Kompletter Chorus	125
168	168 Boogie Bass in G Variation 1	Boogie Woogie – Bass-Fill 1	126
169	169 Boogie Bass in G Variation 2	Boogie Woogie – Bass-Fill 2	126
170	170 Boogie Bass in G Variation 3	Boogie Woogie – Bass-Fill 3	126
171	171 Boogie Bass in G Solo G	Fingerstyle-Motiv im Stile von 'Step It Up & Go'	127
172	172 Boogie Bass in G Solo G7	Fingerstyle-Motiv – Variation	127
173	173 Boogie Bass in G Solo C	Fingerstyle-Motiv in C – Takt 5–6	128
174	174 Boogie Bass in G Solo D-C Takt 9-10	Fingerstyle-Motiv – Takt 9–10	128
175	175 Boogie Bass in G Solo komplett	Boogie Woogie – 12-taktiges Fingerstyle-Solo	129
176	176 Standard Blues-Riff in A	Standard Blues-Riff in A	131
177	177 Standard Blues-Riff in A mit Uebergaengen	Standard Blues-Riff in A – Übergänge	133
178	178 Standard Blues-Riff in A mit Fills	Standard Blues-Riff in A – Fills	134
179	179 Kindhearted Chicago Blues	Kind Home Chicago Blues oder Sweethearted Woman Blues?	135
180	180 Standard-Tuning, A Steady Bass	Standard-Tuning (I. Stufe)	137
181	181 Standard-Tuning, A Wechselbass 1	Standard-Tuning (Wechselbass 1)	138
182	182 Standard-Tuning, A Wechselbass 2	Standard-Tuning (Wechselbass 2)	138
183	183 Standard-Tuning, A Doppelter Wechselbass	Standard-Tuning (Doppelter Wechselbass)	139
184	184 Standard-Tuning, A Bass-Riff	Standard-Tuning (Bass-Riff)	139
185	185 Standard-Tuning, D Steady Bass	Standard-Tuning (IV.Stufe)	140
186	186 Standard-Tuning, D Wechselbass	Standard-Tuning (IV.Stufe – Wechselbass)	140
187	187 Standard-Tuning, E Steady Bass	Standard-Tuning (V.Stufe)	141
188	188 Dropped D-Tuning, D Steady Bass	Dropped D-Tuning	141
189	189 Dropped D-Tuning, D Wechselbass Oktave	Dropped D-Tuning (Oktavbass)	142
190	190 Dropped D-Tuning, D Wechselbass Quinte	Dropped D-Tuning (Quintbass)	142
191	191 Dropped D-Tuning, D Doppelter Wechselbass	Dropped D-Tuning (Doppelter Wechselbass)	142
192	192 Dropped D-Tuning, Stufe IV	Dropped D-Tuning (IV.Stufe)	143
193	193 Dropped D-Tuning, Stufe IV alternativ 1	Dropped D-Tuning (IV.Stufe mit Terz als ungegriffener Saite)	143
194	194 Dropped D-Tuning, Stufe IV alternativ 2	Dropped D-Tuning (IV.Stufe – 1. Lage)	144
195	195 Dropped D-Tuning, Stufe IV mit Terz im Bass	Dropped D-Tuning (IV.Stufe – Terz im Bass)	144
196	196 Standard-Tuning, A Shuffle	Standard-Tuning (Shuffle / Swing)	145
197	197 Standard-Tuning, A Position 1	Standard-Tuning (I. Stufe)	146
198	198 Standard-Tuning, A Position 2	Standard-Tuning (I. Stufe – eine Saite tiefer gegriffen)	146
199	199 Standard-Tuning, A Position 3	Standard-Tuning (I. Stufe – zwei Saiten tiefer gegriffen)	146
200	200 Nachwort	Nachwort	148
201	201 Fingerpicking-Technik - Intro	Anschlagtechniken und Fingerpicking-Technik	151
202	202 Steady Bass Takt 1-21 Grundlagen	Fingerpicking mit Steady Bass Takt 1–21	152
203	203 Steady Bass Takt 22-37 Spieltechniken	Fingerpicking mit Steady Bass Takt 22–37	153
204	204 Steady Bass Takt 38-43 Licks	Fingerpicking mit Steady Bass Takt 38–43	154
205	205 Steady Bass Takt 44-49 Triolen	Fingerpicking mit Steady Bass Takt 44–49	155
206	206 Steady Bass Takt 50-53 Licks	Fingerpicking mit Steady Bass Takt 50–53	155
207	207 Steady Bass mit Akkordwechsel		156
208	208 Steady Bass mit geshuffelten Achtelnoten	Beispiel: Fingerpicking geshuffelt	156
209	209 Wechselbass	Beispiel: Fingerpicking mit Wechselbass	157
210	210 Melodie mit Basslauf		157
211	211 Zusammenfassung Fingerpicking	Herzlichen Glückwunsch!	157

„Garantiert Bluesgitarre lernen"

Andi Saitenhieb

GARANTIERT BLUESGITARRE LERNEN
Mit Moderations-CD
Noten & Tabulatur

Der ultimative Einsteigerkurs für Akustik- und E-Gitarre

Riffs & Grooves im Stile von Eric Clapton / BB King / John Lee Hooker / Muddy Waters / Freddie King / Otis Rush / The Beatles / ZZ Top / Gary Moore u.v.m.

Blues-Schemata / Blues-Stile / Spieltechniken / Diskografie / Gitarren- & Verstärkertypen u.v.m.

Andi Saitenhiebs ultimativer Einstieg für Akustik- und E-Gitarre

Diese systematische Methode vermittelt spielerisch leicht alles Wichtige zum Thema Bluesgitarre. Die angesagtesten Riffs und Grooves, Blues-Schemata, Blues-Stile und spezielle Spieltechniken in Noten, Tabulatur und Griffdiagrammen vorgestellt. Mit Moderations-CD!

Buch & CD | 208 Seiten | Noten & Tabulatur | Art.-Nr.: 20173G | ISBN 978-3-943638-05-9

Weitere Infos und Internetunterstützung auf: garantiert-bluesgitarre.de